U0473917

本书获中国社会科学院老年科研基金资助

徐宝华◎著

Latin America

拉美经济与地区
经济一体化发展

中国社会科学出版社

图书在版编目（CIP）数据

拉美经济与地区经济一体化发展/徐宝华著. —北京：中国社会科学出版社，2016.4
ISBN 978 - 7 - 5161 - 7750 - 1

Ⅰ.①拉… Ⅱ.①徐… Ⅲ.①区域经济一体化—研究—拉丁美洲 Ⅳ.①F114.46

中国版本图书馆 CIP 数据核字(2016)第 051494 号

出 版 人	赵剑英	
责任编辑	张　林	
特约编辑	张冬梅	
责任校对	朱妍洁	
责任印制	戴　宽	

出　　版	中国社会科学出版社	
社　　址	北京鼓楼西大街甲 158 号	
邮　　编	100720	
网　　址	http://www.csspw.cn	
发 行 部	010 - 84083685	
门 市 部	010 - 84029450	
经　　销	新华书店及其他书店	

印刷装订	三河市君旺印务有限公司	
版　　次	2016 年 4 月第 1 版	
印　　次	2016 年 4 月第 1 次印刷	

开　　本	710×1000　1/16	
印　　张	20.5	
插　　页	2	
字　　数	353 千字	
定　　价	78.00 元	

凡购买中国社会科学出版社图书，如有质量问题请与本社营销中心联系调换
电话：010 - 84083683
版权所有　侵权必究

自　　序

　　20世纪50年代新中国成立初期，拉丁美洲和加勒比地区这片土地，对于中国人民来说，是一个既遥远又陌生的大陆，人们知之甚少，学人寥寥无几。1959年，古巴人民在菲德尔·卡斯特罗的领导下，经过艰苦卓绝的斗争，取得了革命胜利。古巴人民革命的胜利，震惊了全世界，极大地吸引了中国领导人的目光，自然也引起中国人民对整个拉丁美洲的极大关注。为此，党中央和国务院决定成立专门研究拉丁美洲问题的机构。1961年7月4日，中国科学院哲学社会科学部拉丁美洲研究所正式成立。必须承认，与其他学科如历史、文学、经济、哲学、法学等学科相比，拉丁美洲研究作为国际问题研究领域的一门新兴学科，在中华大地起步是比较晚的，但从一开始就得到党中央的极大关怀和重视。根据党中央的指示，拉丁美洲研究所的工作方针任务是：以马克思列宁主义、毛泽东思想为指导，在搜集和掌握大量资料的基础上，有计划、有重点、系统地调研拉丁美洲国家革命运动及其有关问题，着重调研拉美各国的社会基本情况、阶级关系、群众斗争、革命运动，提供有根据有分析的科学的资料和专著，为党中央制定有关政策做参考，并通过工作实践培养一批研究拉美问题的又红又专的干部，建立起新中国自己的拉美问题学派。在研究所初创时期，根据中央规定的方针任务，所领导从实际出发，开始了以积极选调和培训干部，广泛收集资料和购置图书杂志，深入开展调查研究的"三年练兵"计划。接着，又制订了一个"十年规划（1963—1972）"蓝图展现在大家的面前。

　　1963年7月，我从北京大学历史系世界史专业毕业，被选调到拉丁美洲研究所工作。到所后，所领导向我介绍了研究所的方针任务，指出拉美所的奋斗目标是："做党中央的助手"，要"出成果和出人才"，"创建中国自己的拉美学派"等。所领导对我们这些年轻人十分关心，鼓励我们要以马克思主义理论为武器，勤奋学习，努力工作，深入研究拉美国家国情，为党中央服务。面对拉丁美洲这个"新大陆"，要完成这一任务，只能老老实实，做一名小学生，从头做起。于是，我决心努力学习，勇于实践，在学习和实践中探索，不断提高自己的政治觉悟、思想修养和业务本领，积极参加所里组织的练兵活动。1964年10月，我被派到北京第二外国语学院进修西班牙语。但是，1966年"文化大革命"中断了学习，拉美所的练兵计划也停止了。1969年6月我被下放到五七干校，1972年2月，我回到中共中央对外联络部工作。1976年6月，拉美所恢复运转后，我才继续进行拉美问题的研究。

经过"文化大革命"十年的动乱，拉美所的业务完全陷于瘫痪状态。研究所恢复初期，百废待兴，我争分夺秒，不辞劳苦，做了大量的资料收集和整理工作，并进行一些基本情况调研。这期间，撰写的有：《哥伦比亚农民夺地斗争》《哥伦比亚九·一四大罢工》《哥伦比亚垄断财团》《哥伦比亚土地关系的一些特点》《哥伦比亚农业资本主义发展的特点》等文章。

自1978年党的十一届三中全会确定把全党的工作重点转移到社会主义现代化建设上以后，为配合改革开放的需要，我把对经济问题的研究放在突出的位置。随着我国改革开放战略的实施，我国经济界进行关于中国经济发展战略问题的研究。根据国家经济建设的需要，1983年，我参加了"六五"计划国家社会科学重点项目《发展中国家经济发展战略研究》，撰写了《战后哥伦比亚经济发展战略》一文，并撰写了《哥伦比亚经济形势相对稳定的原因》等论文。20世纪80年代中期，特别是从1985年起，第三世界国家出现经济调整的潮流，我撰写了《八十年代哥伦比亚的经济调整》《哥伦比亚经济在调整中发展》《发展中的哥伦比亚教育》和《八十年代拉美国家经济发展战略的调整》等论文。随着改革开放的不断深入，我国到拉美国家去考察、访问、学习和工作的人员不断增加。为了增进对拉美各国基本国情的了解，发展中国人民同拉美人民的友谊，世界知识出版社委托我们编写《拉丁美洲国家列国志》，要求资料丰富，内容充实，文笔生动，文字流畅，做到可靠性、趣味性和可读性相结合。1986年，我和陈芝芸同志共同主持编写了《发展中的新大陆——拉丁美洲》一书。1987年，我参加山东省社会科学院主持的《世界议会辞典》

的撰写工作。1988年，获得美国福特基金会资助，我应阿根廷贝尔格拉诺大学校长阿韦利诺·J.波尔托（Avelino J Porto）博士和哥伦比亚安第斯大学国际研究中心主任胡安·加夫列尔·托卡特利昂（Juan Gabriel Tokatlian）博士的邀请，以访问学者身份赴阿根廷和哥伦比亚进行学术访问和考察。这次考察和学术交流，大大拓宽了眼界，结交了众多拉美学术界的朋友，收集了许多资料，为之后的科研工作打下了良好基础。

党的十一届三中全会以来，我国农村首先实行了经济体制改革，改变了过去高度集中统一的经营方式，实行以家庭承包为主的多种形式的联产承包责任制。我也注重哥伦比亚的农业问题的研究。哥伦比亚原是个咖啡单一生产和出口的农业国，改变农业生产结构，发展多种经营，是哥伦比亚政府和人民一直关注的问题。1982年，我参加了中国农业科学院科技情报所的重点项目《国外农业发展战略研究》，撰写了《哥伦比亚积极改变咖啡单一结构》一文。之后与中国农业科学院多次进行合作，参与了《当代世界农业》的撰写工作，发表了《哥伦比亚农业商品经济的发展和问题》一文。1989年，参与农业部和农科院重点课程《不同类型国家农业基础设施建设的研究》的撰写工作，该课题获得中国农业科学院院长基金和农业部农业发展战略研究中心基金的共同赞助，我提交了《哥伦比亚农业基础设施建设》一章。应该指出，包括农业、农村、农民的"三农"问题，是现代化进程中非常重要的问题之一，越来越受到各国政府和学术界的关注。这期间，我撰写有：《哥伦比亚农业概况》《哥伦比亚发展农村经济的战略选择》《哥伦比亚重农业立竿见影》和《哥伦比亚经济持续稳定发展的启示》等文章。我认为，无论是农业问题还是农村问题，归根到底是农民问题，发展农业生产，增加农民收入，是关系到国民经济持续发展和社会稳定的全局性问题。借鉴国外发展农业的经验与教训，促进我国农业发展，是我国农业对外交流与合作的一项长期而重要的工作。于是，我又申请了《积极调整农村产业结构——哥伦比亚实施农村经济发展多样化的经验》的课题，获得中国社会科学院老年科研基金的资助。该文发表后，受到好评，认为"在通过哥伦比亚的案例研究归纳出对其他国家有借鉴意义的经验教训具有创新性"；"以哥伦比亚农村经济发展多样化为研究个案，对哥伦比亚克服单一作物生产和出口模式，全面发展农业的努力进行深入研究，提出了对我国农业发展具有借鉴意义的经验与教训，具有重要的现实意义和学术价值"。

20世纪90年代，战后形成的东西方对抗为特点的国际旧格局发生急剧变化，世界经济朝着更加开放、更加区域化、集团化的方向发展。拉美国家抓住有利时机，加强磋商，调整各国的内外政策，地区一体化进程呈现出加快的发展势头，受到国际社会的极大关注。我抓住这个时机，1991年申请了《九十年代拉美地区一体化趋势》，获得全国哲学社会科学规划领导小组审批，列入1991年度国家资助的中华社会科学基金研究课题。我先后发表了《世界格局的变化和拉美一体化进程》《90年代拉美一体化及其发展前景》《拉美地区一体化发展的新特点和原因》《90年代拉美地区一体化的新发展》《关于拉美地区一体化的几个问题》等论文。课题由石瑞元同志和我共同完成，1995年课题结项，出版了《拉美地区一体化进程——拉美国家进行一体化的理论和实践》。评审专家认为，这是国内第一部比较系统地论述拉美地区一体化问题的专著，具有较高的学术价值。接着，我又参加了由宋晓平同志主持的中国社会科学院"九五"计划重点项目《西半球区域经济一体化研究》，完成了该书的第二章、第四章和第五章部分的撰写工作。这期间，我撰写有《浅析拉美国家的西半球经济合作战略》《拉美地区经济一体化的发展态势》《哥伦比亚对外政策的调整》《拉美国家的改革和地区一体化的重振》《拉美国家对外经济关系多边化趋势》等论文。该项目又获得了美国福特基金会的资助，召开了一次国际学术讨论会，在国内外学术界产生良好反响。此外，1996年，我参加了中国社会科学院重点研究项目《简明拉丁美洲（含加勒比地区）百科全书》有关哥伦比亚条目的撰写工作。1997年，参加外交部组织的《世界外交大辞典（拉丁美洲部分）》的有关哥伦比亚和厄瓜多尔条目的撰写工作。2000年，参加了中国社会科学院重点课题《列国志》的撰写工作，编著了《哥伦比亚》一书，这是笔者长期研究哥伦比亚的重要成果，凝聚了自己多年的心血，2004年3月出版，2010年稍作增补后第二次再版。2003年，参加了中国大百科全书地理词条《哥伦比亚地理词条》的撰写工作。

回顾50多年来的拉丁美洲研究为国家的经济建设和对外交往做出了应有的贡献，研究人才辈出，年轻的科研人员已成长起来；拉美研究中心如雨后春笋在各地出现，情况喜人。我自喻研究探索拉美问题为"拓荒之旅"，在科研过程中，勤奋刻苦，勇于探索，学风严谨，成果颇丰，为国家经济建设和拉美研究事业献出了绵薄之力。初步统计，除工具书外，发表的论文及各类文章近百篇，共130多万字。本书只收集已发表的文章30篇，反映了笔者在各个时期的研究方向和成果。下面分三个专题作简要介绍。

第一部分，拉美经济和地区经济一体化的发展，所选文章共10篇。

《八十年代拉美国家经济发展战略的调整》，是参加1986年现代国际关系所主办的"第三世界国家经济调整与发展"学术讨论会提交的一篇论文。文章对拉美国家经济发展战略的演变，以及它们正在进行战略调整的原因进行深入分析，指出拉美国家80年代的经济困境，是由多种因素造成的：美国等发达资本主义国家转嫁经济危机是外部原因，而拉美国家在经济发展战略和改革方面的失误则是内因，拉美国家债务危机是内外因素作用的结果，拉美当前危机实质是"一场深刻的结构危机"，因此，80年代拉美国家经济战略的调整，关系到战略思想、战略目标和战略措施等重大问题的调整，是具有总体性和战略性的调整性质。有如下特点：（1）战略目标更具有针对性和整体性，提出把经济和社会全面发展作为今后相当长时期的战略目标。（2）提出依靠自己的力量，走自力更生和集体自力更生的发展道路的战略思想。（3）强调国家在宏观经济中的调节作用，必须把市场经济与国家调节结合起来。（4）各国政府把发展经济作为重点，力求把短期的应急措施和长远的发展目标结合起来。论文引起与会学者和媒体的关注，认为有理论价值。1986年6月23日中央台国际时事节目作摘要广播，在西班牙文《中国建设》1988年第5、第6号上做了连载。这篇论文获得所级优秀科研成果奖。

20世纪80年代末90年代初，随着世界格局的变化，经济全球化和地区经济一体化成为世界经济发展的大趋势，为许多政治家、企业家极大关注，也成为各国学术界研究的热门课题。90年代，我参与国家社科基金赞助和社会科学院"九五"规划重点项目的两个课题，研究拉美地区经济一体化问题。笔者从理论到实践对拉美国家进行一体化过程作全面、系统的分析，把它放在国际大舞台上进行考察，从主客观上分析拉美国家经济战略和对外政策的调整，揭示拉美地区一体化发展的必然性，对90年代拉美一体化取得新进展作了归纳和总结，指出它的四个鲜明特点：政策的务实性，战略的开放性，合作的广泛性，措施的灵活性。同时，对南方共同市场等主要拉美一体化组织的运行机制作了较为细致的探讨，便于人们了解一体化组织的运作方式，并对拉美一体化概念、发展阶段、动力、互补性与竞争性、各一体化组织近几年取得的成效、问题和发展前景作了较细致深入的分析。笔者指出，拉美国家实行的"开放的地区主义"，是一种新型的区域经济合作模式，它兼容区域内国家间的互惠和对外部世界的低保护两个方面，把优惠协议产生的相互依存与基本由市场信息推动的相互依存结合起来。拉美地区一体化从小地区的自由贸易区走向联合，符合世界经济全球化大趋势。这是笔者从多方位和多角度对拉美地区一体化进行探索，是长期研究拉美地区经济一体化的重要学术成果。如今，自由贸易区战略是确保我国在国际贸易版图中占有一席之地的重要保障。总结拉美国家进行一体化合作的经验，揭示拉美地区一体化运动螺旋式向前发展的规律，评估它的作用和社会价值，并从理论上探讨风云变幻的国际形势与发展中国家经济发展的关系，阐述发展中国家应如何利用国际上的有利时机，克服不利条件，发展民族经济的可能性，对我国同其他国家开展经济合作和友好往来，有现实意义和参考价值。

第二部分，哥伦比亚的经济发展战略及其政策措施，所选论文共13篇。

《战后哥伦比亚经济发展战略》，是参加"六五"计划期间国家社会科学研究重点项目《发展中国家经济发展战略研究》提交的一篇论文，编入《拉丁美洲国家经济发展战略研究》一书。该成果获得中国社会科学院优秀科研成果奖。

这组文章是研究哥伦比亚针对经济发展中出现的问题所采取的政策措施。纵观拉丁美洲，战后几十年，许多拉美国家政权更迭频繁（军人政变），政局极不稳定，经济发展跌宕起伏，而哥伦比亚政局相对稳定，经济政策连续，有利于民族经济的发展；80年代被称为拉美国家"失去的十年"，拉美国家陷入严重的债务危机，哥伦比亚是该地区唯一没有进行延期付债谈判，能按期还本付息的国家；80年代末，不少拉美国家的通货膨胀指数高达3位数，甚至4位数，哥伦比亚却把通货膨胀控制在25%—30%。总之，哥伦比亚是该地区经济发展比较正常的国家之一，经济持续增长，经济实力不断增强，生产结构发生了显著变化，社会指数得到一定的改善。哥伦比亚在发展民族经济以及在前进道路中克服经济困难方面积累了一些有益经验：（1）摸清国情，客观地分析国际与国内政治、经济形势和问题，制定了正确的发展战略，以出口带动民族经济发展。（2）针对本国存在的矛盾和问题（如支付困难、财政困难、能源危机、经济衰退等），政府不断地进行调整和改革，同时狠抓能源和交通运输等基础薄弱环节，推动经济和社会向前发展。（3）稳定发展是哥伦比亚政府长期追求的目标，加强宏观经济的调控和实行严格的经济管理，是哥政府实现持续稳定发展的重要手段。（4）实行混合经济体制，发挥私人部门的积极性，在战略中把经济发展和社会发展结合起来，则是实现经济持续增长和社会稳定的重要保证。在当今经济改革大潮中，面对国际风云变幻的态势，如何针对经济发展过程中的问题进行调整和改革，实现经济持续稳定发展，哥伦比亚的经验具有现实意义和社会价值，值得其他发展中国家借鉴。

第三部分，哥伦比亚农业和农村发展问题，所选论文共7篇。

我来自广东的偏远山村，对农村和农民生活比较熟悉，也较关注农业问题。长期以来，哥伦比亚的经济比较落后，发展畸形，以农业为主，是个咖啡单一生产和出口国。《哥伦比亚土地关系的一些特点》《哥伦比亚农民夺地斗争》《哥伦比亚农业资本主义发展的特点》是我研究哥伦比亚农业的早期习作，虽然资料较为陈旧，仍有助于了解哥伦比亚农村土地占有和农业生产二元结构情况。

80年代起，我多次参加拉点所、农科院和农业部有关农业的课题研究，撰写有改变农业生产结构，重视农业基础设施建设，农村经济多样化经营等方面的文章。文章指出，哥伦比亚积极改变农业生产结构，重视农业基础设施建设，实行农村经济发展多样化方针，是发展农业生产的正确战略选择。《不同类型国家农业基础设施建设的研究》是中国农科院院长基金和农业部农业发展战略研究中心基金共同赞助的项目，我提交了《哥伦比亚农业基础设施建设》论文，指出哥政府重视增加国家对农业和农村基础设施的物质投入，强调"农业是国家稳定的基础"，"基础设施是经济增长的基础"，把农业基础设施建设提高到经济发展战略高度加以考虑，议会通过法令，把对农业基础设施建设和为农业服务部门的职能用法律形式确定下来，政府鼓励私人投资，积极发挥行会组织和私人经济的作用，推动商品农业的发展，政府重视落后地区农业基础设施建设及其经验，值得发展中国家借鉴。《哥伦比亚实施农村经济多样化的经验教训》一文，强调农村经济多样化发展方针，农村经济改革须给农民带来实惠，组织农民开展生产合作和发挥农业生产联合会的作用，政治社会动荡会阻碍经济改革的进行等观点，对我国农业和农村改革的现实有参考价值。农业问题、农村问题和农民问题，即"三农"问题，对我国成功实现现代化建设意义重大。文章指出，无论是农业问题，还是农村问题，归根结底是农民问题，发展农业生产，增加农民收入，是关系到国民经济可持续发展和社会稳定的全局性问题，直接影响着一个国家现代化的道路和成败。加快农业和农村经济发展，努力增加农民收入，改善农民生活，是我国政府特别关注的问题，也是许多发展中国家面临的共同问题。统筹城乡经济社会发展，建设现代化新农村，增加农民收入，是我国全面建设小康社会的重大任务，哥伦比亚案例的经验可供我国和其他发展中国家借鉴。

目　　录

一　拉美经济与地区经济一体化发展

80年代拉美国家经济发展战略的调整 …………………………（3）
拉美地区经济一体化的理论渊源 …………………………………（16）
拉美地区经济一体化的产生和发展 ………………………………（40）
世界格局的变化与拉美一体化进程 ………………………………（48）
20世纪90年代拉美地区一体化的新发展 ………………………（53）
拉美主要地区一体化组织运行机制 ………………………………（65）
拉美经济一体化的新特点和发展趋势 ……………………………（87）
拉美国家的改革与地区一体化重振 ………………………………（102）
关于拉美地区一体化的几个问题 …………………………………（112）
拉美国家对外经济关系多边化趋势 ………………………………（123）

二　哥伦比亚的经济发展战略及其政策措施

战后哥伦比亚经济发展战略 ………………………………………（137）
80年代哥伦比亚的经济调整 ………………………………………（164）
哥伦比亚积极引进外国投资 ………………………………………（172）
哥伦比亚的债务问题与对策 ………………………………………（177）
哥伦比亚解决能源问题的对策 ……………………………………（181）
哥伦比亚克服石油危机的对策及其成效 …………………………（187）
哥伦比亚开发库西亚纳油田的战略思考 …………………………（197）
私有化浪潮冲击下的哥伦比亚 ……………………………………（204）

哥伦比亚加快改革开放步伐 …………………………………… （207）
哥伦比亚经济政治在调整改革中求发展 ………………………… （213）
20世纪90年代哥伦比亚进行的外贸改革………………………… （218）
哥伦比亚经济形势相对稳定的原因 ……………………………… （229）
哥伦比亚经济持续稳定发展的启示 ……………………………… （238）

三　哥伦比亚的农业和农村发展问题

哥伦比亚土地关系的一些特点 …………………………………… （249）
哥伦比亚农民的夺地斗争 ………………………………………… （257）
哥伦比亚农业资本主义发展的特点 ……………………………… （262）
哥伦比亚农业基础设施的建设 …………………………………… （268）
农业生产结构和农业科学技术 …………………………………… （279）
哥伦比亚农业商品经济的发展和问题 …………………………… （289）
哥伦比亚实施农村经济发展多样化的经验教训 ………………… （299）

一

拉美经济与地区经济一体化发展

80年代拉美国家经济发展战略的调整

进入80年代，拉美地区陷入半个世纪以来最严重的经济困境。自从1982年8月墨西哥爆发债务危机，其他拉美主要债务国也都不能按期偿还外债的本息。这不仅震撼了西方金融界，而且在国际上引起了强烈反响。当前，发展中国家的经济如何发展自然成为国际社会共同关心的问题。本文试图对拉美国家经济发展战略的演变，以及他们正在进行战略调整的原因、性质、特点和前景，发表一些粗浅的看法。

一

拉美国家的经济发展战略是从实施"进口替代"工业化开始的，后来由于国内市场狭小，又将"内向型"工业转向"外向型"工业。大体上说来，巴西、阿根廷、墨西哥和智利的这个工业化进程，开始于30年代大萧条之后和第二次世界大战期间；哥伦比亚、委内瑞拉、秘鲁等中等国家，在战后逐步采取了"进口替代"措施，中美洲国家在60年代初开展地区经济一体化时，才步入"进口替代"阶段。就整个拉美地区来说，大致可分为四个阶段：（1）30年代到40年代为"进口替代"工业化战略的准备阶段（或早期阶段）。在1929—1933年世界资本主义经济危机的冲击下，拉美国家出现了经济衰退。巴西、阿根廷、墨西哥和智利等国的资产阶级政府，通过投资、关税保护、外汇管制和国家干预等措施，建立起一批轻纺工业，生产工业消费品，代替原来进口的商品，供应本国市场。其他拉美国家也先后创建了国营投资银行来筹集资金，推动建立本国工业。（2）战后到60年代中期为"进口替代"战略实施阶段。战后，在联合国拉美经委会"发展主义"思潮的推动下，拉美各国的经济民族主义得到进一步发展，普遍采取了"进口替代"工业化发展战略。巴西、阿根廷和墨西哥大力发展中间产品和资本货生产；智利、哥伦比亚、委内瑞拉和秘鲁等国已经完成一般消费品进口替代，向替代中间产品和资本货生产过渡；中美洲国家在食品加工业方面也取得了一定成绩。（3）60年代中期到70年代末为"进口替代"和促进出口相结合的阶段。60年代，由于大量进口机器设备、技术和原料，不少拉美国家的外贸和国际收支出现逆差，国内市场狭小以及关税保护使本国产品缺乏竞争力，失业和通货膨胀等社会问题日益尖锐。于是，它们调整经济发展战略，开始把"进口替代"与促进出口结合起来，使经济得到进一步发展。（4）80年代为战略调整阶段。80年代初，在资本主义世界经济危机的冲击下，拉美国家经济发展战略失误的问题充分暴露出来了，不得不进行重大调整。

由于拉美国家国情的不同和经济发展阶段的差异，它们的战略目标和政策措施也不尽相同，发展战略乃随之呈现出多样性。特别是60年代中期调整以后，更是如此。拉美国家的经济发展战略大致有以下六种类型：

（一）以巴西为代表的"高增长"经济发展战略。巴西本是热带农产品出口国，自30年代资产阶级掌权后，历届政府都重视改变初级产品出口国的地位，致力于资本主义工业化。在出口农业的带动下，巴西积极开展出口贸易，利用外部资金，引进国外技术，发展"进口替代"工业、基础工业和出口创汇工业，实现了国民经济的现代化和高速增长。目前，巴西工业已从"内向型"转向外部市场，正在加速耐用消费品和资本货工业的发展。

（二）委内瑞拉、墨西哥和厄瓜多尔等国实行以石油为动力、推动"进口替代"和经济现代化的发展战略。战后以来，委内瑞拉随着石油出口收入的迅速增加，推行了"播种石油"的发展战略，积极向制造业和基础设施投资，促进经济全面发展。由于70年代中期国际石油价格上涨，厄瓜多尔和墨西哥也迅速开发石油资源，实行了以石油为动力，促进经济发展的战略。

（三）智利、阿根廷和乌拉圭在70年代实行以"自由市场经济"为特征的发展战略。战后20年，智利实行"进口替代"战略，经济稳定发展。1970年智利人民团结政府上台后，推行"经济社会化"和强化国家干预的经济政策；由于政策过激、步子过快，生产秩序被打乱，经济遭到破坏。战后，阿根廷实行了工业化和外资企业国有化的政策。自1955年庇隆政府被推翻后的20年间,阿根廷政府更迭12次之多,政局动荡严重阻碍着国民经济的发展。1973—1976年,智利、阿根廷和乌拉圭三国军人先后执政,实行"自由市场经济"政策,取消关税保护和国家补贴政策,发挥私人企业在经济中的作用,鼓励竞争。

(四)哥伦比亚实行以促进初级产品出口带动经济发展的战略。哥伦比亚是个咖啡生产和出口国。自战后实行"进口替代"工业化以来,为减轻国际市场咖啡价格波动对本国经济的影响,采取国家干预和市场调节相结合的方针,把"进口替代"和出口产品多样化结合起来,利用本国的有利条件和丰富的资源,积极促进非传统产品出口,通过扩大出口来积累资金,推动民族工业和国民经济的发展。

(五)秘鲁推行以"结构改革"为主要内容的经济发展战略。秘鲁自然资源比较丰富,是个重要的矿产出口国。1968年军人执政后,实行自上而下的带有"民族主义色彩"的社会经济改革,加强国家对经济的干预,通过经济国有化、土地改革和"社会所有制企业",促进钢铁、化工、机器制造、矿业、军火和造船业等现代工业的建立。

(六)中美洲和加勒比地区的一些国家都比较小,经济结构畸形,长期以来都是一两种热带农产品出口国外。中美洲五国自1958年签署中美洲经济一体化和自由贸易多边条约之后,小区域内部贸易自由流通,商品进口受到共同对外关税的限制,使这些国家发展了工业生产,逐步实现了非耐用消费品就地制造的目标。

战后以来,在实施上述发展战略的过程中,拉美的经济获得迅速发展,经济实力不断增强。据统计,1950—1980年拉美国家国内生产总值的年平均增长率为6%,高于同期其他发展中国家(5.3%)和工业发达国家(3.2%)的年均增长速度,在全世界国内生产总值中,拉美地区所占的比重已从1964年的5%上升到1978年的6.2%;美国的产值在1960年比拉美多7.7倍,而到1980年只多3.9倍。1980年拉美地区国内生产总值达6257亿美元,人均产值为1844美元,比发展中国家平均水平高两倍。

二

80年代初,在资本主义世界经济危机冲击下,拉美地区的经济增长率急剧下降。全地区国内生产总值在1980年增长5.6%之后，1981年只增长了1.7%，1982年和1983年竟分别下降1%和3.1%；1981—1983年人均产值共下降9.3%；略有好转的1984年，国内生产总值虽然增长了3.2%，但是人均产值只增长0.9%，只恢复到近似1977年的水平[1]。与此同时，拉美各国的国内投资锐减；全地区投资总额1981年占国内生产总值的25.8%，1983年已减至19.6%。通货膨胀加剧，1981—1983年整个地区商品价格上涨率分别为57.6%、84.6%和130.9%；1985年全地区通货膨胀率又从1984年的164%上升到610%，其中玻利维亚通货膨胀率竟高达11291%，阿根廷为463%，巴西为230%，秘鲁为169%。目前，这个地区失业和半失业人口约占经济自立人口的30%。

由于发达资本主义国家贸易保护主义盛行，国际市场初级产品价格下跌，国际金融市场利率过高，拉美国家的外汇严重流失，外债本息也在不断上升。据统计，拉美地区外债增长率1981年为24%，1982年为14%，1983年为8%，1984年为5.5%，1985年为2%；截至1985年年底，拉美的外债总额已达3680亿美元，占该地区当年国内生产总值的一半，相当于其当年出口总值的三倍。在拉美债务国中，巴西外债达1030亿美元，墨西哥为960亿美元，阿根廷为480亿美元，委内瑞拉为350亿美元，智利为189亿美元，秘鲁为133亿美元。1982—1985年，拉美地区资金净流出高达1060亿美元；其中，仅1985年即达320亿美元，约占出口总收入的40%[2]。

拉美国家当前的经济困难，是由多种因素造成的：美国等发达资本主义国家转嫁经济危机是外部原因，而拉美国家在经济发展战略和政策方面的某些失误则是内部原因。拉美国家的债务危机，既是内部因素和外部因素共同作用的结果，又是当前经济困难的集中表现。拉美经济学界认为，当前这场危机实质上是"一场深刻的结构危机"[3]。这里，试从四个方面对拉美国家的经济发展战略和政策失误做些分析：

（一）关于工业化问题。发展工业尤其是制造业，是拉美各国经济发展战略的首要目标。走工业化道路，对于改变贫困落后面貌，促进经济现

---

[1] 联合国拉美经委会：《关于拉丁美洲和加勒比危机与发展问题专家会议（1985年4—5月）文件》第2集，附表1。
[2] ［巴西］《圣保罗报》，1985年12月29日。
[3] 拉美经济体系和拉美经委会：《拉丁美洲对付危机的基础》，1983年5月19日。

代化，无疑是一条正确的道路。然而，国民经济是一个有机的统一体，经济各部门的平衡运动是实现经济稳定发展的基础；只有国民经济各部门按比例协调地发展，才能保持社会生产和需求的平衡。由于工业和农业是两个基本物质生产部门，他们之间平衡与否，又是国民经济能否顺利发展的决定性因素。

拉美国家在工业化过程中忽视国民经济的综合平衡，片面发展新兴工业而不顾其他部门，甚至完全抛弃社会目标，可以说是战略决策的一大失误。它们通常把大部分资金投向制造业，而作为国民经济基础的农业却得不到足够的发展资金，造成工农业比例失调。由于新兴工业和出口业发展很快，不仅能源工业、原材料工业和基础工业相对落后，而且在制造业内部也出现了资本货、中间产品的生产和农产品加工业之间的比例失调。结果，国民经济不能实现良性循环，各种生产要素得不到有效利用，自然资源未能合理开发，社会生产不能适应社会需要的变化。许多拉美国家仍然出口初级产品，而在设备、技术、原料和市场方面严重依赖国外。这种不协调的经济结构，是实现经济完全独立的一大障碍；它既妨碍生产力的发展，也易受世界经济危机的冲击。

（二）关于发展速度和投资规模问题。正确地解决发展速度、投资规模和经济效益问题，是实现经济发展战略目标的关键，决定着经济发展的前途。对于发展中国家来说，保持一定的经济发展速度是十分重要的。但是，战后许多拉美国家都存在着脱离本国实际，片面追求高速度、高投资的倾向。政府把发展指标定得过高，国内的资金积累能力大大低于发展和建设所需的投资，于是便执行了赤字预算和信用膨胀的政策。再加上它们资本主义制度下的国民收入分配极不合理，贫富差别日益悬殊，多数人本来就没有什么储蓄能力；而高收入阶层又在模仿发达资本主义国家的消费方式，各种传播媒介也不断刺激消费，更使整个社会的消费增长速度大大超过了资本积累的速度。结果是发展资金匮乏，物价失控，结构性的通货膨胀加重了广大劳动人民的苦难。

由于公共开支过大，消费补贴增多，许多拉美国家只得举借外债来弥补预算赤字。到70年代，借贷资本成为拉美国家利用外资的主要形式，它们的公共和私人外债迅速增加。例如阿根廷，1969—1983年，公共开支占国内生产总值的比重从30%上升到49%；公共部门预算赤字占国内生产总值的比重从1%上升到16%；公共外债占国内生产总值的比重则从

7%激增到45%，外债额增长了17倍。再如墨西哥，1968—1970年的公共开支占国内生产总值的17.6%，1982年已上升到48%；1980—1982年，政府预算赤字从占国内生产总值的8%上升到18%；1970—1982年，政府和政府担保的外债增长14倍，即增加了590亿美元，相当于国内生产总值的32%[①]。在拉美国家片面追求高速度、高指标、高投资的过程中，不仅对举债规模不加控制，大大超过了偿还能力，而且有不少国家借到的相当一部分外债用于非生产性开支或弥补财政赤字，陷入借新债还旧债的恶性循环之中。

（三）关于国有经济问题。战后，拉美国家针对外国垄断资本操纵它们的主要经济命脉、本国民族资本力量薄弱的状况，一方面，把外资企业和本国独裁者控制的重要经济部门以不同方式收归国有，同时大量投资，兴办了一批国家资本主义性质的国有企业；另一方面，通过制订和实施经济发展计划，以及采取其他行政和经济手段，全面干预经济。

但是，国家资本的经营和国家对经济的干预也产生了不少问题。主要表现在：（1）发展过快，干预过多。不少拉美国家的经济发展计划规定，国家承担全部大型工程和基础设施的投资；国家经营一些需要大量投资、收益极低甚至亏损的企业，接管濒临破产的私人企业；国家通过金融机构向私人企业提供贷款；还通过控制物价、限制外资、统管外贸、调整关税以及实行产品价格补贴、规定最低工资等措施，监督和调节国民经济的发展，以致财政入不敷出。（2）管理不善，亏损严重，不少拉美国家缺乏统一的经济管理机构，各部门权责不明，政出多门，计划同政策脱节的问题时有发生。国有企业的经理等管理人员均由国家任命，其中许多人不懂业务，导致生产效率低下、浪费惊人，也给贪污腐化者造成了可乘之机。（3）在处理多种经济成分关系的问题上，不少拉美国家过快、过急地扩大国有经济，损害了民族私人资本和外国投资者的利益，导致投资下降，资金外流。

（四）关于对外经济政策问题。拉美国家的经济是开放型的，对外经济关系在各国经济发展中占有重要地位。总的说来，国际贸易和资本流入构成了拉美国家同工业发达国家的基本联系，出口贸易的发展带动他们民族工业的建立，而国际资本则通过增加投资和技术转让在相当程度上促进

[①] 《世界银行1985年发展报告》，第62—63页。

了他们的经济发展。但是，拉美国家新技术的采用和生产率的提高。在很大程度上是依靠开发其非再生资源和在国际市场上低价销售其产品来实现的，它们出口产品的增长速度大大低于从国外进口技术和设备的增长速度。随着工业化的深入发展，许多拉美国家对资本货、中间产品、原料和燃料的需求增大，因而它们在60年代和70年代采取降低进口关税、调整汇率、取消进口许可证、增设自由贸易区等措施，鼓励进口。70年代后期，智利、阿根廷和乌拉圭对本国货币定值过高，削弱了本国产品在国际市场上的竞争能力，同时国外商品大量涌入，进一步恶化了它们的外贸收支状况。当时，西方国家由于经济衰退、国内投资不振而积存了大量资金，再加上石油美元也已形成了所谓欧洲美元市场，国际私人银行便在信贷投放上展开竞争，它们对发展中国家不惜进行低息贷款甚至负息贷款。在这种情况下，墨西哥、巴西、委内瑞拉和阿根廷等拉美国家却以为低利率会继续下去而大举借债，它们不仅接受长期贷款，而且接受了大量短期贷款和中期贷款。还有些拉美国家靠举债进口了大量商品，尤其是对于消费品的进口失去了控制。时隔不久，主要由于美国政策的变化，很快出现了资本主义历史上前所未有的高利率，拉美主要债务国便相继处于十分被动的境地。

三

20世纪70年代后期，特别是进入80年代以来，经济发展战略问题成了拉美经济界探讨的主要问题。几年来，有关地区经济合作组织举行会议、许多专家学者发表文章，总结战后拉美经济发展的经验教训，探索新的发展模式，提出战略调整的种种设想。1983年5月，拉美经济体系和拉美经委会通过《拉丁美洲对付危机的基础》文件，提出了改变发展战略、共同对付危机的重要建议。同年8月，拉美经济学家又在《圣克鲁斯声明》中指出，拉美国家必须改变发展模式，建立起行之有效的经济发展战略。1984年，拉美经委会负责人伊格莱西亚斯发表文章，强调拉美国家今后要在争取经济增长率显著提高的同时，谋求更大的经济效率；在收入分配上更加平等；使发展进程更加自主化[1]。1985年4—5月间，

---

[1] 转引自《世界经济译丛》1985年第7期。

拉美经委会召开的关于拉丁美洲和加勒比危机与发展问题的专家会议认为，今后拉美经济发展模式不应简单地重复"进口替代"或"面向出口"战略，而应该采取"进口替代"和"面向出口"相结合的发展战略。

这几年，拉美国家在实行经济紧缩措施的同时，也对它们的经济发展战略进行了逐步调整。1981年，巴西政府确定不再追求高增长的发展目标，不以借贷资本为促进经济增长的主要手段，实行"面向出口"和"替代进口"相结合的发展战略。1982年，哥伦比亚保守党政府抛弃上届政府奉行的自由主义经济政策，强调国家对经济生活的指导作用，并制订了《全国均衡变化发展计划》。同年12月，墨西哥政府提出并开始实行了以紧缩经济和结构改革为内容的调整计划。1984年，厄瓜多尔新政府实行鼓励国内储蓄，把资金引向投资项目，促进经济发展的方针。阿根廷文人政府也提出了整顿生产机构，改革分配制度，活跃经济，促进投资的政策。1985年，巴西文人政府进一步提出以解决社会问题为重点的政治经济改革，把恢复经济、解决失业和贫困问题作为四年经济发展计划的优先目标。秘鲁新总统则强调要在国内积累的基础上复苏经济。

需要指出的是，当前拉美国家进行的经济发展战略调整，不同于60年代中期进行的局部性、政策性调整，而是关系到战略思想、战略目标、战略措施等重大问题的调整。这主要是因为：

（一）拉美国家的经济历经战后几十年持续发展，已经出现了许多不协调的因素。诸如：重工轻农导致工农业比例失调，粮食不能自给，注重新兴工业的发展而能源和原材料工业落后，城市发展过快加剧了地区之间的发展不平衡；刺激消费，国内资金积累能力很低；建设规模超过国家的经济实力，债务负担日益加重；强调经济增长速度而忽视国民收入的分配，经济和社会发展很不协调，贫富悬殊，失业加剧，以致社会动荡，政局不稳，等等。总之，这些因素严重影响了国民经济各部门按比例协调发展，亦即出现了结构性危机；它们使经济和社会生活陷于混乱，已成为拉美国家经济恢复和振兴的莫大障碍。因此，不得不进行经济发展战略的调整。

（二）外部条件恶化也迫使拉美国家非进行这种战略调整不可。由于资本主义固有矛盾的发展以及石油危机的冲击，1973—1975年的经济危机使西方发达资本主义国家进入经济"滞胀"时期；而它们在经济调整中采取的严厉紧缩政策，又在一定程度上导致1980—1982年爆发战后以来最严重的经济危机。这次危机使拉美国家成了直接受害者。因为，在国际贸易萎缩的情况下，拉美国家的出口锐减；发达资本主义国家的贸易保护主义更恶化了拉美国家的外贸条件，而国际利率急剧上升又加重了拉美国家的债务负担，1983年，西方发达国家的经济虽然进入低速增长时期，但是回升速度缓慢。它们的贸易保护主义有增无已，高财政赤字、高利率、高美元汇率，以及大幅度削减对发展中国家的官方援助和私人贷款，仍然给拉美国家的经济恢复造成了巨大困难。在这种不利的国际环境下，拉美国家只得调整经济发展战略来寻求出路。

（三）拉美国家之所以调整发展战略，是由于对西方经济理论和旧的发展模式提出了怀疑。发展民族经济，以经济独立来巩固政治独立是拉美人民的历史任务，也是战后拉美民族民主运动的重大目标之一。拉美国家经济发展战略的基本指导思想是发展主义，其理论则源于凯恩斯主义。拉美国家推行"进口替代"工业化战略过程中，在安排生产、投资、积累、消费以及分配等方面长期实行发展主义政策，既促进了经济增长，也出现了不少弊端。60年代拉美国家进行局部经济调整后，新自由主义又对它们的经济政策产生了重要影响。70年代，拉美南部几个国家接受新自由主义的基本观点，实行新的经济发展战略，对于经济恢复亦曾起过一定作用。但是，80年代的经济危机却使拉美国家无一幸免。这说明，无论是发展主义还是新自由主义都已失灵。因而人们正在寻求新的发展理论，迫切要求制定新的经济发展战略。

四

从一些拉美国家采取的措施和理论界进行的探索看，当前它们的经济发展战略调整有如下几个特点：

（一）战略目标更具有针对性和整体性。虽然拉美经委会提出，在外部条件改善（国际利率为6%，拉美国家出口年增长率为3%）的前提下，80年代末的几年拉美地区的年均经济增长率可达4%，但是，它更强调拉美国家应该有四个基本发展目标：（1）进行经济结构的改造，以便获得更有活力的增长；（2）向更加公正的社会迈进；（3）建立更加协调的对外经济关系，扩大经济自主权；（4）扩大社会各阶层参与经济和社会活动的权利，完善民主制度①。这表明，拉美国家将不再片面追求经济的高速增长，而是把克服经济发展中出现的各种问题、争取经济和社会全面发展作为今后相当长时期的战略目标。应该说，这是一个严肃的经济和社会发展的总体规划。实际上，面对严峻的社会现实，拉美一些政治家已在战略思想上注意把经济目标和社会目标结合起来，力求实现经济、政治、社会和文化的综合发展。巴西、哥伦比亚等国政府在争取经济恢复的同时，把社会目标放在突出地位。不少拉美国家政府都在扩大生产投资，支持中小企业恢复生产，并且利用闲置的生产能力增加就业，同时实行反通货膨胀措施，注意发展教育事业和改善民众的居住条件，借以缓和社会矛盾。有些拉美国家还从有利于经济和社会发展的目的出发，实行了控制人口增长的政策。

（二）开始明确了依靠自己的力量，走自力更生和集体自力更生发展道路的战略思想。其具体表现是：

1. 强调把发展的立足点转移到主要依靠自己的力量上来。面对严峻的外部环境，不少拉美经济学家指出，拉美国家切不可再寄希望于大量引进外资和扩大国外市场，而应该在更大程度上动员自己的人力、物力，依靠国内积累，开拓国内市场，推动国民经济的发展。《拉丁美洲对付危机的基础》强调要充分利用拉美国家的丰富资源，指出"拉美的发展将是一个主要依靠每个国家的内部努力和拉美合作与一体化的长期进程"。

2. 加强农业和能源等薄弱环节的建设。70年代后期，一些拉美国家已开始认识到忽视农业的严重后果。1979年，巴西政府把农业列为优先发展的部门之一，采取增加投资和补贴以及大幅度调整粮食价格等措施，鼓励发展粮食和出口农产品的生产。墨西哥把农业提高到与石油业同等重要的地位，并实施《粮食体系计划》，把增加农产品出口、减少粮食进口、促进农村全面发展作为战略重点。阿根廷、哥伦比亚、委内瑞拉等国已增加农业贷款，调整了农业发展政策。秘鲁现政府也确定了以农业促进经济增长的奋斗目标。不少拉美国家都在发展农村加工业，加速现代农业的建设。毫无疑问，农业的发展必将给国民经济带来新的活力，并对实现社会安定起到重要作用。

为改变过分依赖石油的能源消费结构，哥伦比亚于1979年实行以煤

---

① 《拉美经委会评论》（西文版）1985年第26期。

炭和水力发电代替石油的能源计划,大力发展采煤业和小水电。巴西在发展大型水电站和利用酒精代替汽油方面取得了显著成绩。阿根廷正在研究地热、太阳能、沼气和潮汐等能源的综合利用问题。巴西和阿根廷还在和平利用核能方面获得了重要进展。拉美国家积极发展能源,同时也有利于一些边远落后地区的开发。

3. 加强地区合作,促进共同发展。为解决债务问题,由11个拉美主要债务国组成的卡塔赫纳集团已经作为一个整体,展开了举世瞩目的联合行动。1984年3月,墨西哥、巴西、哥伦比亚和委内瑞拉为阿根廷筹集3亿美元资金偿付到期外债,也是拉美债务国的一次重要联合行动。拉美经济体系、拉美一体化协会和美洲开发银行已呼吁有关拉美国家健全一体化机构,落实一体化协议,加强易货贸易和补偿贸易,改进信贷和支付手段,促进本地区各国之间的贸易与合作。目前,中美洲共同市场已建立新的执行机构,并在电力合作方面迈出新的步伐。加勒比共同体为发展成员国的粮食生产,制订了为期三年的共同行动计划。安第斯条约组织分析了工作中的失误,正在采取措施巩固和发展一体化进程。1985年,巴西、墨西哥和阿根廷联合成立了拉美设备公司,以便利用闲置工业生产能力,在拉美本地区扩大其资本货出口。同年8月,拉美国家部长级会议通过的《巴西利亚宣言》规定,与会国要在核物理学、信息学、生物工程学以及邮电、食品和卫生等方面进行共同研究,开展科技情报、研究经验和科技人员的交流。总之,发展地区一体化,加强各个领域的南南合作已成为拉美国家的强烈愿望,这对它们克服当前经济困难和改革不合理的国际经济秩序都具有十分重要的意义。

(三)强调国家在宏观经济中的调节作用。鉴于当前世界经济不景气,拉美各国困难重重以及内部发展水平相对落后,拉美经济学家提出必须把市场经济和国家调节结合起来,国家要履行其促进经济和社会发展的职能。在经济恢复和战略调整过程中,国家应在总体政策上支持生产,控制对外开放进程,预测中、长期发展前景,并且承担合理分配社会成果、调解社会各阶层冲突的任务[1]。

这样一来,就要建立起能够肩负上述任务的政府。近几年来,拉美地区的"民主化进程"迅速发展,民选文人政府已在阿根廷、秘鲁、厄瓜

---

[1] 转引自《世界经济译丛》1985年第7期。

多尔、巴西、玻利维亚、洪都拉斯、危地马拉、巴拿马和乌拉圭等国取代了军人统治。前不久，统治海地28年的杜瓦利埃独裁政权也被推翻，人民渴望朝着民主化的目标迈进。当前，拉美的资产阶级代议制民主政体已基本上取代封建统治和军人专制而普遍建立起来，民族资产阶级已基本上取代大庄园主、大资产阶级而在国家政治生活中发挥主导作用。这无疑是国家调节宏观经济的有利条件。

（四）强调把短期的应急措施与长远的发展目标结合起来。1982年以来，拉美国家普遍采取应急措施调整了一些经济政策。他们紧缩财政开支，减少财政赤字；调整汇率，在外贸上奖出限入，减少国际收支逆差；加强外汇管理，控制资金外流，放宽对外国投资的限制，鼓励私人生产性投资；同是争取延缓外债的偿还期限。1982—1984年，已有16个拉美债务国同国际货币基金组织，14个拉美债务国同债权国之间达成了延期偿还债务的协定；1985年又有11个拉美债务国同债权银行达成重新安排债务的协议，部分调整了中短期比重过大的债务结构，从而减轻了外债支付的压力。以卡塔赫纳集团为主的拉美债务国一致强调"不能牺牲发展去还债"，明确提出了"以发展促还债"的积极主张。简而言之，许多拉美国家政府都以经济发展为施政重点，力求把应急措施与发展战略调整结合起来，争取在中期内取得适度的经济增长，并使人民生活逐步有所改善，为实现经济和社会发展的长期目标奠定基础。

五

近年来，随着美国等西方发达资本主义国家的经济复苏，以及拉美国家的经济调整，拉美经济已有些初步回升的迹象。例如，拉美国家的支付能力开始有所好转，1984年出现了381亿美元的外贸顺差，国际收支经常项目赤字已从1983年的90亿美元减少到21亿美元[1]；1985年又实现343亿美元的外贸顺差。有些拉美国家的政府财政状况也初步有所改善，1983—1984年，墨西哥的财政赤字从相当于其国内生产总值的8.5%降到

---

[1] 联合国拉美经委会：《关于拉丁美洲和加勒比危机与发展问题专家会议（1985年4—5月）文件》第2集，附表1。

5%，阿根廷的财政赤字从相当于其国内生产总值的14%降到4%[①]。据拉美经委会统计，拉美地区在1984年结束了国内生产总值连年下降的局面，取得了3.2%的增长率；1985年国内生产总值又增长了2.8%。

但是，拉美经济回升的趋势仍然是低水平而又缓慢的，各国的经济发展战略调整也很不平衡。鉴于当前世界经济增长乏力，外部条件仍很严峻，80年代后半期仍将是拉美国家发展战略调整的重要时期；而且这种战略调整并非轻而易举，在实践中还会遇到种种困难和阻力，受到国内外各方面因素的干扰，有的国家甚至还可能出现波折。

然而必须看到，当今世界上要求改革已形成不可抗拒的潮流，发展中国家的经济发展战略调整也势在必行。我们完全可以预期，随着拉美国家发展战略调整的深入，它们不合理的经济结构将逐步得到改变，战略立足点也将逐步转移到主要依靠自己的力量上来，从而形成更加符合本国实际的发展理论和发展模式，有力地促进民族经济的发展，进一步增加拉美的经济实力和保卫世界和平的力量。

（原载《拉美丛刊》1986年第3期）

[①] 转引自《拉丁美洲丛刊》1985年第1期。

拉美地区经济一体化的理论渊源

第一节　西方传统经济一体化理论

经济一体化是第二次世界大战后国际关系中出现的一种新现象，它是各国经济关系在国际基础上更高的发展，标志着国际关系达到新的发展阶段。作为国际经济学的一个分支的经济一体化理论是从20世纪50年代兴起的，之后，随着一体化运动的广泛开展，经济一体化理论也随之不断向前发展。

一　关于经济一体化的定义

对经济一体化这个新概念，经济界有着不同的解释。有的学者把一体化表述为整体内部各个部分的联盟，是利益相近的国家之间的联合，它包含着取消属于不同民族国家之间的歧视性措施，必然导致货物销售的自由市场以及资本、劳动统一市场的建立。[①] 有的学者则认为，一体化是数个国家在货物、资本、劳务等生产要素的联合过程，通过一体化，成员国之间实行政策协调，采取措施加强它们之间的相互依赖，取得共同的好处。[②] 还有人认为，一体化是通过共同的商品市场，共同的生产要素市场，达到生产要素价格的均等和自由流通，以及成员国之间的自由贸

[①] 贝拉·巴拉萨：《经济一体化理论》，转引自埃拉多尔·穆尼奥斯·巴伦瑞拉和弗朗西斯科·奥雷戈·比库尼亚《拉美的地区合作：状况和未来的计划》，墨西哥学院1987年版，第36页。

[②] 伊萨克·科恩·奥兰德斯：《一体化概念》，载《拉美经委会杂志》1981年第15期，第154页。

易。① 近50年来，经济一体化已成为国际经济界和各国政治家、经济学家广泛采用的一个概念。

我们认为，经济一体化是战后国际经济和政治发展的客观事物，它必然有一个发展过程。本书对经济一体化作如下定义：经济一体化是指两个或更多的国家，为了促进经济发展，通过预定的方式和手段，有步骤、分阶段地消除它们之间所存在的经济政策的差别待遇，最终建立一个更大的经济区域或空间的活动。根据这一定义，一体化有两个重要的特征：（1）一体化的最终目标是要在成员国之间建立单一的经济空间，它们的商品和生产要素可以自由流动。（2）一体化必须通过预定的方式或手段，有步骤、分阶段地采取措施来实现最终目标，其中包括逐步地把部分主权自动地转移给超国家实体，协调经济政策的执行，制定相应的规章或准则，要求参与国共同遵守。还应该指出，一体化进程是一个由低级向高级发展的过程，在不同阶段将采取不同的形式，具有不同的特点，发挥不同的作用。通常人们把经济一体化分为五种形式：贸易优惠区、自由贸易区、关税同盟、共同市场和经济同盟。

二 传统的经济一体化理论——关税同盟理论

经济一体化理论的产生和发展是同经济一体化的实践密切联系在一起的。各种形式经济一体化组织的发展，主要集中在国际贸易方面，还涉及生产要素流动，生产、运输和国际金融领域。经济一体化理论是研究在这些领域内实施一体化政策和措施所带来的各种经济利益，如，按比较利益原则的生产专业化分工，规模经济，贸易条件的变化，国外竞争增加带来的效率变化，经济增长率和人均收入水平的变化等。由于经济一体化利益主要来自国际贸易领域，这就使经济一体化理论集中于研究国际贸易变化所带来的福利效应。关税同盟理论是分析由于对内取消关税和对外实行统一关税所引起的贸易变化，因此，关税同盟理论一直在经济一体化理论中占据主导地位。

（一）瓦伊纳的基本理论

西方传统一体化理论植根于英国古典对外贸易学说，集中体现在对关

---

① 彼得·林德特、查尔斯·金德尔伯格：《国际经济学》，谢树森译，上海译文出版社1985年版，第191、204页。

税同盟的表述上。传统经济一体化理论——关税同盟理论的建立是由美国经济学家雅各布·瓦伊纳首先完成的。在他之前，早期关税同盟思想认为，以比较利益原则为基础的自由贸易可以扩大各国的经济利益，带来生产和消费的有益变化，关税同盟在区域内实行减免关税，趋向于自由贸易，这必然导致成员国的福利增加，也能提高世界的福利水平。1950年出版的瓦伊纳《关税同盟问题》一书，对早期关税同盟思想进行重新论证，指出：（1）关税同盟能增加福利，但需要一定的条件。关税同盟并非自由贸易，而是成员国之间的自由贸易和对其他国家实行保护主义的统一实体。（2）关税同盟的不准确性，原因之一是它排除了商品的供应方面。[①] 瓦伊纳进而将定量分析用于对关税同盟的经济效应研究。提出了"贸易创造"和"贸易转向"概念。

瓦伊纳认为，"贸易创造"是指在关税同盟内部取消关税壁垒后，国内生产成本高的商品被成员国中生产成本低的商品替代，来自伙伴国的较低廉进口取代了昂贵的国内生产，新的贸易得以创造。假如商品X在A、B、C三国的价格分别为35美元、26美元、20美元，在A、B两国征收100%关税的情况下，商品X的最便宜的供应者是本国生产者。此时A国不会与B、C两国发生贸易。假设A、B两国结成关税同盟，则B国商品X的价格就是最低廉的，A国将从B国进口以替代国内生产，这就是贸易创造。"贸易转向"是指关税同盟对外实行统一的保护关税，使得原来从外部世界的较低廉的商品进口变为来自伙伴国的较昂贵的进口。如果A国最初征收50%的关税，对A国来说，商品X的最便宜的供应者是C国的30美元（20＋20×50%），A国从C国进口。假设A、B两国结成关税同盟，两国取消关税，而对C国仍保持50%的关税，A国把从C国进口改为从B国进口商品X（26美元），这就是贸易转向。贸易从外部世界转向关税同盟成员国，这类似自由贸易理论指出的增加税收给一国带来的经济损失。

瓦伊纳认为，关税同盟的这种自由贸易和保护贸易的结合，会产生贸易创造和贸易转向两种截然相反的结果。他强调了这两种不同效应对福利水平的影响，指出建立关税同盟得益与否，取决于这两种效应的实际结果。只有当创造效应超过转向效应时，资源利用才会改进，世界福利才有

---

① 安迪克、特伊特尔汇编：《经济一体化》，墨西哥经济文化基金会1977年版，第54页。

可能得到增长。否则，只会产生相反的结果。瓦伊纳的论证不仅为关税同盟理论奠定了坚实的基础，而且也创造了传统经济一体化理论的基本模式，并得到了经济学家的认可和地区一体化组织的欢迎。

（二）关税同盟理论的发展

继瓦伊纳之后，英国经济学家詹姆斯·E. 米德于1955年发表《关税同盟理论》一书，1960年理查德·G. 李普赛发表《关税同盟理论：概述》，1965年加拿大的哈里·G. 约翰逊发表《保护主义经济理论，关税协议和关税同盟的形成》一书，1972年德国的 W. M. 科登发表《规模经济与关税同盟理论》，1981年英国经济学家琼斯发表《关税同盟理论》等，他们都对关税同盟理论的发展做出了重要贡献。

1. 米德和李普赛等人对瓦伊纳的贸易创造和贸易转向的基本观点，采用供求曲线分析方法给予更精密的阐述和发展。

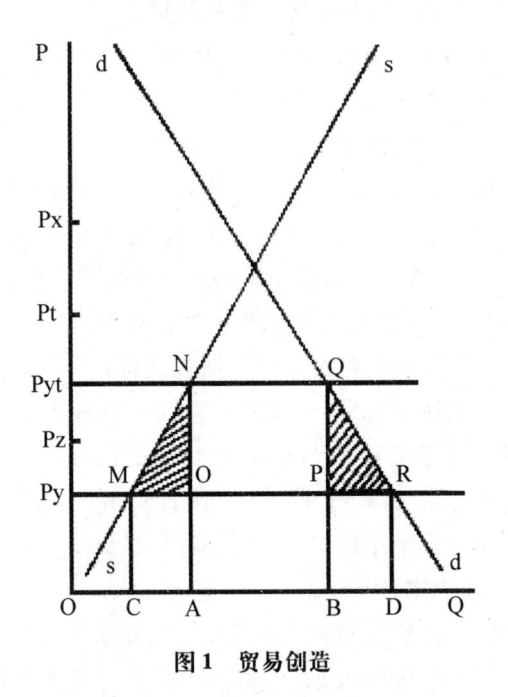

图1 贸易创造

图1解释贸易创造的情况。SS 和 dd 分别为 x 国某一商品的供给和需求曲线，OP 为商品的价格，OQ 为商品的数量。x 国生产价格 PX 高于 y、z 两国价 Py、Pz，因而从 y 国（比 z 国成本低）进口该商品，x 国内面临的实际价格是 PyT（由 y 国的出口价格 PY 加上关税），而 x 国的消费只为

OB，其中 OA 是国内生产量，AB 是从 y 国进口量。当 x 国与 y 国结成关税同盟后，x 国面临的价格降至 PY，从而消费量扩大到 OD，国内生产量降到 OC，从 y 国进口扩大到 CD，贸易创造量为 CA + BD。阴影三角 MNO 和 PQR 是贸易创造带来的福利收益（这就是关税同盟中著名的福利三角）。三角 MNO 说明价格由 PYT 降到 PY 时，国内生产该商品的资源有一部分转向别的生产部门以得到更佳的使用，国内生产量从 OA 降到 OC，这是一国作为整体由于专业化程度提高而在生产和效率上的收益，被称为贸易创造的生产效应。三角 PQR 说明价格下降后，消费者的需求见从 OB 扩大到 OD，消费者盈余增加，被称为贸易创造的消费效应。

图 2 是有贸易创造和贸易转向的情况。x 国最初从 z 国进口某一商品（z 国是最低成本国，y 国的成本在 x 国和 z 国之间），x 国面临的实际价格 PzT（该商品的进口价格 Pz 加上关税），消费量为 OB，国内生产量为 OA，进口量为 AB。当 x 国与 y 国结成关税同盟后，价格下降到 y 国的出口价格 Py，这时同样产生图 1 分析的贸易创造，即 CA + BD。然而，这时的进口来源从最低成本 z 国到变为成本较高的 y 国，原贸易量 AB 从最有效率的 z 国生产者向同盟内成本较高的 y 国生产者。这种由于同盟存在而产生的贸易转向代表着 x 国的福利损失和世界的效率损失。贸易转向由阴影矩形来衡量。因为将 x 国作为整体看，结成关税同盟前的进口价格是 PzT，结成关税同盟后必须对数量 AB 的进口商品支付高价 Py 来代替 Pz，Py 和 Pz 的差额是每一单位商品的额外成本，再乘以 AB 就是阴影矩形 C。

从图 2 我们可以看到，组成关税同盟以两种相反的方式影响着贸易和福利。其一，由于把进口量从 AB 增加到 CD，它导致贸易创造，与这一贸易创造相关联的世界福利等于三角形面积 a 和三角形面积 b。其二，把进口商品数量由低成本的外国供应者 z 国转到由高成本的伙伴国 y 国供应，这一贸易转向带来了净损失 C。这一损失是根据促使伙伴国生产数量 AB 的产品以增加的成本计算的。

在这种固定的世界价格和伙伴国价格的简单事例中，本国的净福利影响是面积 a 加面积 b 减去面积 c，这恰好也是世界静态的福利影响。如果放宽目前的简化假设，福利结果就更为复杂，但其规则是：世界福利的取得与贸易创造相联系，而其损失则与贸易转向相联系。

但是，米德、李普赛、约翰逊和巴拉萨等认为，瓦伊纳基本模式只考虑关税同盟的生产效应，把生产效应作为福利变化的唯一源泉，而对关税

图 2 贸易创造与贸易转向

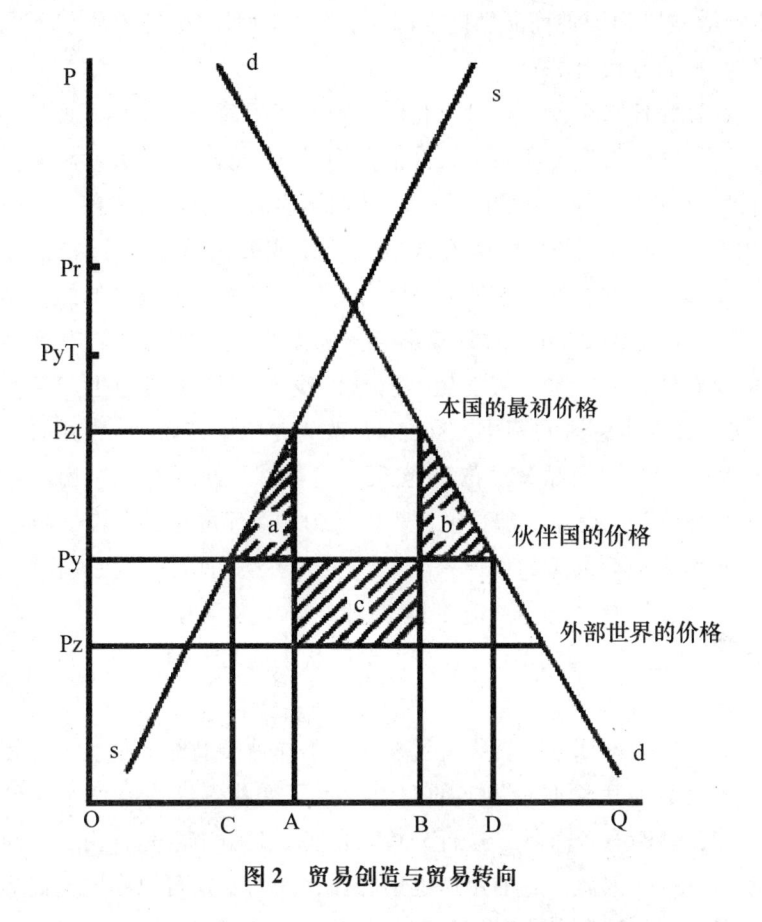

同盟产生的消费效应闭口不谈。然而，贸易创造和贸易转向同福利的得或失，同生产定位相关，因此，假定需求不变，不受生产定位变化影响的消费，由于成本不同，价格也不一样。为此，约翰逊强调，如果要给贸易创造和贸易转向下定义，既要包含生产效应，也要包含消费效应。李普赛进一步强调说："仅仅作效应区分还是不能完全令人满意的，因为消费效应将引起生产的变化。最令人满意的区分也许是在国家替代和货物替代之间去确定"。[①] 他认为，国家替代同瓦伊纳的贸易创造和贸易转向的分析一致，而货物替代则是相应商品价格变化的结果。因此，巴拉萨的结论是，

---

① 李普赛：《关税同盟理论：概述》，载安迪克、特伊特尔汇编《经济一体化》，墨西哥经济文化基金会 1977 年版，第 43 页。

"当生产效应受到同种商品供应来源的替代影响时，交换效应与不同种类的消费资料的替代有关"。[1]

在解释为什么会发生这种变化时，李普赛用简单例子作了说明。如果A国、B国和C国生产商品x的价格分别是35美元、26美元和20美元。A国征收50%的关税，因此，在A、B两国组成关税同盟之前，A国必须从C国进口商品x，国内价格为30美元。组成关税同盟之后，A国进口B国商品x不必支付关税，这是贸易转向情况，因为它把成本低的C国排除市场之外，C国仍受50%的关税影响。根据李普赛的意见，有贸易转向就将增加好处，原因是，劳动生产有新的设想：即A国为生产商品x使用35美元的成本，现在不生产商品x，改为专门生产商品y，并向B国出口。而从B国进口商品x只花26美元，这样，一个单位的y商品可以换得1.346个单位x商品。即是说，可以得到9美元的好处，即A国生产商品x和B国生产商品x的价格差价是9美元。换句话说，在关税同盟中，当每个国家进行专门化生产时都能获利，如B国增加商品x的生产可获利；而A国进口B国的商品x，进而专门从事商品y的生产，并向B国出口，同样可以获利。[2]

在李普赛的论证中，货物替代意味着不同种类商品的替代。但是，如果考虑到商品的用途时，最初的假设发生了变化。这里有两个条件：其一，只能在垄断竞争条件下进行分析。在垄断竞争市场里，由于商品各有一些不同特点，因此，它的用途也不一样，人们不仅可以在同类商品之间进行选择，而且消费者宁愿以更高的价钱购买有更多用途的商品。其二，商品的用途在于它的使用价值，而不是主观意愿。正如马克思在《资本论》中所说的："商品，首先是……一个靠自己的属性来满足人的某种需要的物，这种需要的性质如何，例如靠由胃产生还是由幻想产生，是与问题无关的。……物的有用性使物成为使用价值"。[3] 在有贸易转向效应的关税同盟中，A国和B国生产同一商品x，如果A国使用生产技术和经验去提高产品的用途，或者通过广告宣传推荐或使用特种商标，得到消费者的特别偏爱和信任，A国不仅能维持自己的市场，而且能进一步扩大市

---

[1] 巴拉萨：《经济一体化理论》，墨西哥乌特阿出版社1980年版，第63页。
[2] 阿尔弗雷多·格拉·博尔赫斯：《拉美和加勒比一体化》，1991年版，第56页。
[3] 马克思：《资本论》第1卷，人民出版社1975年版，第47—48页。

场，参与 B 国和其他国家的市场。

由于瓦伊纳假设商品标准化，属于同一种类和同一用途，以生产效应去论证贸易创造和贸易转向，认为国际贸易是在完全竞争的条件下进行，世界市场的价格将同最低成本相一致。"当考虑到消费效应时，贸易创造有利和贸易转向不利的简单结论将不再是正确的了"。[①] 此外，不应该忘记，在国际贸易中，不考虑运输成本和经久不变的生产成本是不存在的。因此，李普赛等人指出，由于关税同盟中生产与消费之间存在着替代关系，瓦伊纳理论的前提（假设需求弹性为零，供给具有无限弹性以及贸易条件不变）不切实际。一旦这些假设条件改变，由生产和消费的替代所引起的福利效应必须重新测定。

结成关税同盟得益与否取决于贸易创造和贸易转向的差额，即阴影三角与阴影矩形的量谁大谁小。他也说明那种认为关税同盟趋向自由贸易必然带来福利的次佳理论的不可靠性。这一结论在经济学中具有深远的普遍意义。他指出，任何似乎趋向最优化形势的变化，在这一非最优化的世界中可能不是一种最优化的运动，依据次佳原则制订的经济政策，其结果具有很大的不稳定性。但是，如果贸易转向的数量超过贸易创造的数量，本质上也不足以证明关税同盟为有害的福利效应。

这种从消费角度对瓦伊纳基本模式的扩充理论，修正了最初的许多假设，但他们仍停留在静态分析结构和对自由贸易作为最佳政策的赞赏。然而，他们修正了瓦伊纳的最初许多假设，并提出了对贸易转向的重新测定，在某种意义上为不具备比较优势的不发达国家结成关税同盟提出了理论依据。

2. 库珀、马赛尔、约翰逊和林德等经济学家对动态效应的研究，推动了关税同盟理论的发展。

1965 年，库珀和马赛尔指出，关税同盟传统理论的主导思想是优化资源配置，认为获得这种配置可能是最有效的，这表明他们对组成关税同盟中产生的效应感兴趣，而不问国家为什么期望组成关税同盟。在论证不具有比较利益的国家结成关税同盟的可能性时，库珀和马赛尔提出需要有一种关税保护的理论去同关税同盟的非歧视性关税政策相比较，出现了一

---

① 李普赛：《关税同盟理论：贸易转向与福利》，载安迪克、特伊特尔汇编《经济一体化》，墨西哥经济文化基金会 1977 年版，第 231 页。

种背离瓦伊纳基本模式的动态比较利益观念。他们进而论证，非歧视性的关税政策比关税同盟是更有效的外贸自由化措施，认为组成关税同盟的理由不可能是资源的最有效配置。他们强调，无论是关税保护还是关税同盟的非歧视性关税政策，都是世界范围内实现自由贸易前的保护措施。他们把保护主义看成是不亚于自由贸易的政策工具，认为当商品和生产要素市场不完善，存在着外部事物的影响和发生扭曲时，关税保护和对自由贸易的干预便是正当的和有益的措施。贸易政策所期望的不仅在于静态的比较利益，还在于动态的经济结构的变化。

库珀、马赛尔和约翰逊把"公共福利"引入福利职能范围，认为传统理论把物质和劳务的个人消费作为福利的唯一尺度是错误的，至少是不全面的。约翰逊进一步提出，政府为什么实行贸易保护主义政策呢？他提出集体偏爱工业生产的设想。他认为，世界上多数国家都有一种要使工业发展快于其他行业的偏好，这是整个国家的集体偏好。按照这种设想，选民希望政府把资金用于增加工业生产和就业，政府采取直接补贴、财政手段和关税减免措施使资金向工业活动转移。关税保护是各国政府最常用的一种措施。约翰逊发展了保护主义和关税谈判理论。根据他的论证，关税同盟的组成有保护的目的，代替了向自由贸易发展。对于关税同盟的传统理论，关税同盟的目标是提高生产效率，而偏爱工业生产的假设，意味着所有关税同盟的条件包含着保证每个成员国从工业生产中得到合理的部分，特别是关税同盟生产的增长不以牺牲其他国家为代价。[①]

库珀、马赛尔和约翰逊抛弃了同货物和劳务的私人消费相联系的福利标准，认为发展中国家的工业化是经济政策的合适目标。把"公共福利"列入福利标准里，是约翰逊、库珀和马赛尔对国际贸易理论的重要贡献。他们认为，这是评价贸易政策的新手段。在这里，关税同盟是作为经济问题出现的，而不是作为关税政策出现的。因为对工业化政策的评价不应该只考虑成本，而应该从成本—效益着想，应该考虑是成本大还是效益大，或者说，效益应该比成本大。关于如何实现集体偏爱工业生产的目标，他们认为关税同盟是有效的工具之一。对于发展中国家，应该对来自工业国家的不必要的商品进口实行限制，用有限的外汇进口对生产和发展所必须

[①] 李普赛：《关税同盟理论：贸易转向与福利》，载安迪克、特伊特尔汇编《经济一体化》，墨西哥经济文化基金会1977年版，第231页。

的货物。相反，在不发达国家之间，通过关税同盟可以扩大成员国的国内市场，提高同盟整体的交换能力，并通过内部的非歧视性促进政策和其它直接生产补贴等手段，使成员国在同盟中得到工业生产利益。[①] 他们提出的"公共福利"和"偏爱工业生产"的假设，为不发达国家结成关税同盟提供了理论根据。

3. 科登和琼斯等经济学家还研究规模经济、贸易条件变化、竞争加剧带来效率的变化，对投资、经济增长率、人均收入的影响等。

1972年，科登在《规模经济与关税同盟理论》一书中论证了，关税同盟对规模经济的影响取决于生产扩张和成本递减的前提条件。他认为，关税同盟建立后，产品供给从低成本的非成员国转到高成本的成员国，造成贸易转向损失，但最终将转变为有利于所有成员国的发展趋势。这种有利的发展趋势不是来自贸易创造效应，而是从资源供给替换中，即通过生产规模的不断扩大而减少现存供给资源的成本中获得。科登在分析贸易创造和贸易转向的基础上，提出了有关规模经济的两个新概念：即成本降低效应和贸易抑制效应。"成本降低效应"是指当某一成员国占据整个同盟市场时，由于生产规模扩大，使每单位产品分摊的资金减少，专业化分工可以采用先进技术更有效地生产，运输费用的降低，大规模采购带来的较低原材料价格等，都可以使生产成本降低，从而扩大收益。"贸易抑制效应"是指某一成员国由于关税同盟带来的规模经济而生产某种商品，从而替代了该国在这种商品来自外部世界较便宜的进口，贸易抑制带来的损失类似于贸易转向，也反映在关税收入的损失上。[②] 因此，科登指出，规模经济能否带来经济福利是不能肯定的，在行动中，只有两种相反的力量：自由贸易效应（贸易创造）和保护效应（贸易转向），这种关税同盟的福利效应取决于两种力量的相互较量，取决于两种效应中哪种效应的数量更大。

1981年，英国经济学家琼斯在《关税同盟理论》一书中，分析了贸易条件效应。贸易条件是指出口价格除以进口价格，用以度量一单位出口可获进口量的贸易福利。因此，进口价格的下降会带来贸易条件的改善，

---

① 阿尔弗雷多·格拉·博尔赫斯：《拉美和加勒比一体化》，1991年版，第56页。
② W. M. 科登：《规模经济与关税同盟理论》，载安迪克、特伊特尔汇编《经济一体化》，墨西哥经济文化基金会1977年版，第227—281页。

提高经济福利。如在图1中，原贸易量AB的进口价格降低，会导致x国取得额外的收入，即矩形NOPQ所代表的数量，这是消费者获得的利益。此外，贸易条件的改善使同盟的成员国具有较强的与其他国家议价的力量，从而避免汇率下跌和国际收支被迫调整。

另外，竞争与关税直接相关。高关税会促进垄断，使一两家大公司统辖为数较多的效率较低的小生产者。如果关税低，大公司也不得不进行竞争，而小企业则不得不合并，联合起来，提高效率，否则就会失败。相对价格变动和竞争会刺激国内投资，以便利用出口机会或对付新的进口竞争。国内投资变动的一个重要方面是把面向市场的工业移到更接近贸易伙伴市场的边境地区。利用出口机会的新投资，会伴有受贸易创造不利影响的那些工业（即不再能成功地与进口竞争的那些工业）投资的减少。当然还存在着从国外吸引投资的可能性。

总的说来，他们根据平均成本和边际成本在生产过程中不断下降的趋势，以及这种下降产生于技术提高、人力和物力资本的改善这一原理，论证了国际贸易格局是一种仅反映既定时间地点的比较利益结构，指出这种结构不是静止的，而是在不断变化。这种变化是由于技术的进步、生产的成果、技能的积累以及包括人力资本在内的其他禀赋等因素所产生的。在各国之间并非以同样的速度在发展，在更多的情况下，是由各国的生产结构和生产数量从内部来决定的。在这种情况下，落后国家的许多部门存在着潜在的比较利益，只是在当前仍表现为不利的相对成本比率。因此，为了使这种潜在的比较利益得到实现，具有相近利益的落后国家有必要组成关税同盟，以利于维护生产中所存在的共同利益。但是，应该指出，动态效应研究局限于定性分析，定量分析不够。因此，至今仍没有令人信服的证据来说明动态效应是否带来经济福利。

三 对传统经济一体化理论的评价

在传统经济一体化理论中，关税同盟论一直居于主导地位。其原因是，60—70年代期间，现存的各地区经济一体化组织采取的形式大多是关税同盟。关税同盟理论主张"平等"贸易，在国际上受到普遍欢迎。在关税与贸易总协定中的"最惠国"原则也把自由贸易区和关税同盟作为例外加以区别对待。关税同盟理论及其实证表明，欧洲经济共同体是从关税同盟中获得极大的贸易利益，证明关税同盟理论的可行性。另外，在欧洲国家经济中，关税同盟为过渡到新的发展状况（如规模经济和生产要素的流通）的可能性创造了条件。欧洲经济共同体的存在和发展，不仅证明关税同盟中贸易导致福利增加，而且证明为进入更新的技术革命时代创造了条件。这说明关税同盟理论本身具有一定的指导意义。在关税同盟理论发展过程中，李普赛等人从消费角度提出的货物替代效应，库珀、马赛尔和约翰逊等提出"公共福利"和"偏爱工业生产"的假设，以及科登、琼斯等人研究关税同盟带来的动态效应，都研究了不发达国家之间建立关税同盟的可行性，为不具备比较利益优势的不发达国家组成关税同盟提供一定的理论指导。

但是，应该指出，将经济一体化理论归结为关税同盟理论是一种理论上的简化。无论从当前世界上一体化组织所采取的形式而言，还是从欧洲共同体目前的发展情况看，经济一体化理论作为国际经济学的一部分，已大大超过关税同盟所包括的范围。传统经济一体化理论本身由于缺乏足够的实践，因此，不但在研究方法上存在着一些缺陷，而且在理论上仍带有一定的局限性，至今未形成一套完整的理论体系。

关税同盟理论研究方法上存在的缺陷表现在：（1）理论的静态性质。尽管近20年，有一些经济学家致力于关税同盟动态效应研究，但是，由于他们只进行定性分析，缺乏定量分析，研究还不够深入，因而使关税同盟理论尚未摆脱以贸易创造和贸易转向为核心的静态分析。静态和动态的主要区别不在于前面提及的动态效应，而在于关税同盟理论研究中隐含的不变的技术条件。然而，从70年代以来，新科技革命迅猛发展，给生产关系和国际贸易格局带来巨大的变化。技术条件变化将改变原先的比较利益，技术已成为取得长期经济增长和国力增强的决定性因素。（2）它是纯粹的实证科学。关税同盟理论不能对结成关税同盟是否具有经济合理性做出肯定回答，代之以对贸易变化量进行评价的经验分析。尽管关税同盟理论证明了欧共体在贸易方面获得巨大利益，却无法证明这些利益是否会增强欧洲经济的增长和人均生活水平的提高。（3）它对贸易变化的分析，仅限于对贸易创造和贸易转向的度量，而不是全部贸易的影响。例如，关税同盟的建立，必然带来相对价格、内部和外部供给曲线等的变化，进而影响贸易格局和数量的变化。而要把这些变化与贸易创造和贸易转向区分开来，在关税同盟理论的框架内似乎是难以做到的。

就关税同盟理论的局限性而言。第一，传统经济一体化理论主要集中在关税同盟，他所涉及的大多只是国际收支中经常项目中某些商品的有选择的自由贸易，并过分地把贸易作为"福利"的因素，而忽视了国际经济关系中的其他方面，如生产要素流动、货币和财政政策对经济的影响。正如国际经济学理论所指出的，国际生产要素的流通和商品贸易具有互相替代和补充作用。当经济一体化形式从关税同盟向高一级的共同市场发展时，区域内生产要素流动大大增加，这不仅会给成员国带来巨大的经济影响，甚至可能改变关税同盟状态下形成的区域内贸易格局。关于生产要素流动的经济影响的理论分析，是关税同盟理论所不能胜任的了。经济一体化除去贸易政策外，还包含货币和财政政策等经济领域建立不同程度的协调和合作。货币和财政政策的一体化是通向经济联盟的必经之路，其经济影响将甚至可以超过商品贸易和生产要素流动，这无疑成为经济一体化理论的重要组成部分。第二，传统经济一体化理论是在关税同盟内部利益一致的基础上设计的，它强调平等贸易，缺乏对内部利益不平衡的分析，对各项政策和措施、对一体化组织整体及各个成员国的经济影响不重视。经济一体化的实践表明，如何公正合理地分配一体化组织内的利益，如何避免产生利益过分集中于某一国的现象，如何为经济较为落后的成员国提供补贴和优惠等问题，往往是经济一体化的矛盾焦点。传统经济一体化理论却对这些问题都没有给予足够的重视。至于谈到经济一体化的经济影响，即使是关税同盟也不能只限于贸易，而应着眼于各项政策、措施对一体化组织和各成员国的影响。尤其是对经济增长和人均收入水平的提高等问题，关税同盟理论对此始终没有涉及。第三，尽管传统经济一体化理论对不发达国家之间建立关税同盟的可行性进行了研究，提出一些诸如发展中国家的工业化是经济政策的合法目标的设想。但是，它是以西方发达国家为主要研究对象，如何把经济发达国家形成一体化组织的经验应用于不发达国家，有许多理论和实践问题还有待解决。另外，传统经济一体化理论在一体化形式上存在着单一的简单化倾向。所有这些使发展中国家在实践一体化过程中长期处于争论不休的状态。理论上的不成熟是导致发展中国家经济一体化运动陷于困境的一个重要原因。

第二节 拉美大陆蕴含的地区一体化思想

在发展中国家，拉丁美洲是最早实践经济一体化的地区，其中一个极其重要的原因，是拉美大陆蕴含着丰富的地区一体化思想。美洲开发银行曾对拉美地区一体化的理论渊源做过准确的描述，指出，拉丁美洲地区一体化"是早期哲学传统的结果：一方面为西蒙·玻利瓦尔的政治学说，另一方面是拉美经委会的经济战略"。①

一　西蒙·玻利瓦尔的大陆团结、联合反殖思想

西蒙·玻利瓦尔是 19 世纪初拉丁美洲独立运动最杰出的领袖之一。他领导了反对西班牙殖民统治的斗争，宣传民族独立；他反对形形色色的封建专制主义，主张民主共和。作为一个资产阶级政治家，玻利瓦尔对西属美洲的历史特点及其共同命运有深刻的认识：这些国家有着共同的遭遇，在国际上孤立无援。因此，他们只有团结，才能驱逐西班牙殖民者，建立一个自由的国家。玻利瓦尔的杰出才能和贡献，还突出表现在为大哥伦比亚共和国制定了对外政策和策略，为捍卫新独立国家的独立和主权进行英勇战斗，为大陆团结，发展同世界各国人民友好往来规划了蓝图。在领导反西班牙殖民主义的斗争中，他逐步酝酿了建立西属美洲国家联邦的具体方案。第一步，通过联合斗争，建立一批自由的独立国家，再由新格拉纳达、委内瑞拉和厄瓜多尔组成大哥伦比亚共和国；第二步，召开一次新大陆会议，把所有西属美洲新独立国家联合成一个联邦；第三步，新大陆国家同其他大陆国家一起，巩固和平的基础，促进人类的和睦和合作。

经过西属美洲人民艰苦卓绝的斗争，诞生了一批独立国家。西班牙殖民者濒于彻底崩溃。然而，殖民者不甘心失败，力图在欧洲求助"神圣同盟"出兵，做垂死挣扎。面对西班牙和欧洲列强武装入侵的威胁，玻利瓦尔积极开展外交活动，为团结和联合西属美洲各国，建立西属美洲国家联邦，捍卫民族独立而紧张工作。玻利瓦尔认为，召开一次有各独立共和国代表参加的巴拿马大会，讨论和签订"社会公约"，建立西属美洲国家联邦，是捍卫胜利果实，巩固新独立国家主权的必不可少的战略措施。为此，他进行了积极的筹备工作。

1826 年初，玻利瓦尔草拟了一份《关于巴拿马大会的设想》的文件，集中体现了他在国际事务中的原则立场和对外政策。在文件中，他重申西属美洲国家团结联合的宗旨是：将分散的弱小的独立国家按"一

---

① 美洲开发银行：《拉丁美洲的经济与社会进步：经济一体化》1984 年报告。

项共同法律"联结在一起，组成一个"全球最广泛、最卓越或最强大的联盟"。在联盟中，各独立国家间的行动准则是：（1）维护各独立国家的主权。"授予各国可以各自保留的权力"，"新国家的生存将获得新保障"。（2）各国之间一律平等。"任何一国都不比其他国家弱，任何一国都不比其他国家强"。在"这一真正全新的格局中，一个完美无缺的均势将会建立起来"。（3）实行和平、友好的外交政策。各国根据共同的法律，确定对外政策，在一国遭受外部敌人攻击时，其他各国将全力给予援助。（4）国与国之间应相互尊重，和平相处。（5）在自由与和平的神圣庇护下，种族和肤色的差别将失去其影响，"社会改革将得以完成"。[①] 玻利瓦尔曾反复强调，"和解将是巴拿马大会的伟大理想"，"新大陆的自由是世界的希望"。

在玻科瓦尔的积极推动下，巴拿马大会于1826年6月26日按时召开。会议最后达成若干协议，其中有：

1. 与会各国代表签署了《永久联盟、同盟和联邦条约》。条约规定，共同维护各国的主权和独立，抵御任何外来的侵略。忠实执行会议制订的条约和协定，消除疑虑与误会，调解争执和分歧；在面临共同危险时，尤其是和非联邦国交战时，联邦各国应提供兵力、物力援助。条约还规定，美洲的其他国家，只要接受联邦的一切基本要求，在本条约获得批准一年后，即可参加联邦。

2. 签署了一项军事协议，建立一支由6万人组成的陆军和由28艘战舰组成的海军舰队的联合部队，各签字国根据人口按比例派兵员，提供军费开支。

3. 缔结一项广泛的仲裁条约。

4. 通过了关于召开新的代表大会的决议。

由于拉美新国家独立不久，国内政局不稳，经济严重困难，巴拿马大会签署的条约和协定，除大哥伦比亚共和国外，其他国家均没有批准，实际上未得到执行。尽管玻利瓦尔仍竭力维护团结，促进各国加强合作而四处奔波，但未取得太大成效。

巴拿马大会没有取得预期效果，玻利瓦尔为建立西属美洲国家联邦的努力受挫，有一定的历史必然性。就外部条件来说，当时世界列强不容许

---

① 《玻利瓦尔文选》，徐世澄等译，中国社会科学出版社1983年版，第138—139页。

在拉丁美洲出现一个政治上团结一致、经济力量日益强大的联盟，美国的门罗主义和西欧列强的"神圣同盟"的出现，以及英法势力在拉丁美洲的染指说明了这一点。就内部条件来说，西班牙300年的殖民统治使封建主义生产方式根深蒂固，独立战争并没有触动封建地主阶级的大地产制，地方分权势力未受到削弱，各国发展不平衡，统一市场未有过，缺乏统一的政治基础。随着独立战争的胜利，民族矛盾基本解决，各国的地主阶级之间以及统治阶级内部各派系之间的矛盾日益突出。巴拿马大会后，各地方分权主义势力日趋猖獗，叛乱不断发生。大哥伦比亚共和国也由于委内瑞拉和厄瓜多尔先后分离而瓦解。

然而，玻利瓦尔关于大陆团结的伟大理想，以团结捍卫独立成果，以合作发展各国经济的思想应充分肯定。玻利瓦尔的大陆团结思想一经提出，就成为推动拉美社会前进的伟大力量，保卫了全地区独立战争的胜利，促进了各新独立国家走上了团结对敌，共同发展的道路。玻利瓦尔所倡导的关于团结反对西班牙殖民统治、巩固各国的共和制度、各国和平友好协商、团结一致，联合对敌和西属美洲国家经济合作的思想，以及体现在巴拿马大会签署的条约和协定中提出的原则，在拉美国家和人民心目中产生深远影响，指导和推动了拉美国家国际关系的发展。委内瑞拉总统拉斐尔·卡尔德拉曾指出，玻利瓦尔的拉美大陆团结反对西班牙殖民统治的思想是"拉丁美洲一体化理论的巨大财富"。当今盛行的拉美国家的地区一体化思想即植根于巴拿马大会通过的条约和协议之中。

二 联合国拉美经委会的经济战略

从第一次世界大战时起，国际经济发展趋势就出现了重要变化，1929年的资本主义世界经济危机加剧了这种变化。表现在：（1）工业化国家的外贸系数增加的倾向出现逆转，英、美、法、德、日等国的外贸系数的增加出现了下降趋势。（2）国际市场初级产品价格持续下跌，除了初级产品供应弹性不足，初级产品出口国体制僵硬外，技术进步又成了国际市场价格不断下跌的重要因素。另外，矿产品在工业生产上更有效地使用也促使原料价格下跌。（3）世界贸易的构成不断变化，天然纤维产品相对的下降和石油产量的增加是世界贸易构成变化的重要标志。1929年爆发的世界经济危机严重地损伤了资本主义体系。危机引起了进口能力的突然衰退，出口部门的萎缩，出口收入的下降和国际资金渠道的堵塞，深刻地改变了拉美各国的经济进程。

但是，经历了1929年世界经济危机的沉重打击和第二次世界大战的深刻影响，拉丁美洲以出口初级产品为主的经济发展严重受挫。第二次世界大战后，西方主要资本主义国家都忙于重振各自的经济，美国也以极大的物质力量帮助这些国家恢复经济。这就使拉美国家面临一个不利于发展的外部经济环境，不得不将发展的立足点转移到国内，从而产生了最初自发的工业化进程。1949年联合国拉美经委会成立，阿根廷著名经济学家劳尔·普雷维什担任执行书记。此后，普雷维什和拉美经委会提出一系列关于发展的主张，并在此基础上形成了发展主义理论，亦称为拉美经委会主义。从《1949年拉美经济概览》和《拉丁美洲的经济发展及其主要问题》发表时起，拉美经委会通过对拉美社会经济现状的分析，提出了一套具有拉美特点的，称之为发展主义的发展思想和理论主张，它的主要内容有：

1. 打破"中心—外围"的国际经济结构。在分析贸易统计的基础上，普雷维什首先论证了由于制成品和初级产品劳动生产率增长不同，原料出口国的贸易条件呈现出长期恶化的倾向。进而指出，国际贸易使世界形成了一种由"中心"（西方工业大国）与"外围"（不发达国家）组成的国际经济体系。根据国际经济关系的规律，拉美经委会论证，技术进步集中在工业化国家，国家经济体系的构成、运转与各部分之间的相互关系，均从属于"中心"国家的利益。因此，普雷维什断言，"中心"国家从技术进步中获得好处，并利用贸易条件恶化这一机制，将"外围"国家通过出口而获得的生产率的提高的成果据为己有。这种不合理的国际分工格局使"外围"国家的资本积累能力受到损伤，进口资本货的能力受到限制，妨碍工业化的发展。结果，工业化国家和不发达国家之间的差距越来越大。因此，像拉美这样的不发达国家要取得经济发展，经济战略的首要目标就必须打破"中心—外围"的结构。

2. 工业化是拉美国家摆脱不发达状况的唯一手段。普雷维什十分关心拉美国家的经济发展。通过对初级产品与工业制成品之间的贸易比价不断恶化的分析，普雷维什认为，拉美国家的不发达是由于其依赖初级产品出口，贸易条件恶化影响它们的资本积累和发展。为了取得发展，拉美国家应该实现经济增长；为了实现经济增长，就必须实行工业化；为了进行工业化，应该摆脱旧的国际分工，以新的方式参与国际分工。为此，一方面，普雷维什和拉美经委会主张发展中国家应集中更多的资源来发展现代工业，把更少的资源用于初级产品的生产和出口，走工业化发展道路。并指出，工业化不仅能够改变这些国家在国际分工中的地位，而且是能使它们比较多地享受技术进步成果的主要途径。考虑到影响国际市场的种种限制，在其初级阶段，工业化当然应以深思熟虑的进口替代和内向增长政策为基础。通过大量投资，关税保护和国家调节的政策，首先搞内向发展的进口替代工业化。

另一方面，拉美经委会强调实现工业化可能出现的问题，指出，①由于没有认识到引进新技术对于提高劳动生产率的重要性，替代进口没有改变出口构成，而继续出口初级产品。②工业发展只限于国内市场，它的规模对于过渡到更先进技术为基础的工业是不够的。③市场相对不足有必要通过高关税和其他限制措施来保护本国工业。拉美经委会的结论是：为了应付今后发展的挑战，拉美必须大大增加生产手段的使用，必须增加拉美的机器设备。因此，拉美经委会认为，在社会经济改造过程中，拉美国家必须找到新的发展方式，既满足国内市场，又为出口生产的现代工业，即转向"出口替代"，促进工业制成品出口的战略。

3. 建立拉丁美洲共同市场，促进拉美地区经济繁荣。进口替代工业化的危险之一是制成产品成本的提高。要解决这一问题就必须实行地区经济一体化。1949年普雷维什在起草拉美经委会的一份报告中指出：拉美国家工业化不能局限于互不联系的拉美各国国内市场，一个地区性市场也许才能支持现代工业。因此，到50年代，随着工业化战略的提出和实施，特别是为实现工业化战略所包含的更多的更高层次产品的生产目标，拉美经委会一再强调经济一体化成为解决拉美各国国内市场狭小的手段。在执行书记的一份报告中，拉美经委会断言，这里坚持的命题是拉美的主要经济问题在于取得令人满意的经济增长率，以便逐渐缩小同工业中心大国的收入差距。考虑到拉美国家对外部门面临困难前景，拉美经委会指出，拉美生产能力的增加取决于满足进口的外部收入，必须建立一种新的出口能力，尤其是工业的出口能力，建立经济的内源增长能力。于是，拉美经委会明确提出建立拉丁美洲共同市场的思想。在共同市场内部实行国际分工和专业化措施，发展各国经济，强调"共同市场的主要目标是保证拉美国家的合理工业化。它表明，拉美的进口替代政策不是在封闭的范围内实行，而是在先前来自世界其他地区的进口能从拉美其他国家得到，它有利于扩大工业的专门化和发展的相互关系"。①

三 拉美经委会经济一体化理论的原则主张

联合国拉美经委会关于经济一体化理论，是拉美经委会发展主义理论的重要组成部分。它产生于40年代末，同西方传统经济一体化理论几乎是同时产生的，在一定程度上受到西方传统经济一体化理论和西欧一体化运动的影响。但它又具有自身的特点，与拉美地区一体化运动息息相关。从40年代末到60年代是拉美经委会经济一体化思想最为活跃的时期，主要见诸拉美经委会的官方报告、文件和出版物中。这一时期正是拉美地区一体化运动的酝酿、组织成立和蓬勃发展阶段。拉美经委会提出了通过市场一体化促进拉美经济发展的建议，指出经济一体化思想的主要目标，不单纯是为了获得贸易创造中的商业利益，更重要的是"为了生产这些资本货物和发展所必需的全部中间产品工业"而在拉美建立一个共同市场。② 1955—1959年间，拉美经委会多次召开拉美国家专家会议，研究按照本地区各国不同发展程度建立拉美共同市场的问题，并制订了建立拉美共同市场的计划，提交给下属的贸易委员会研究。根据贸易委员会的3号决议，又建立了拉美地区市场工作小组，它的职责是考察拉美各国工业化的不同情况，根据拉美国家的特点，去确定经济一体化理论和计划的实施。拉美经委会的经济一体化的思想原则和主张表现在如下五个方面：

第一，从拉美地区实际出发，坚持循序渐进、逐步过渡的原则。1951年，当中美洲五国通过决议表示接受拉美经委会建立共同市场建议时，拉美经委会强调建立拉美共同市场是最终目标，主张根据拉美各国发展水平不同的实际情况，只能通过渐进阶段才能达到。它认为，拉美经济一体化要求采取更为灵活的机制，从实践出发，"最初意向必须限制在所能达到的目标的那部分，必须是考虑现实的路线，具有耐心的政策和辅之以坚持的目的"。③在具体步骤上，拉美经委会强调应该采取符合拉美实际的形式。考虑到拉美的经济情况，第一阶段应该是互惠制的自由贸易区，通过建立互惠制促进各国的产品出口和交换。经过十年完善优惠制之后，再转入第二阶段，

---

① 拉美经委会执行书记报告：《拉美共同市场》，联合国，1959年，第4、16页。
② 《拉美经委会评论》1979年4月号，第86页。
③ 同上。

即关税同盟,对初级产品、消费品和资本货三种不同产品给予减免或取消关税;为工业的专门化,完善共同市场组织,不仅要扩大第一阶段已达到的关税和其他税的减免,而且要逐渐取消在工业专门化协议中已给予参与国的优惠,实行自由贸易。至于全面的自由贸易和建立共同的对外税率,则只有在这种实验阶段结束时才能实现。建立共同市场则是最后的目标。

第二,主张普通和广泛地参与地区市场的原则。普雷维什认为,国际市场的自由竞争原则只适用于结构相似的国家之间,而不适用于结构完全不同的"中心"国家和"外围"国家之间。"外围"国家组成共同市场,一则可以促进互惠贸易,二则可以通过专业分工使工业化政策更加合理化。而"共同市场是建立一种新的机制的努力,目的是使拉美国家的贸易既适应于工业化和减少这些国家对外脆弱性的两大要求"。考虑到拉美国家国内市场狭小,必须在一体化目标下联合形成一个广阔的地区市场,以集体力量来与"中心"国家抗衡。因此,拉美经委会认为,优惠贸易区应有尽可能多的国家参加,应有足够的开放程度,以便让最初未参加的国家能够加入,反对任何形式的限制。后来考虑到从技术事务到政治决定的整个过程可能遇到相当多的困难,地区市场工作小组暂时放弃了整个拉丁美洲共同市场的思想,选择一种小地区市场,但仍坚持地区市场应该由大部分拉美国家组成。之后,当他们注意到阿根廷、巴西、智利、墨西哥、巴拉圭、秘鲁和乌拉圭等七国的贸易占拉美地区贸易额的80%—90%时,赞成这些国家可以作为共同市场的最初核心,最终促成了拉美自由贸易协会于1960年成立。

第三,主张有限度的"自由贸易"和"国家干预"相结合。拉美经委会的发展理论核心是要加速拉美地区的资本主义发展。它遵循资本主义的普遍规律,肯定共同市场中私人首创和自由竞争原则,提出"参与国政府应该创造适当的条件,以便私人企业在共同市场内开展活动,……最后的问题将是由私人企业来决定建立什么工业,建在哪些国家和要达到何等专业化程度"。共同市场的政策之一是鼓励拉美企业家渗透到生产的新领域去。这是拉美经委会提出的建立共同市场和发展地区经济作为优先的目标。

但是,发展主义的理论体系渊源于凯恩斯主义,他把现代凯恩斯主义的某些主张运用于经济落后国家,以使现代资本主义在这些国家得到顺利发展。他推崇国家对经济生活的干预,也反映在他的共同市场观念上。在拉美经委会的建议中，赋予国家的突出地位，强调国家调节是实现一体化进程的逐步性、有选择性和相互性的唯一形式，在经济一体化进程中，赋予国家以谨慎的促进职能，并主张采用对不同成员国给予差别待遇，以及对互惠原则下的利益过分集中予以限制等措施。

第四，坚持平等互惠和差别对待的原则。拉美经委会认为，市场平衡概念只是理论上的东西，它不符合拉美实际，经济一体化活动应该是没有歧视性的社会政治利益的活动。针对拉美国家经济发展水平悬殊这一现实，拉美经委会提出，经济一体化应该有一种思想：即既坚持成员国间实行平等互惠，又对经济发展程度不同的国家给予差别对待的原则，所有国家应该从工业化的新机会中获得好处。与此同时，它建议根据发展水平不同把国家进行分类，以便给予更落后的国家更多优惠，提出在一体化过程中，避免利益过分集中在少数较发达的国家一边。"共同市场应为每个和所有拉美国家提供促进它的经济增长的平等机会。但是，如果要使共同市场中机会平等尽可能得到保证，那么，对由于发展阶段不同而产生的它们相对情况的差异就有必要给予差别的对待"。[①]

第五，共同市场的利益制衡原则。拉美经委会认为，为了建立一体化工业，应该给予经济比较落后的成员国某些照顾，因而有必要采取必要措施，制订补充协议作为制衡机制，并把补充协议和差别对待原则作为共同市场内的两个最惠国条款。拉美经委会认为，一体化工业的建立应该体现在成员国之间新工业能力的均衡分配上，体现在所有国家实施的工业化的总计划上。拉美经委会强调，给经济比较落后的成员国一定的照顾，是保证一体化工业平衡发展和使现有工业活动合理化的重要手段。地区市场工作小组的报告考虑到相对不发达国家的情况，建议根据工业发展程度将拉美国家分成三类国家（即相对发达国家、中等发展国家和欠发达国家），欠发达国家应该得到优惠对待，但这些国家应从相对发达国家进口货物。另外，考虑到互惠制有助于成员国的产品交流，发展对外贸易，考虑到共同市场的和谐关系，拉美经委会提出解决贸易平衡的具体措施：（1）从一个拉美国家的进口应以向同一国家的出口来弥补；（2）工业品的进口应以工业品出口来弥补；（3）如果工业产品不充足，可用初级产品出口来弥补；（4）为解决外贸的不平衡，外贸顺差国可增加对入超国的产品

[①] 《拉美经委会评论》1979年4月号，第86页。

需求，动用价格机制，甚至通过取消顺差国的进口关税，减少运费或其他类似措施；（5）考虑其他调整措施，顺差国增加对逆差国的投资，加速经济发展，提高他们的贸易能力。

四 对拉美经委会一体化理论的评估

拉美经委会经济一体化理论是拉美经委会发展学说的组成部分，是二次大战以后拉美经济民族主义思潮的反映。发展主义的形成和出现，是二次大战以后拉美国家争取民族独立、经济自立、反帝反殖斗争高涨的产物，是拉美民族资本主义力量壮大的表现。发展主义渊源于现代凯恩斯主义，他把凯恩斯主义的某些主张应用于经济不发达国家，以便使现代资本主义在经济落后国家得到发展。他站在"外围"国家立场上，考察了"中心"与"外围"的世界经济结构，揭露了这种结构的分化和对立，提出"外围"国家应该发展民族经济，通过工业化和经济现代化，跻身于当代国际社会的主张，成为拉美国家制定发展战略的依据。他还考察了工业化进程，指出替代进口工业化战略存在的局限性，国内市场狭小妨碍工业化的深入发展，强调进行地区经济一体化，对于打破西方国家对拉美市场的垄断，反对国际剥削，维护拉美国家的经济权益，对促进工业生产和民族经济的发展，起到了积极作用。

拉美经委会经济一体化理论虽然受到西方传统经济一体化理论的影响，但是，他们却有本质的不同。传统经济一体化理论以欧共体为研究对象，更多地着眼于国际贸易中的"贸易创造"和"贸易转向"的静态分析，而忽略它对经济增长和人均收入分配影响的研究，仍属于较抽象的证实科学的探讨，拉美经委会经济一体化理论的产生适应战后拉美国家发展民族经济需要，以拉美国家为研究对象，遵循发展主义原则，把经济一体化作为落后国家发展民族经济的手段。它跳出了单纯的国际贸易狭小的圈子，它的许多内容与拉美国家的实际情况和特点有较密切的联系，强调发展中国家的内源发展和地区一体化的均衡发展，在某种意义上说，它弥补了传统经济一体化的理论缺陷，对经济一体化理论发展做出了贡献。

拉美国家是在联合国拉美经委会的推动下进行的，因而体现了拉美经委会经济一体化理论有较强的实践性。1949 年，当拉美经委会对拉美经济进行系统研究，提出通过市场一体化来促进拉美经济发展的建议时，就受到拉美各国的欢迎。之后，地区市场工作小组负责研究制定经济一体化方案，在实践中做了大量的指导工作。拉美经委会经济一体化理论对于拉美地区一体化运动的兴起、发展和具体形式的指导也做出了重要贡献。

与此同时，拉美经委会经济一体化理论也存在着不足和缺陷，表现在：

（1）采取的一体化模式未能摆脱传统一体化理论的影响。拉美经委会一体化理论的目标和出发点，是要实现工业化和促进国民经济的发展，但它仍采取传统一体化模式，沿袭国际贸易范围内的单纯市场结合的形式，它所设想的主要机制也与传统一体化理论雷同，侧重于内部减让关税、对外统一关税等自由贸易手段，对生产和其他方面的合作涉及不多，论证也不够充分。尽管拉美国家地理上邻近，但各国之间的内部贸易在各国的出口贸易中所占比重很小，在传统市场上占极其次要地位。因此，要实现贸易方向的转变不仅受到种种条件的限制，难于在短期内实现，而且各国之间的竞争性大于互补性，他们之间的贸易合作常常伴有一定的"贸易转向"亏损，这种合作的代价成了一些国家不愿甚至不能承受的负担，因而也成了阻碍开展内部贸易合作的不利因素。尤其是各国经济发展水平差距过于悬殊，落后国家对于让其伙伴国的商品自由进入本国市场有顾虑，担心不利于本国工业发展，因而成为内部贸易合作中出现矛盾的主要原因。

（2）拉美经委会经济一体化理论强调简单商品市场结合的观念。根据条约规定，自由贸易的扩大和关税互让，是通过在定期的关税减让逐项商品谈判中，由各成员国提出所要求得到的和准备给予的商品的"本国货单"、"共同货单"和"特殊货单"的相互让利的基础上来实现。但由于谈判过于烦琐，特别是各成员国从自身利益出发，不愿让渡部分权力，相互利益难以协调，影响了各一体化组织的效率，挫伤了各成员国的积极性。各一体化组织也是在历尽坎坷之后，实现自由贸易区的期限和确定对外共同关税的时间一再拖延，以至被迫放弃建立共同市场的努力。这都说明，拉美经委会经济一体化理论的一些思想原则未能完全符合拉美地区的实际情况。

（3）拉美经委会的经济一体化理论仍未形成完整的理论体系。拉美经委会的一体化理论是在地区经济发展客观要求下应运而生，从50年代起进入一个活跃的时期，逐渐成为各国政府制订经济发展战略的依据。但从60年代中期起，进口替代工业化战略对各国经济产生了一些消极影响，出现国际收支赤字严重,生产效率低、产品缺乏竞争力以及日趋严重的失业问题。特别是从 70 年代中期起,在西方发达国家经济危机的冲击下,拉美地区一体化进程处于瘫痪状态,虽然拉美经委会对地区一体化的论述相对较少,但仍关注着地区一体化的发展。进入 90 年代,随着世界格局的变化,世界经济区域集团化的迅速发展,拉美地区一体化进入一个新的发展阶段。拉美经委会先后发表一系列有关拉美地区一体化的论著,如执行书记赫特·罗森塔尔的《拉美一体化的三十年》、《九十年代的拉美一体化》等,拉美经委会提出《开放的地区主义》指导思想。如何对拉美地区一体化的新形势和新实践进行分析,进一步探讨拉美地区一体化运动的前进方向、步骤和途径,并给予理论指导,仍是拉美经委会当前面临的重要课题。

(原载徐宝华、石瑞元《拉美地区一体化进程——拉美国家进行一体化的理论和实践》,社会科学文献出版社 1996 年版)

拉美地区经济一体化的产生和发展

一 拉美地区经济一体化的历史回顾

拉美的地区一体化思想可回溯到西蒙·玻利瓦尔的"大祖国"梦想。早在独立战争期间，拉美独立战争领导人从玻利瓦尔到圣马丁，都提出了西属美洲团结和合作的思想。玻利瓦尔曾为联合西属美洲各国，建立西属美洲国家联邦，进行过不懈的努力。1826年初，玻利瓦尔草拟了《关于巴拿马大会的设想》文件，重申西属美洲国家联合的宗旨是：将分散、弱小的独立国家按"一项共同法律"联合在一起，组成一个"全球最广泛、最卓越和最强大的联盟"。在联盟中，各独立国家间的行动准则是：维护各独立国家的主权；各国之间一律平等；国与国之间应相互尊重，和平共处；实行和平、友好的外交政策。在玻利瓦尔的积极推动下，同年6月26日巴拿马大会按时召开，与会代表签署了《永久联盟、同盟和联邦条约》。但是，由于当时缺乏必要的社会、经济和政治条件，他们关于建立美洲联邦的设想没有取得预期的结果。

自20世纪30年代起，特别是第二次世界大战结束后，拉美各国的资产阶级力量日益壮大，并走上了政治舞台，提出了以经济独立来巩固政治独立的目标，确定了替代进口工业化的经济发展战略，实施国家工业化和现代化的方针。当时考虑到大多数拉美国家的国内市场容量小，因而必须扩大对外贸易和地区贸易，并开辟国外市场和资金渠道，吸收国外的技术以增强本国的工业实力。于是，实行地区经济一体化成为拉丁美洲许多国家追求的目标。40年代末，拉美一些相邻的国家进行了各种有利于相互贸易和经济合作的尝试。如委内瑞拉、哥伦比亚、厄瓜多尔和巴拿马于1948年拟就了关税联盟计划；阿根廷和巴西于1949年达成了工业补充协议和自由贸易协议；乌拉圭于 1949 年提出了成立拉美经济合作组织的建议；阿根廷同其他南锥体国家之间、中美洲国家内部签署了各种双边贸易条约。

1949 年，拉美经委会系统分析了拉美各国经济过分依赖初级产品出口的状况，强调指出，像拉美这样一些不发达国家要取得经济发展，首先必须打破"中心—外围"的结构，以新的方式参与国际分工，通过大量投资、关税保护和国家调节政策，实现工业化的目标。[1] 考虑到拉美各国国内市场狭小的情况，拉美经委会一再强调，地区经济一体化将成为解决拉美各国国内市场狭小的重要手段，因此建议建立拉丁美洲共同市场，以促进拉美地区经济繁荣。为此，拉美经委会提出通过市场一体化促进拉美国家经济发展的建议，指出经济一体化思想的主要目标，不单纯是为了获得贸易创造中的商业利益，更重要的是为了生产经济发展所必需的资本货和中间产品，在拉美建立一个共同市场，强调"共同市场的主要目标是保证拉美国家的合理工业化。他指出，拉美的进口替代政策不是在一国范围内进行，而是要使先前来自世界其他地区的进口能从拉美国家得到，以有利于扩大工业的专门化分工"。[2]

1951 年，拉美经委会在墨西哥举行第四届会议。会议期间，危地马拉、洪都拉斯、萨尔瓦多、尼加拉瓜和哥斯达黎加等五国签署了一项关于实现地区一体化的意向性文件，宣布"有兴趣发展各自的工农业生产和运输体制，并通过交换产品，协调发展计划，建立共同感兴趣的企业，促进经济一体化，形成更广阔的市场"。这个决议成为创建中美洲共同市场的起点，为中美洲地区经济一体化奠定了基础。1951 年—1957 年，这五个国家之间分别签署了一系列双边自由贸易协定，规定了相应的货单。1958 年，五国政府签署了中美洲自由贸易和经济一体化多边条约及关于中美洲一体化工业体制协定。与此同时，1955 年—1959 年，拉美经委会多次召开了拉美国家专家会议，研究按照本地区各国不同的发展程度建立拉丁美洲共同市场问题，并制订了建立拉美共同市场的计划，提交给下属的贸易委员会进行研究。阿根廷经济学家、拉美经委会创始人劳尔·普雷

---

[1] 劳尔·普雷维什：《外围资本主义——危机与改造》，苏振兴、袁兴昌译，商务印书馆 1990 年版，第 23 页。

[2] 联合国拉美经委会执行书记的报告：《拉美共同市场》，1959 年，第 4、16 页。

维什出版了《拉丁美洲共同市场》一书，对建立共同市场的必要性、原则和步骤做了系统的阐述。根据拉美经委会贸易委员会的第3号决议，又建立了拉美地区市场工作小组，专门负责考察拉美各国工业化的不同情况，根据拉美国家的特点，确定经济一体化计划如何实施。1959年5月，在巴拿马召开的贸易委员会会议上，拉美经委会正式提出了建立拉美共同市场的计划。其主要内容有：地区市场对所有本地区生产的商品开放；对后进国家提供特殊待遇；建立多边支付体制；鼓励邻近国家或有共同经济利益的国家签署互补协定和专业协定；协调对第三国的贸易政策，建立对第三国的统一关税等。在拉美经委会的推动下，拉美地区先后形成了4个重要的地区一体化组织：中美洲共同市场、拉美自由贸易协会、安第斯集团和加勒比共同体。1960年2月，阿根廷、巴西、智利、墨西哥、巴拉圭、乌拉圭和秘鲁等国提出建立自由贸易区的计划基础上签署了《蒙得维的亚条约》，成立了拉丁美洲自由贸易协会。此后，哥伦比亚（1960年）、厄瓜多尔（1961年）、委内瑞拉（1966年）和玻利维亚（1967年）先后加入该协会。1962年2月，中美洲的萨尔瓦多、洪都拉斯、危地马拉和尼加拉瓜等四国，在总结1951—1960年中美洲国家之间签订的双边条约的成果的基础上，签署了《中美洲经济一体化总条约》（又称《马那瓜条约》），成立了中美洲共同市场。同年7月，哥斯达黎加也参加了该条约。1966年8月，哥伦比亚、智利、厄瓜多尔、秘鲁和委内瑞拉等五国签署的《波哥大声明》（玻利维亚后来也加入），强调这些国家所在小地区的共性和单独组成一体化集团的意图。1969年5月，哥、智、厄、秘、玻等五国签署《卡塔赫纳条约》（委内瑞拉于1973年加入），正式成立了安第斯集团。1968年5月加勒比地区12个国家和地区成立了加勒比自由贸易协会，1973年8月签署《查瓜拉马斯条约》，改称加勒比共同体。

从20世纪50年代初开始，拉美地区一体化运动呈螺旋形发展，走过了曲折的发展道路。它所走过的40多年的历程，大致可分为两个不同的发展阶段。

第一阶段：从20世纪50年代初到80年代中期这一阶段，拉美的地区一体化组织是在各国普遍实施内向型发展模式的框架内设计的，主要根据拉美经委会的观点和主张，把一体化作为解决进口替代工业化过程中国内市场狭小问题的手段，它的中心目标是通过地区市场来弥补国内市场的不足，解决各国实施进口替代工业化战略所面临的困难。为此，各一体化组织制定了宏伟的目标,并规定了实现目标的期限。如《蒙得维的亚条约》以实现地区自由贸易为目的,通过两种机制推进自由贸易。第一种系"国家货单",每个成员国每年提出一个准备实行免税的商品货单,与其他成员国进行谈判。减税的幅度每年不低于有关国家从地区外国家进口加权平均关税的 8%,但各国有权取消或扩大某些减税商品的自由。第二种系"共同货单"。这是在"国家货单"的基础上,经过每 3 年进行一次谈判共同确定的。凡列入"共同货单"的商品是不能改变的。同时规定,根据"共同货单"进行的贸易额占各成员国之间贸易总额的比重每 3 年增加 25%,经过 11 年的时间达到 100%。也就是说,到 1973 年,在地区内实现自由贸易。拉丁美洲自由贸易协会的另一种合作机制是"工业补充协定"。其目的是协调各成员国工业生产,分配生产任务,以利用扩大了的市场。又如《卡塔赫纳条约》规定,集团的主要目标是:(1)推动成员国的协调发展,加速成员国的经济增长;(2)成员国之间均衡分配一体化的好处,保证经济相对不发达国家得到区别待遇,以缩小与其他成员国的发展差距;(3)为成员国平等参与拉美一体化进程提供方便,并通过协调行动,提高小地区的对外谈判能力;(4)不断改善安第斯地区人民的生活。安第斯集团采取的合作机制主要有:协调成员国之间的经济和社会改革以及相关立法;通过共同规划加速小地区工业化进程,并实施工业发展部门规划;实行比拉美自由贸易协会更快的贸易自由化计划;从采取最低共同对外关税起步,建立共同对外关税制度;实施加速农牧业发展的共同规划;动员区内外资金以增加投资;向玻利维亚和厄瓜多尔提供优惠待遇等。

一体化组织的成立和发展促进了地区贸易额的增长。如中美洲共同市场五个成员国的出口总额由 1960 年的 4 亿美元增至 1980 年的 45 亿美元。同时,成员国之间的出口额占总出口的比重由 7% 增至 25.4%。拉美自由贸易协会内的贸易额由 1960 年的 60 亿美元增至 1980 年的 109 亿美元,占成员国出口总额的比重由 7.7% 增至 13.6%。拉美地区内贸易总额由 1960 年的 7.5 亿美元增至 1981 年的 162.28 亿美元。同期,地区内出口占拉美出口的比重由 8.8% 上升到 16.6%。1960—1979 年,拉美的出口总额增加了 7.2 倍,地区内贸易总额增加了 14.4 倍。换句话说,地区内贸易增加速度超过拉美出口总额增长速度的 1 倍。[①]

[①] 联合国拉美经委会:《拉美国际经济关系和地区合作》,1985 年,第 129 页。

地区内贸易的快速增长有力地促进了拉美各国经济的发展。例如，中美洲共同市场的建立带动了中美洲诸国的工业化进程，使其经济增长率有了较大提高。1960—1980 年，中美洲共同市场五国的经济年平均增长率达到了 5%，其中 1960—1970 年达到 5.7%。同期工业年均增长率达到 6.7%，其中 1960—1970 年达到 8.5%。工业产值占国内生产总值的比重由 1960 年的 12.3% 上升到 1980 年的 16.8%，区内贸易在出口总额中的比重由 1960 年的 7% 上升到 1980 年的 25.4%。[①] 又如，安第斯集团把联营工业发展计划作为区别于其他一体化模式的重要标志和实现贸易一体化的重要手段。1972 年 7 月，"卡塔赫纳协议委员会"通过了第 57 号决议，即第一个涉及金属机械工业的工业发展部门计划（包括 200 个项目）。1975 年 8 月，通过了第 91 号决议，即石油化工计划。该计划涉及 161 种产品，其目标是提高现有企业的生产率，发展地区替代进口和向第三国出口的生产。

但是，到 20 世纪 70 年代末 80 年代初，拉美各地区一体化组织的活动明显减少，内部矛盾加剧。这表现在：拉美自由贸易协会几乎陷于停顿，被迫改组为拉美一体化协会；安第斯集团在完成共同的工业计划配额方面矛盾重重，进展缓慢；中美洲共同市场也因成员国之间的分歧和争执难以发展，人们对一体化的前景产生了疑虑。究其原因，有以下几个方面：

1. 内向型经济增长模式限制了地区一体化的潜力，经济发展模式的危机导致地区一体化运动转入低潮。如前所述，拉美地区经济一体化模式是以发展主义（即结构主义）思想为基础，是在内向型发展模式的框架内设计的。到 20 世纪 60 年代中期，拉美地区的进口替代工业化发展模式的运作已出现困难。各国财政状况日益困难，地区合作的积极性也大大削弱。一些国家，如智利、阿根廷和乌拉圭等接受了新自由主义经济思想，把对外贸易作为经济增长的动力，反对政府对经济的干预，主张削减公共开支，减少财政赤字，控制货币发行量，抑制通货膨胀，实行自由汇率，引进外资，充分发挥市场机制作用，通过市场调节来达到资源的合理配置等。这对拉美原有的一体化模式产生很大的冲击。一体化组织内部在外贸和外资政策等方面产生了深刻的分歧。不少拉美国家更注重同世界其他地

---

① 联合国拉美经委会：《中美洲的工业化：1960—1980 年》，1983 年，第 2 页。

区的联系，单独向国际私人财团借款，实行负债发展战略。而不再重视地区内的相互协调政策。有的国家，如智利，在实施安第斯集团的对外共同关税和关于对待外资和关于品牌、商标、专利的共同规定的第 24 号决议等方面，同其他安第斯国家产生了尖锐的分歧，于 1976 年宣布退出安第斯集团；还有的国家重新考虑是否加入某些体系。于是，地区一体化进程受到严重削弱。

2. 一体化组织的合作形式和合作机制脱离实际，不够灵活，难以取得预期效果。在这一阶段，拉美一体化组织基本上是模仿欧洲一体化的做法，它们采取的机制是定期协商关税减免，通过逐项谈判，提出所要求和准备给予的商品关税减免目录。然而，在拉美地区，各国的工业并不发达，市场发育不充分，各一体化组织的贸易合作体制和运行机制存在一定的局限性，因此，取得的成绩有限。由于拉美各国经济结构相似，出口产品雷同，各国的经济实力和发展水平参差不齐，经济政策和利益难以协调一致。尽管参加一体化的各国政府对一体化寄予厚望，把一体化的目标定得很高，计划也很宏大，但是他们对实施一体化的实际步骤往往重视不够。成员国不尊重集体决议，不执行现有规定或不参与集体决策的情况经常发生。各成员国在讨论工业部门发展计划时各有打算，讨价还价和互不相让，使各方失去兴趣。成员国之间因政治纠纷、边界问题，甚至发生武装冲突，也阻碍了一体化的发展。此外，在很多集团内部，各成员国之间的贸易均以保持本国贸易平衡为前提，各成员国为了各自的利益实行保护主义政策，政府通过掌握财政、金融、物价、税收等手段对本国市场实行保护，使整个国民经济发展变得封闭和低效。对外实行共同关税，设置贸易壁垒，保护地区市场，用所谓的"集体自力更生"政策抵制外来竞争，对外国资本实行严格的限制。因此，保护主义成为地区一体化发展的严重障碍。

20 世纪 70 年代末 80 年代初，国际经济形势发生了很大变化。工业化国家推行的贸易保护主义政策严重影响了拉美国家的生产和出口；国际市场原材料价格的下跌削弱了拉美国家的进口能力，国际金融市场利率上升加重了拉美国家的债务负担，引发了拉美国家的债务危机。在严重的债务危机面前，拉美国家忙于应付，采取经济紧缩政策，谋求宏观经济的平衡，因此，把一体化置于次要地位。为了弥补债务危机引起的国际收支赤字，政府采取了各种压缩进口、扩大出口的措施。在这种思想的指导下，参加一体化组织的各成员国都把保持贸易平衡作为开展贸易的条件，把取得贸易顺差作为优先目标。为了保持成员国之间的双边贸易平衡，每个国家必须权衡贸易对象国的供给能力。这就大大减少了地区内的贸易总量。因此，在这期间，拉美一体化组织产生了一些共同的特点：一是集团内贸易额普遍下降。1980—1986年，拉美一体化协会内的贸易额下降了7.1%，安第斯集团下降了9%，中美洲共同市场下降了17%。二是集团内贸易的降幅超过了集团与世界其他地区贸易的降幅。1980—1986年，拉美一体化协会对世界其他地区出口的降幅仅为1.2%，安第斯集团的降幅为7.4%。这表明拉美一体化进程已陷于停顿状态。拉美国家被迫寻求新的地区合作方式。

第二阶段：从20世纪80年代后期至今，是地区一体化组织逐渐恢复活力和开始蓬勃发展的新阶段。

为了克服经济危机，80年代拉美国家进行了以稳定经济、促进经济恢复为主要内容的经济调整。上述调整基本上是按照西方债权国的要求和新自由主义思想进行。这次经济调整促使拉美国家由内向型发展模式向外向型发展模式转变。正是在这种情况下，拉美各一体化组织决定对原一体化条约进行修订。1980年8月，拉美自由贸易协会11个成员国签署了《1980年蒙得维的亚条约》，拉丁美洲自由贸易协会正式改名为拉丁美洲一体化协会。这次改组的核心内容是放弃原定的关于成员国步调一致的做法和限期建立自由贸易区的目标；成员国可按各自意愿，开展双边或多边合作，采取灵活多样的合作机制，摆脱该组织所面临的停滞状态，从而为新的一体化模式奠定了基础。安第斯集团于1983年7月通过了《安第斯一体化进程调整计划》，1987年又签署了《卡塔赫纳条约修改议定书》，对原条约作了重大修正。根据新的议定书，对经济合作形式采取了更加务实的方针，在联营工业计划、外资和外贸等领域实施了更加灵活和开放的机制。中美洲共同市场于1981年重申了各自所作的承诺，还改革了关税制度，取消或减轻了对地区内贸易的各种限制，加强了同其他拉美国家的双边和多边合作。加勒比共同体于1982年和1983年召开了首脑会议，就关税、外资、外债、贸易支付和工农业生产等方面达成协议，使地区内的经济合作形式更符合现实条件，并加强了同加勒比国家和拉美国家的合作。无论是1980年签署的新《蒙得维的亚条约》，还是1987年安第斯集团签署的《基多议定书》，都更加强调灵活性，主张加强双边合作和达成局部协议，允许成员国之间采取各种不同的协调方式。1986年7月，阿根廷和巴西在拉美一体化协会的框架下，签署了《一体化纪要》，开始双边合作谈判进程，双边经济合作逐渐加强；1988年11月，双方签订了《一体化、合作与发展条约》，两国之间的经济合作朝着灵活和务实的方向发展，为地区合作开创了新的前景。

20世纪90年代，拉美国家面临着国际格局的新变化和西方发达国家新的贸易保护主义的挑战。随着拉美国家经济改革的进行和发展模式的逐步转换，拉美地区经济一体化进入一个新的发展阶段。各国政府抛弃了内向发展模式，选择了一条面向世界，而不是仅仅限于地区市场的经济发展道路。拉美地区一体化采取的是一种与出口导向型发展战略相适应的开放型一体化模式。在组织形式上，它们改变了过去那种以追求全地区全面一体化的模式，更注重发展水平相似或利益相一致的国家达成双边或小地区协议，实行以发展贸易互补为手段，以逐步减免关税和非关税限制，把建立双边和小地区自由贸易区或共同市场作为一体化的基本形式。它们根据当时形势，以及各自的特点，提出短期的努力目标，确定最急需合作的发展部门和项目，从而使经济一体化真正与促进各国经济发展联系起来。总之，在90年代拉美地区一体化是以自由贸易为中心，开展更加广阔领域的合作，把参与国际经济竞争作为地区一体化的目标和内容，力图在贸易和生产两个方面逐步与国际市场接轨，以适应复杂多变的国际经济发展大趋势。

（原载宋晓平等《西半球区域经济一体化研究》，世界知识出版社2001年版）

世界格局的变化与拉美一体化进程

战后形成的以东西方对抗为特点的国际旧格局正在发生急剧变化，美苏之间在政治、意识形态和军事上的争夺开始让位于以美国、日本和欧共体为主的三大经济力量的竞争。围绕着这三大经济中心组成的经济集团也已成为可以预见的事实。90年代，世界经济将朝着更加开放、更加区域化、集团化的方向发展。在此情况下，包括拉美国家在内的第三世界国家如何重新调整自己的内外政策，以适应急剧变革的世界潮流，这是人们十分关注的问题。越来越多的拉美人士认识到，拉美国家不能再指望别人的援助，必须从本地区内部寻找出路。拉美经委会前执行秘书、现任美洲开发银行行长伊格莱西亚斯也强调指出，"拉美应在自我援助上做出更大的努力"。严峻的形势使拉美国家相信，"实现经济一体化是解决拉美地区结构性问题的中心因素"。

拉美是发展中国家进行经济一体化较早的地区。战后，拉美各国普遍实施进口替代工业化发展战略，但是，国内市场狭小严重阻碍了经济的发展，在联合国拉美经委会的推动下，从60年代到70年代中期，拉美一些国家曾为地区一体化作了很大努力，并取得了一些成绩。但从70年代后期起，由于各一体化组织内部成员国之间在制订共同目标、协调相互利害关系等方面不断出现矛盾，一体化进程曾一度有所削弱。进入80年代，外部条件恶化导致拉美国家国际收支逆差，外债剧增，经济陷入困境；发展战略不当和经济政策失误给拉美各国带来苦果。各国开始重新调整经济战略，制定符合各国实际的经济政策。各国政府重新估量地区一体化的意义，从80年代中期起，地区一体化进程出现转机，各国间的经济合作和地区一体化进程有了新的发展。

在当前世界格局激烈变化的背景下，拉美地区一体化进程加快。90

年代，拉美地区一体化发展有如下几个有利条件：

（一）世界经济区域化、集团化趋势有利于拉美地区一体化发展。最近十年的经济困难和当前激烈竞争的国际环境，对拉美国家既是一种挑战，又是一次机遇。拉美国家必须找到一种有效的形式，采取联合斗争的方法，摆脱困境，参与国际竞争。拉美国家为了不被排除在未来世界经济集团之外，就有必要通过一体化的途径占据他们在世界舞台上应有的位置。为此，拉美各国政府正积极调整经济政策，克服贸易保护主义的影响，实行地区和小地区集团开放经济发展模式，走本地区互助合作、自主发展的道路。1988年里约集团通过的《乌拉圭宣言》明确指出：一体化进程有助于拉美改革和更新现有的生产结构，有利于更有效地利用本地区资源，获得和创造新技术。《宣言》强调，拉美国家必须采取措施，完善贸易谈判，在资金支付、经济互补等方面促进一体化进展，在公平的、充满活力的、平衡的基础上，扩大相互间的贸易，确保本地区内出口持续增长，保证拉美国家更有成效地参与世界经济。许多拉美人士强调，必须注意到该地区各国在生产、贸易和文化上的相互依赖，使一体化成为各国的优先目标，并体现在各国的计划和政策中。出于战略考虑，许多拉美国家政府在建立拉美共同市场、推动拉美地区共同发展的问题上取得了共识。

（二）布什的"开创美洲事业倡议"是对拉美地区一体化的推动。拉美国家对布什"倡议"持谨慎的欢迎态度，同时对"倡议"能否真正实现及实施后对拉美的影响表示担心。一些拉美国家认为，美国与拉美发展水平差距较大，布什"倡议"实行后会使拉美经济依附于美国。委内瑞拉总统佩雷斯指出："倡议向我们提出巨大挑战"，拉美国家"应该着手办一些旨在加强我们之间的合作和加强一体化贸易的大事，发展各个参与国政府、公私团体和研究中心之间的战略联盟，鼓励建立互通有无的生产和服务企业网，促进发展"。里约集团第4次首脑会议也强调，拉美国家只有加强团结，实现一体化，才能在同美国的谈判中取得平等地位。

（三）中美洲和平的实现有利于各国经济复兴和地区一体化的发展。近两年来，中美洲和平进程取得突破性进展，实现了地区和平，为拉美地区争得了和平的环境，各国可以将过去用于军事、政治和外交的精力转向经济发展。另外，孔塔多拉集团坚持的排除外来干涉、和平解决争端和各国人民自决的三原则，是解决拉美各国历史遗留的领土和边界纠纷的成功经验，它有利于拉美地区一体化进程。

（四）政治民主化进程为拉美国家的政治团结奠定了基础，政治民主化推动了地区一体化进程。最近10年，拉美政治民主化迅速发展，1990年3月，智利民选总统正式就职，拉美地区最后一个军政权结束。民主化进程是拉美各国社会经济发展的产物，既有利于各国政治稳定，又为一体化发展创造更为有利的社会政治环境。在民主化浪潮的推动下，拉美地区一体化进程进入一个新的发展时期，拉美国家政治团结的加强，是今后地区一体化健康发展的重要保证。

（五）近30年拉美各国在地区一体化的各种尝试中积累了不少宝贵经验。在一体化进程中，拉美国家实行过多种合作方式。特别是80年代以来实行的更加灵活、更加开放的合作政策，为今后地区一体化的顺利发展提供了新鲜经验。

但是，地区一体化仍存在着许多不利条件，主要有：（1）拉美各国沉重的外债负担是一体化进程的最大障碍。目前，全地区外债总额约4200亿美元，每年还本付息几百亿美元，造成资金外流，投资减少，经济发展停滞。多年来，拉美各国一直在为解决外债问题寻找出路，至今仍未找到公正合理的解决办法。（2）国际竞争的新挑战。当前国际竞争的重点已逐渐转向经济、科技领域。发达国家拥有经济和科技方面的优势，使拉美国家面临强大的竞争。（3）拉美国家在幅员、人口、经济实力和发展水平的差异仍是地区一体化的障碍，此外，来自外部的冲击和破坏，尤其是跨国公司的干扰破坏作用也不能低估。

然而，世界由对抗转向对话，从紧张转向缓和的趋势，将作为时代的主流在今后较长时期内继续下去。90年代，拉美国家的主要任务是巩固民主化进程，恢复和发展经济，维护和平和社会稳定，而加强地区合作，发展一体化，开展多元外交将占突出地位。从最近几年的发展势头看，拉美地区一体化有如下发展趋势：

（一）里约集团成为拉美国家团结的核心，对地区一体化将发挥政治指导作用；孔塔多拉精神是拉美国家团结联合的基础，并在民主化进程中得到发扬。里约集团自成立以来，在对本地区重大问题进行政治磋商和协调、巩固民主化进程方面取得一些成果。随着中美洲"热点"的消失和经济一体化势头的加快，里约集团的工作重心逐渐转移到地区经济合作上来。1990年，里约集团成员国增至13个，使该集团更具代表性。里约集团决定在政治、经济、能源、环境保护等方面采取的一系列行动，将对本地区一体化在总体上协调和指导小地区和双边经贸关系，最终实现建立完整的拉美经济贸易区，发挥政治指导性作用。

（二）互补性的双边和多边经济合作将得到加强。近年来，拉美政府间来往十分活跃，国家元首接连互访、双边和多边会晤频繁。拉美各国在宏观经济政策的调整、共同利益的协调、减少内部关税壁垒以及创造良好的投资环境等方面做了大量工作。1990年，阿根廷已同巴西、乌拉圭、智利等国就双边自由贸易达成协议；他同委内瑞拉签订谅解备忘录，为两国实现自由贸易打下基础。墨西哥、哥伦比亚和委内瑞拉为促进三国间经济和政治一体化，加强与中美洲和加勒比地区的合作，于1989年成立了三国集团，决定在能源方面加强合作，并准备达成三国自由贸易协定。目前，在拉美地区已出现巴西、阿根廷、智利、墨西哥、委内瑞拉和哥伦比亚等六国团结合作带动全地区实现经济合作的新局面。必须指出，比较务实是这个时期各国交往的一个突出特点。从各国讨论的问题看，过去已在贸易、金融、工业生产和能源方面达成的合作项目会进一步落实；鉴于海湾危机，本地区内的石油贸易将会增加，以减少对地区外石油供应的依赖；各国将逐步减免关税，以关税优惠来保护和发展本地区的工农业生产；还将在能源开发、交通运输、资本流通、信息交流和技术合作等方面加强合作。

（三）建立小地区自由贸易区的势头加快。从1990年以来，拉美各国通过双边会谈，同意建立4个小地区自由贸易区或共同市场，以集体的经济实力打入国际市场，增强竞争力。中美洲五国正处于从战乱转向恢复经济的时期，加强地区内各国的贸易往来是振兴中美洲各国经济的重要步骤之一，五国决定逐步减免关税，到1992年建立中美洲自由贸易区。加勒比共同体13个成员国一致同意在1993年建立加勒比共同市场。共同体计划为本地区国家的进口确定共同关税制度，降低本地区不能生产的产品的进口关税，对可能影响本地区工业发展的进口规定最高限量。南锥体五国同意，1994年前由阿根廷、巴西、乌拉圭三国建立一个自由贸易区，1995年底建成五国共同市场，并决定修建联结五国的铁路网，解决交通运输问题。安第斯集团强调要加强各成员国的贸易往来，决定从1992年1月1日起建成自由贸易区。

（四）对外关系中的独立自主性和多边化趋势将进一步加强。面对严峻的外部环境，拉美国家普遍调整对外政策，把发展本地区的关系放在重要地位。他们决定协调政治、军事、外交行动,以发挥集团的威力,保障地区的安全和稳定;强调采取团结一致的政策,用"一个声音"同发达国家对话,加强整体谈判能力,以解决共同面临的问题。1990年4月,里约集团七国外长主动与东欧六国外长对话,力求以合作代替竞争。它表明里约集团作为一股地区政治势力开始走向国际舞台。布什"倡议"提出后,拉美国家及许多地区性组织采取协调一致的立场,认真讨论和协商,寻求应付对策。可以预见,围绕着外债、贸易、投资、国际经济新秩序等问题,拉美国家将加强与美国、西欧的对话,发展同日本的关系,寻求国际关系的改善和经济发展。拉美国家初步形成的团结合作的新局面也将继续得到巩固和发展。

(原载《拉丁美洲研究》1991年第2期)

20世纪90年代拉美地区一体化的新发展

20世纪90年代，在新的形势下，拉美各国政府从具体情况出发，以务实精神积极参与蓬勃兴起的地区一体化进程，从而使拉美地区经济一体化再次出现高潮，其发展势头之迅猛，速度之快，参与国之多是前所未有的。这一现象表明，拉美地区一体化经过了三十多年的艰难跋涉和探索之后，开始走上迅速发展的道路。

（一）拉美地区一体化运动发展迅猛的原因

20世纪90年代拉美地区经济一体化之所以如此之快地向前发展，有其深刻的国际国内政治经济背景。

1. 世界格局和国际形势的急剧变化，向拉美国家提出新挑战。

如前所述，随着世界经济全球化趋势的发展，国际竞争日趋激烈，世界经济出现了欧共体、美国和日本三足鼎立的态势，他们各自建立起或正在筹建以各自为中心的区域经济集团，发达国家争夺世界市场的斗争愈演愈烈。拉美国家领导人、理论界人士对未来世界格局变化表示深切关注，对拉美今后在世界的地位深感忧虑。20世纪80年代以来，新的贸易保护主义在欧美发达国家重新抬头，非关税措施的种类越来越多，成为世界经济发展的现实威胁。以美国为例，为了减少贸易逆差，美国对1000多种拉美出口商品采取了400多项非关税壁垒，同时又不断压低初级产品的进口价格，使拉美国家的贸易条件不断恶化。发达国家的贸易保护主义严重地危害包括拉美国家在内的发展中国家的利益和发展。

严峻的形势使拉美国家深刻认识到，为了克服当前面临的困难和应对

21世纪的挑战，必须努力发展本国经济，提高自身的生存能力；为了不再被排除在国际市场之外，必须加强地区合作，形成开放度更大、整合程度更高的地区市场，以加强自身同发达国家的谈判地位和能力。

2. 南北区域合作的启动推动了拉美地区一体化的发展。

1990年6月，美国总统布什发表的"美洲倡议"提出，要改善同拉美国家的贸易条件和投资环境，减轻拉美国家的债务负担，在西半球开展自由贸易和合作。拉美国家认为，美国提出建立西半球自由贸易区的建议，既为拉美国家提供机遇，也为其发展提出了挑战。为此，必须加强拉美国家之间的团结，走本地区合作发展的道路，实行小地区经济一体化的模式，加快一体化的发展步伐。只有这样才能避免南北经济一体化带来的风险和不利影响，保证本国经济的安全。北美自由贸易协定的签署和生效也成为推动拉美地区一体化前进的"加速器"。为了避免北美自由贸易区对自己的不利影响，它们走发展小地区一体化之路。1994年，迈阿密美洲国家首脑会议达成的在2005年前结束关于美洲自由贸易区的谈判的协议，也在客观上推动了拉美地区一体化的深入发展。

3. 拉美国家进行的政治和经济改革，为地区一体化开辟了更大的空间。

20世纪80年代，拉美民主化进程的顺利发展，使很多国家产生了民选文人政府，这大大地改善了拉美各国间的政治关系，为拉美国家的政治团结和经济改革奠定了基础。同时，民主制度的存在，各国政局相对稳定，也是地区一体化取得进展的重要条件。

在经济领域，拉美各国进行结构性调整时，在发展战略选择上基本一致，它们都是从进口替代模式逐步向市场开放、有效地参与国际经济的新模式转变，这对拉美地区一体化的影响是深刻的。由于拉美各国都把积极参与国际经济作为基本方针，各国的宏观经济政策，特别是对外经济政策具有更大的趋同性；扩大出口，提高本国产品的竞争力，更多地参与国际市场，成为各国普遍追求的目标。各国进行的外贸体制改革，全地区出现贸易自由化趋向和关税改革，为各国开展地区经贸合作和一体化创造了极为有利的条件，为地区一体化重振带来新的生机。

4. 拉美一些主要国家对地区一体化起了积极推动作用。

进入20世纪90年代以来，拉美各国政府间往来十分活跃，一些主要国家如阿根廷、巴西、墨西哥、哥伦比亚、委内瑞拉、智利等国，一方面，通过里约集团积极协商，推动拉美一体化协会进行战略调整；另一方面，对双边和次地区一体化活动表现出空前的热情，为拉美地区一体化运动的发展注入新的活力。

巴西和阿根廷是拉美地区经济实力最强的两个大国，从1986年起，双方结束了数百年来的敌对状态，捐弃前嫌，携手合作，签署了从双边贸易到核能合作等一系列议定书，以及建立共同市场的条约。1990年，阿根廷分别和巴西、乌拉圭、巴拉圭会谈，并达成自由贸易协定，为南方共同市场的建立扫清了障碍。阿根廷还分别同智利、委内瑞拉等国达成协议，为实现自由贸易打下基础。墨西哥也是拉美地区比较发达的国家，近几年来，不断主动与其他拉美国家签署一体化合作协议，积极推动双边和多边自由贸易区的发展。智利虽未参加小地区一体化组织，但他同主要拉美国家谈判并签署自由贸易协定，实际上在促进拉美地区进行横向联合中起了重要作用。由于拉美大国采取主动姿态，拉美地区一体化运动才获得实质性进展。

（二）拉美地区经济一体化取得的新进展

20世纪90年代，拉美地区一体化取得了重大进展，出现了全新的格局，具体表现为以下几方面。

1. 拉美一体化协会进行了战略调整。

20世纪80年代，由于经济危机，拉美一体化协会处于停顿状态。随着中美洲和平协议的签署和各国的经济调整的深入、拉美经济发展出现转机。为恢复和振兴经济，拉美经委会、拉美经济体系和里约集团等地区组织不断召集会议，探讨实现地区一体化和参与国际经济的新方式。1987年11月，里约集团首脑会议通过决议强调，拉美各国在经济危机中的遭遇说明，"地区一体化是头等重要的政治义务和变革与现代化的工具，一体化是拉美参与到国际关系中去和强化与第三世界国家共同谈判地位的重要工具，我们时代的挑战使密切的地区一体化与合作成为一种迫切的需要。"[①] 1990年，里约集团国家总统向拉美一体化协会提出加快一体化进程的任务。1991年又表示希望在2000年建成拉美自由贸易区。

---

① 里约集团：《阿卡普尔科决议》，1987年。

在里约集团的推动下，1990年5月，在墨西哥举行了拉美一体化协会第5次部长理事会，对协会的方针作了重大调整，宣布协会应为发展各成员国之间的关系，深化拉美地区一体化进程承担责任；再次强调灵活性，成员国可按各自意愿开展双边和多边合作，并提出了三年（1990—1992年）行动计划。为保证行动计划的实施，采取的具体措施有：（1）加强贸易合作，开放地区市场，加强海关合作和服务，提高效率，支持较不发达国家的基础设施建设，促进地区出口；（2）把关税优惠率从1987年的10%提高到20%，给不发达国家（玻利维亚、巴拉圭和厄瓜多尔）更多的优惠；（3）加强资金信贷合作，鼓励成员国参加拉美储备基金会，支持拉美出口银行扩大信贷业务，鼓励企业家参加多边金融机构认可的有优惠的国际招标；（4）加强生产互补和技术合作，以及运输通信合作，开展边界一体化，文化和生态保护等合作活动。1991年12月，部长理事会通过决议，确定协会的任务是给整个拉美地区一体化提供体制和行动准则的规范，以推动各小地区组织最终会合成统一的拉美共同市场。实际上，拉美一体化协会已成为里约集团在地区一体化事务方面的执行机构，在促进地区经济合作和推动地区贸易自由化进程中显示出非凡的活力，发挥着越来越重要的作用。[①]

2. 南方共同市场迅速崛起。

南方共同市场的崛起对地区一体化运动具有重要的意义。

1985年5月，阿根廷和乌拉圭签署了《经济互补协议》，决定增加两国间相互贸易。同年11月，阿根廷和巴西发表《伊瓜苏声明》，一致同意促进两国关系的深入发展。两国决定成立一体化和合作高级混合委员会，提出两国经济一体化的纲领、计划和方式。1986年7月，巴西和阿根廷发表了《一体化纪要》和12项议定书，制定了《经济合作和一体化规划》。南锥体国家经济一体化合作加速进行。由于这些国家都是拉美一体化协会成员国，它们的双边和多边合作都在拉美一体化协会的框架内进行。1988年11月，阿、巴两国总统签署协议，决定到1999年建成两国共同市场。布什的"美洲倡议"宣布后，两国决定于1994年组成共同市场，比原定计划提前5年。经过协商，乌拉圭和巴拉圭宣布加入拟议中的阿、巴共同市场，四国总统于1991年3月26日在巴拉

[①] 拉美一体化研究所、美洲开发银行：《1991年拉美一体化进程》，第28—31页。

圭首都签署了《亚松森条约》，决定于 1994 年 12 月 31 日建成南方共同市场（也简称南锥体共同市场）。该条约经各方议会批准后于同年 11 月 29 日生效。

《亚松森条约》确定了于 1994 年 12 月 31 日组成南方共同市场的目标，并规定：从条约生效之日起到 1994 年 12 月 31 日为过渡期，将采取如下措施：（1）逐步降低关税，首先将各国的进口关税降低 47%，之后每半年再减少 7%，到 1994 年 12 月底降为零；并取消非关税及其他贸易限制。（2）逐步取消例外清单，规定每年减少项目的 20%，巴西和阿根廷于 1994 年底、巴拉圭和乌拉圭到 1995 年年底全部取消例外清单。（3）确立对外共同关税，协调成员国在地区和国际论坛上的立场。（4）协调成员国的宏观经济政策和部门政策，强调技术进步优先，以保证缔约国的产品质量和国际竞争力。（5）缔约国承诺协调和补充有关法规，加强一体化进程。在过渡期内，缔约国采取一种《一般性产地制度》、《解决争端制度》和《保证条款制度》，由四国外长加以协调。[①] 由于 4 国在整顿和调整国内经济、促进地区贸易、克服分歧和障碍、推动一体化计划等方面取得显著成绩，1995 年 1 月 1 日南方共同市场正式启动。

3. 安第斯集团再度活跃。

安第斯集团成立于 1969 年 5 月，它经历了 20 世纪 70 年代的发展和 80 年代的停滞。鉴于国际形势的新变化，1989 年 5 月，安第斯集团总统会议提出要加快一体化进程。同年 12 月，五国总统批准了安第斯集团的《战略设想》，提出到 1995 年建成自由贸易区，到 1999 年建成安第斯共同市场。进入 90 年代，安第斯国家在总结 80 年代经验和教训的基础上，进行了全面的经济结构调整和改革，逐步实现了发展战略的转变，大量吸引外资，推动私有化进程，鼓励竞争，向全方位开放的外向型经济转变。在此基础上，以实行自由贸易为主要内容，以培育参与国际竞争为手段的一体化被重新提上议事日程。开放型的经济政策为一体化的实行提供了现实可能性，安第斯地区合作逐渐恢复生机，由停滞转向重新活跃。"美洲倡议"提出后，在哥伦比亚和委内瑞拉的推动下，五个成员国总统于 1990 年 11 月通过决议，决定比原计划提前 4 年，于 1991 年 12 月 31 日组成自

---

① 《拉美一体化》杂志 1991 年 5 月号。

由贸易区，准备用一年时间，取消各成员国的关税，取消对部分商品保留的贸易管制和禁止进口的规定。1995年正式形成关税联盟。会议决定，立即制订一项逐步协调宏观经济政策计划和货币、兑换、金融、支付政策以及边境一体化政策，采取措施加快资本、人员和劳务贸易市场的开放，方便外国投资和促进小地区资本自由流通。[①] 1991年5月和11月，五国总统签署了《加拉加斯纪要》，并批准自1992年1月1日起，正式建成安第斯自由贸易区的决议，委、哥、秘三国先行开始，7月1日，厄瓜多尔和玻利维亚再加入。决议规定：（1）自由贸易区建成后，除小部分特别敏感的商品外，五国间商品免税自由流通。玻、厄保留商品项目为100项，其他三国为50项。厄瓜多尔可分批取消向其他成员国出口商品的各种补贴。（2）从1992年起实行对外共同关税。根据产品加工程度，税率分别为5%、10%、15%和20%（其中玻利维亚可维持在5%和10%的水平），从1994年年初起再降为10%和15%（玻利维亚维持在5%和10%的水平），1995年形成关税同盟。（3）在小地区范围内实行全方位开放，最后向世界开放。

但是，1992年，委内瑞拉和秘鲁国内政局动荡不宁，两国中断外交关系。玻利维亚一度也想转向参加南方共同市场，使实现自由贸易区的目标有所推迟。经过反复协商和抱着求同存异的精神，哥、委、厄、玻4国于1992年达成协议，同年9月30日取消相互之间的关税，正式形成自由贸易区。之后，在克服秘鲁暂时不履行安第斯集团的贸易和关税义务以及相当复杂的谈判所造成的困难后，1994年5月，安第斯5国最后做出决定，从1995年1月1日起，正式建成安第斯自由贸易区。安第斯国家多年的一体化梦想终于变成现实。

4. 中美洲共同市场恢复生机。

虽然中美洲一体化早在20世纪60年代就已启动，但是由于这些国家长期内战频仍，边界冲突不断，各国经济发展迟缓，相互之间芥蒂颇深，致使一体化有名无实。东西方对抗的消失，给中美洲共同市场带来转机。1990年，随着尼加拉瓜军事对抗的消失，萨尔瓦多和危地马拉政治形势相对缓和，中美洲各国要求恢复经济、通过小地区一体化参与国际经济竞争的呼声日益强烈，为中美洲国家的重建和一体化进程的恢复创造了有利

---

① 《拉美一体化》杂志1991年3月号。

条件。1990年6月，在危地马拉的安提瓜召开的第8次中美洲国家首脑会议，通过了《安提瓜声明》和《中美洲经济行动计划》，对中美洲一体化战略作了新的阐述："重建、加强和重振一体化进程和中美洲地区组织，重新制订其法律和机构框架，激发其革新的活力，以实行对外开放和生产现代化的新战略。"决定通过一项外向发展的共同战略，来推动中美洲的发展，促进本地区国家经济重新参与国际贸易。该行动计划的主要内容有：建立新的有效的一体化机构；建立地区支付网络；取消贸易障碍；建立新的税收机构，为商品运输和人员往来提供方便；在对外贸易和共同促进出口方面协调一致；以实行工业转换政策向世界市场出口；制定统一的农业政策，以保证食品供应；协调经济调整计划；建立外债和外部资金的咨询中心等。

1991年7月召开的第10次中美洲国家首脑会议，签署了包括取消本地区在关税和其他方面存在的障碍，各国间采取灵活支付手段，对来自地区外的商品实行统一进口关税等有关一体化文件共40个。会议规划了地区一体化的近期目标：从1992年12月31日起，实行统一关税，对外共同关税率分别为5%、10%、15%和20%。同年12月召开的第11次首脑会议，通过《特古西加尔巴议定书》，决定成立"中美洲一体化体系"，作为中美洲全面一体化的法律和制度框架。在《争取中美洲可持续发展联盟》的地区发展战略中，提出中美洲经济共同市场的中长期目标，包括发展农业、工业和服务业一体化，支持生产和公共部门现代化，以及改革教育和卫生、克服极端贫困现象的总计划，以便把地区一体化推向稳定发展的新阶段。1992年5月，萨尔瓦多、危地马拉和洪都拉斯三国签署自由贸易协议，决定从1993年1月1日起，建成中美洲北部自由贸易区，取消进口限制，促进三国内商品和资本的自由流通，实行5%和20%的低额进口关税。1993年2月2日，中美洲一体化体系（包括中美洲议会、总统会议、部长理事会、执行委员会、经济一体化常设秘书处、总秘书处和协商委员会等地区机构）开始运行。同年4月，尼加拉瓜、萨尔瓦多、危地马拉、洪都拉斯等四国签署一体化协定，作为实现中美洲经济统一的第一步。同年10月，中美洲各国在危地马拉城举行首脑会议，签署了《中美洲经济一体化总条约议定书》，承诺中美洲国家合作的最终目标是建立"中美洲经济联盟"，同意洪、萨、危、尼等四国立即实行一体化，同时尊重哥斯达黎加的不同意见，并允许巴拿马将来加入这一进程。

5. 加勒比地区国家的新探索。

20世纪90年代，加勒比地区的一体化进程也有了较大进展。1989年7月，在格林纳达举行的第10次加勒比共同体首脑会议做出决定：(1) 1990年底修改和确定对外共同关税、原产地规则和相互协调的财政制度；(2) 敦促有关成员国尽早批准《工业规划制度议定书》，执行《联合企业制度法》；(3) 1990年底恢复运转多边支付补偿体系；(4) 进一步提高本地区食品保障能力等；(5) 从1991年起，成员国公民在本地区旅行无须护照，并可在别国享有工作机会和社会保障。1990年8月，加勒比共同体13个成员国元首在牙买加首都金斯敦举行会议，一致同意于1993年建立加勒比共同市场，计划从1991年中期起取消内部贸易限制，分批实行对外共同关税，立即实行《联合企业制度法》。1991年7月，在第12届首脑会议上，对来自第三国进口采取共同税率方面取得进展。规定巴巴多斯、圭亚那、牙买加、特立尼达和多巴哥实行新关税率，对不同成员国生产的产品进口实行5%的低关税率，对可能损害民族工业的进口保持45%的高关税率，而多数产品进口关税率在20%—25%。协议还规定，实行统一货币，决定建立5000万美元的投资基金，支持企业适应内外市场的变化。1992年年初，东加勒比国家组织举行会议，讨论提前建立统一市场的问题。部分国家提出，建立加勒比联邦政府，负责成员国的安全、对外关系、司法、货币发行和社会保障等。同年10月，加勒比共同体举行特别会议，一致同意从1993年1月1日起，在5年内将关税的上限分阶段降到20%。会议还赞成建立加勒比国家联盟的建议。1993年6月，在巴哈马举行的加勒比共同体第14届首脑会议一致决定以加勒比共同体为核心，建立加勒比国家联盟，加勒比地区所有国家（包括讲英语、西语、法语、葡语的所有岛国）和大陆国都将是该联盟的成员国。联盟作为地区协调、磋商和合作的政府间机构，得到许多国家的赞同。1994年7月24日，加勒比地区的25个独立国（包括古巴）和12个未独立地区的总统、政府首脑在哥伦比亚的卡塔赫纳签署加勒比国家联盟成立纪要，加勒比国家联盟正式成立，简称加国联。加勒比国家联盟是加勒比流域国家和地区之间咨询、协调和合作的论坛，它的目标是：实现地区经济一体化和在加勒比流域国家中建立一个广泛的自由贸易和合作区，利用国际经济的全球化和贸易逐步自由化所提供的机会，维护本地区在国际经济贸易组织中的利益，促进经济和社会发展。加勒比国家联盟的成立，表明拉美国家向实现拉美和加勒比地区一体化的期望目标迈出了一步。[①]

6. 双边和多边自由贸易协议大量涌现。

布什的"美洲倡议"提出后，拉美各国努力加强拉美国家之间的团结，从各国和小地区的实际利益出发，积极探索新的合作形式，各国政府把发展双边和多边关系作为加强团结的重要措施，积极促进贸易自由化的实现，增强同美国进行谈判的能力。

（1）墨、智自由贸易协议

1990年10月，墨西哥和智利两国总统会晤，双方同意在1980年《蒙得维的亚条约》的基础上，签订经济互补协议，并开始进行清除影响两国贸易的关税和非关税壁垒的谈判，争取于1995年12月31日建立两国自由贸易区。经过一年的谈判，1991年9月22日，两国总统在圣地亚哥签署自由贸易协议。这是拉美地区最早签署的双边自由贸易协定。协议规定了逐步减少关税的计划：从1992年的最高关税不超过10%降低到1993年7.5%，1994年的5%，到1996年完全互免关税。根据计划，占两国进出口贸易90%的产品在4年内实现互免关税。剩下的包括农产品、化工、石化、木材及其加工产品、纺织、玻璃、陶瓷等105种例外商品，到1998年全部免税；石油及其制品、一些海产品和农产品、植物油、奶粉、服装等商品的减税过程要长些。此外，双方还在投资、劳动和知识产权等非贸易领域加强合作。

（2）墨、委、哥三国集团

墨西哥、委内瑞拉、哥伦比亚原是80年代进行中美洲和平斡旋的孔塔多拉集团的三个成员国。1980年3月，三国外长会谈决定，加强三国间更高程度的经济合作和政治协商，促进与中美洲和加勒比地区的合作。1990年，三国总统在纽约宣布组成"三国集团"，决定采取有利于深化三国自由贸易的措施。1991年4月，三国外长在波哥大签署以能源开发为中心内容的经济互补协定；7月，三国总统达成废除三国贸易限制的协定，为3国一体化迈出新的步伐。1992年7月，三国官员和企业家在哥伦比亚会晤，研究减免关税的具体步骤。1993年2月，三国总统举行特别会议，签署包括经济、科技、社会发展、文化教育的《加拉加斯协

---

① ［墨西哥］《至上报》1994年7月25日。

议》，一致同意从 1994 年 1 月 1 日起建立 3 国自由贸易区。为此，三国又多次进行协商和谈判，终于在 1994 年 6 月 13 日正式签署包括自由贸易、市场准入、产品产地、技术标准和劳务贸易等内容的自由贸易协定。协定经三国议会批准后于 1995 年 1 月 1 日生效。该协定规定在 10 年内建立自由贸易区，具体步骤包括：a. 实施普遍降低关税计划。以 1992 年的墨西哥关税和已生效的哥、委签署的双边协议为基点，决定从 1995 年 1 月 1 日起，墨西哥关税降为 35%，哥、委关税降为 21%，剩下的关税分成 10 个等级，在 10 年内将关税逐步降为零。这一机制涉及总值为 4400 亿美元的商品，约占拉美地区总产值的 35%。b. 制订三国汽车降低关税计划，从 1998 年起，在 10 年内将汽车关税降为零。c. 协定规定，自协定生效时日起的 5 年中，哥向墨出口价值 3500 万美元的纺织品和价值 500 万美元的成衣，哥、委在未就有关纺织品具体产品准则达成协议之前，将不降低关税。d. 规定化工产品出口限额，今后 5 年内出口将逐年增加。此外，三国集团还为外国投资设立共同体制。这是一项开放的协定，拉美和加勒比其他国家可以加入该协定。墨、委、哥三国经济一体化的发展，在拉美地区一体化进程中产生重要影响。

（3）智、委自由贸易协议

1990 年 10 月，智利和委内瑞拉两国总统签订加强两国合作的意向书，决定在 1994 年 5 月 31 日建立两国货物、劳务等生产要素自由流动的经济区，逐步减免关税，协调宏观经济政策和国际经济谈判中的行动。1991 年 4 月两国签署协议，决定从 1991 年 6 月起，智利、委内瑞拉双方各自将 10% 和 20% 的最高关税逐步下调。1992 年 11 月，两国总统正式签署自由贸易协议，决定从 1993 年 1 月 1 日起，除例外商品外，取消相互进口关税，提前建立自由贸易区。双方经过协商，制订例外商品（委内瑞拉涉及石油的 80 种商品，智利涉及 100 种农牧产品）降低关税日程表：1993 年关税从 11% 降到 8.5%，1994 年降到 6.5%，1995 年降到 4.5%，1996 年降到 2.5%，1997 年降到零。另外，两国还就一些基础工业产品的价格、商品产地标准、防卫条款、保卫投资、开放海空航运等方面达成协议。

（4）智、阿自由贸易协定

1990 年 8 月，智利和阿根廷两国总统发表联合声明，1991 年 8 月，两国签订了以 1980 年《蒙得维的亚条约》为基础的《经济互补协定》，以及农牧业、矿业、能源、投资等多项议定书，表示要在 1995 年年底形成一个共同经济区。双方合作的优先项目包括：两国间修建一条天然气管道，从阿根廷内乌肯省向智利中南部地区每天供应至少 500 万立方米天然气；开放 3 个边境通道和一个铁路隧道，并加强双方陆路和空中运输及电讯合作，使双方商品分别从对方过境到达太平洋和大西洋口岸；双方互相供应农牧产品；双方首都证券交易所签署关于加强金融合作协议；双方签署了相互投资协议。到 1994 年中，阿根廷已接受智利约 24 亿美元的投资。

(5) 智、哥自由贸易协定

1990 年 3 月，智利政府谋求发展同哥伦比亚的自由贸易关系。1992 年 9 月，智、哥两国在拉美一体化协会内开始了双边自由贸易谈判。翌年 12 月，两国总统正式签署了经济互补协定，决定从 1999 年 1 月 1 日起，两国实现自由贸易，协定确定了三个减免关税清单，一个例外货单。第一份清单规定自 1994 年 1 月 1 日起实行零关税，包括双方根据拉美一体化协会范围内部分协定谈判的产品；第二份清单规定，从 1994 年 1 月 1 日起，智利将关税从 11% 降到 8.5%，哥伦比亚关税从 20% 降到 15%，1997 年实现零关税；第三份清单不超过 100 种商品，到 1999 年全部免税。在例外货单中，智利约有 100 种属于价格波动的商品，如牛奶、小麦、大米和玉米等，哥伦比亚有铜制品、鱼粉、奶制品和一般性食品。此外，双方决定成立管理委员会，以避免在双边贸易中出现违反协定规定的行为。

此外，1990 年 9 月，阿根廷和委内瑞拉签订谅解备忘录，为两国自由贸易打下基础。1991 年 1 月，墨西哥与中美洲五国决定于 1996 年 12 月 31 日建立墨西哥中美洲自由贸易区。1992 年 1 月，中美洲五国同加勒比共同体举行部长级会议，成立中美洲五国和加勒比共同体协商委员会，使两个地区走上了一体化道路。1993 年 2 月，墨、委，哥三国集团同中美洲五国决定建立自由贸易体系。1994 年 3 月，墨西哥与哥斯达黎加签署了自由贸易协定，又与玻利维亚达成一项在 12 年内取消所有关税的协定。同年 7 月，哥伦比亚与加勒比共同体成员国签署了一项自由贸易协定。另外，在拉美一体化协会范围内，部分国家就能源、食品、核能、航天、运输通信、环保等问题签署了双边和多边合作协定。

总而言之，20世纪90年代拉美一体化协会的战略调整，拉美国家双边和多边协议的签署，以及新的双边和多边自由贸易区的出现，构成了拉美地区经济一体化蓬勃发展的局面。

（原载宋晓平等《西半球区域经济一体化研究》，世界知识出版社2001年版）

拉美主要地区一体化组织运行机制

一 南方共同市场

1991年3月26日，阿根廷、巴西、巴拉圭、乌拉圭四国总统在巴拉圭首都签署《亚松森条约》，确定了于1994年12月31日建立南方共同市场的目标。1994年12月，在巴西欧鲁普雷图召开的第6次共同市场理事会，通过了《欧鲁普雷图议定书》，作为《亚松森条约》的补充。会议决定，1995年1月1日南方共同市场正式运行，取消成员国之间的关税和非关税壁垒，确立对外共同关税，正式启动关税同盟。

由巴西、阿根廷、巴拉圭和乌拉圭等四国组成的南方共同市场的面积为1188.5万平方公里，人口1.98亿，国内生产总值11237亿美元（1997年），对外贸易额21940亿美元，是当前拉美地区最大和最具有活力的经济一体化组织，也是世界五大经济集团之一。南方共同市场的建立是世界经济全球化、区域集团化在拉美地区的体现，反映了拉美国家加强内部团结和经济合作关系的强烈愿望。《亚松森条约》和《欧鲁普雷图议定书》及其他协定确定了南方共同市场的目标、机构及其职能，规定了南方共同市场的合作机构和运行机制。

（一）组织机构

《欧鲁普雷图议定书》第一章第一节规定，南方共同市场的组织机构有：共同市场理事会、共同市场小组、贸易委员会、议会联合委员会、行政秘书处、经济和社会咨询论坛。

1. 共同市场理事会（CMC） 是南方共同市场的最高决策机构，由各成员国的外交部部长和经济部部长组成。理事会的主席由成员国外长轮流担任，任期6个月。理事会将在各方认为合适的时候召开会议，每年至少召开一次会议。成员国总统（可能的话）应参加共同市场理事会的年会。理事会的主要职能是：对共同市场进行政治指导，并做出决策，以确保《亚松森条约》所确定的目标和期限的实现，提出推动共同市场发展的措施；行使法人资格，与第三国、国家集团和国际机构谈判或签署协议。在过渡期间，理事会做出决议时，必须有所有成员国的代表参加，通过协调，最后做出决定。①

2. 共同市场小组（GMC） 是南方共同市场的执行机构，他由各缔约国指定的6名正式成员和6名可轮换成员组成，分别是外交部、经济部、工商旅游部、农业和供给部、中央银行和总统府6个公共机构的代表。各有关国家指定的共同市场小组成员组成该国共同市场小组的国内分部。共同市场小组的主要职责是：（1）执行《亚松森条约》和采取必要措施落实共同市场理事会的决议。（2）在执行贸易开放计划、协调宏观经济政策、同第三国和国际机构进行谈判、参与解决南方共同市场范围内的争端等方面，有提出具体措施的倡议权。（3）监督贸易委员会和行政秘书处的活动。（4）有权建立下属工作小组，制订工作计划，协调和指导它们的工作，并有权召集专门会议处理其提出的问题，以确保朝着共同市场的方向前进。共同市场小组至少每3个月召开一次正式会议，按成员国字母顺序轮流在各国举行。特殊会议可以在一致同意的任何时间、任何地点召开，由发生偶然事件所在成员国的代表团长负责会议的协调。②

3. 工作小组 是共同市场小组的下属工作机构。它的职能是向共同市场理事会提出决议草案，研究南方共同市场内所涉及的专门问题。现有11个专门工作小组，它们是：通信、矿业、技术准则、财政金融事务、运输和基础设施、环境保护、工业、农业、能源、劳工就业和社会保障、卫生。每个工作小组每季度召开一次会议，在成员国轮流召开，或在行政秘书处所在地举行。在工作的准备阶段，可吸收成员国私人部门的代表参加；参加工作小组活动的私人部门的代表团中，每个国家可有3名代表，他们必须与工作小组活动所涉及产品的生产、分配和消费的任何一个环节有直接利害关系。在作决议阶段，只有成员国的官方代表参加。

---

① 皮埃罗·内托－阿德博加多斯：《南方共同市场》，[巴西]圣保罗，1997年，第58页。
② 同上书，第59页。

除工作小组外，还有3个工作机构：一是专家会议，负责科学和技术以及旅游事务；二是专门小组，包括劳务、体制、南方共同市场与拉美一体化协会、南方共同市场与世界贸易组织以及糖业专门小组；三是技术合作委员会。①

4. 贸易委员会（CCM） 是负责监督关税同盟运行过程中各成员国达成的共同贸易政策执行情况的机构。由4名正式成员和4名可轮换成员国人员组成，每个成员国指派的成员和它的协调权属于外交部。它的主要职能是：（1）负责监督实施成员国共同贸易政策措施，如：同第三国或国际机构的贸易协议；贸易管理目录；适合于南方共同市场关税同盟的制度；原产地制度；免税区、特殊关税区和出口加工区制度；反不诚实贸易制度；取消和协调关税限制；对第三国的保护制度；协调关税；保护消费者制度和协调鼓励出口等。（2）审议成员国提出的同对外共同关税和其他共同贸易政策的实行有关的、或个别要求有关的申请。（3）有权就南方共同市场所采取的贸易政策实行有关的决议，向执行机构提出它职权内有关条例的建议，提出新的或修改原有的贸易和关税准则。在这种情况下，可以提出改变共同对外关税特殊项目的进口份额，甚至考虑在南方共同市场内开展新的生产活动问题。为能更好地履行它的职能，贸易委员会可建立技术委员会，以便领导监督它所开展的工作，同样可以采用内部工作条例。贸易委员会会议至少每月召开一次。另外，南方共同市场执行机构或成员国也有权要求召开这种会议。贸易委员会提出建议和做出决定，须在成员国所指派的代表之间协调一致后再进行。在执行、解释或完成贸易委员会所承担的任务时出现的争端，应提交南方共同市场执行机构，按解决争端制度中的规定加以解决。②

5. 议会联合委员会（CPC） 是成员国直接机关的代表机构，具有咨询和协商的性质，由各成员国议会委派的16名议员和相同数目的可轮换的议员组成，任期两年，它的工作由4国总统组成的主席团协调。它的主要职能是：根据一体化进程，保持各国议会的信息联系；为今后南方共同市场议会的建立做准备工作；建立下属机构，分析与一体化进程有关的

---

① 皮埃罗·内托-阿德博加多斯：《南方共同市场》，[巴西] 圣保罗，1997年，第60—61页。
② 同上书，第59—60页。

问题；向共同市场理事会和共同市场小组提出有关共同市场组织和一体化进程运行的建议；对成员国议会的协调进行必要的调查研究，并提交给各国议会；同各成员国的私人实体和国际机构建立关系，以便得到它所关心的事务的信息和专门咨询；同参与地区一体化计划的其他国家的议会和实体建立合作关系；与大的跨国和国际公共或私人机构签订合作和技术援助协议；审议成员国得到的其他资金的预算和经营情况。议会联合委员会通常一年召开两次会议，特殊情况由4国总统召集。会议在各成员国轮流举行。议会联合委员会只有在所有成员国的议会代表团参加时才能举行，决议经协商并由各成员国指派的大多数成员投票产生。[①]

6. 行政秘书处（SAM） 是共同市场小组的工作机构，它的职能是保管文件，以葡萄牙文和西班牙文出版南方共同市场的官方公报，负责通报共同市场小组的活动，公布和散发所做出的决定和资料。总部设在蒙得维的亚城。

共同市场的官方语言是西班牙语和葡萄牙语，工作文件的正式文本将使用每次会议东道国的官方语言。

7. 经济和社会咨询论坛（FCES） 是咨询机构，由各成员国的经济和社会部门的代表组成。[②]

（二）主要合作机制

根据《亚松森条约》第一章规定，南方共同市场的主要机制是：实行贸易开放，协调宏观经济政策和部门经济政策。

1. 实行贸易开放。《亚松森条约》把取消关税和非关税限制作为贸易开放计划的主要目标，规定在成员国之间逐步、连续和自动地降低关税和取消非关税限制。为此，《亚松森条约》采取了3项措施：（1）制订减税计划，规定自该条约生效之日起，成员国对列入拉美一体化协会关税货单中的产品执行减税计划，到1994年12月31日将关税降为零。经成员国的共同努力，这一措施基本上得到兑现。南方共同市场正式启动后，四国的平均关税从20%降到2%以下。在列入正式货单的9000种商品中，仅

---

① 皮埃罗·内托-阿德博加多斯：《南方共同市场》，[巴西]圣保罗，1997年，第59—60页。
② 同上书，第62页。

有1627种（即18%）没有执行自由贸易条例，自由流通的商品占四国贸易总额的90%—95%。（2）确定成员国各自的例外货单。各国提出了2117种被认为"敏感"产品的例外货单，其中乌拉圭960种，巴拉圭439种，阿根廷394种，巴西324种。但各成员国应逐年削减列入例外货单的产品，规定每年减项20%，到1994年年底，巴西和阿根廷全部取消，到1995年年底，巴拉圭和乌拉圭也全部取消。但是，从执行情况看，取消例外货单并不顺利。经过四国的充分协商，南方共同市场于1994年通过324号决议，确定了称为"适应体制的减税计划"，阿根廷和巴西将继续支付关税到1998年12月31日，巴拉圭和乌拉圭继续支付关税到1999年12月31日。（3）对非成员国贸易确定对外共同关税，实行共同的贸易政策。首先，1994年8月，四国签署有关协议，决定从1995年1月1日起，对85%的进口商品实行对外共同关税，税率为0%—20%，平均税率为14%。其次，对来自成员国免税区的商品，成员国实行适用于南方共同市场商品的对外共同关税。但是，这些商品有两种情况：如果是来自免税区的商品，可以享受南方共同市场内确定的最优惠待遇，免除其正常关税；如果是例外货单的产品，则按每个国家现行正常关税征收。第三，属于各国征收不同关税的例外货单的产品（包括资本货、信息产品和电信产品），逐步向共同对外关税靠近，根据不同情况，在2001年或2006年逐渐实行统一的对外共同关税。其中，将于2001年1月1日，对资本货实行对外共同关税；2006年1月1日对信息和电信产品实行对外共同关税。从1996年1月1日起，建立共同机动车制度规定。巴西和阿根廷于1995年12月6日达成协议，到2000年实现两国间的车辆贸易条例。

2. 协调宏观经济政策。《亚松森条约》和其他协定规定，各成员国之间应协调宏观经济政策，以便同降低关税和取消非关税限制的计划相一致，以保证在缔约国之间有适当的竞争条件。为此，各成员国就协调宏观经济政策的日程、原产地制度、解决争端制度和保护条款等原则问题达成了协议，保证了共同市场按时运行。

（1）在宏观经济政策协调日程方面，确定成立共同市场的基本步骤。1992年6月1日，四国通过《拉斯莱尼亚斯日程表》，各成员国就贸易事务、关税事务、技术标准、金融货币事务、陆上和海上运输、工业和技术政策、农业政策、能源政策、协调宏观经济政策、就业和社会保险，以及体制等方面，确定了采取措施的日期，以保证《亚松森条约》确定的目标如期实现。为此，设立了相应的工作小组，每个工作小组负责实施有关方面的措施，并确定了它们的工作日程和完成报告的最后期限。另外，还规定，这些议程未经共同市场小组讨论通过，不得擅自更改。为了便于确定和解决加快一体化进程的优先任务，1995年共同市场小组做出决议，决定建立新的机构：a. 科学技术和旅游专家会议；b. 劳务、体制、南方共同市场与拉美一体化协会、南方共同市场与世界贸易组织和糖业等专门小组；c. 技术合作委员会。这些措施的逐步落实，为共同市场的正式启动和正常运转奠定了基础。

（2）在原产地规则方面，确定了鉴定原产地产品的准则以及证明和核实原产地产品的程序。根据鉴定原产地产品的一般准则，如下产品可视为成员国的产品：a. 在任何一个成员国的领土上完全使用其他成员国的原料，或至少使用60%来自成员国的原料加工成的产品。b. 使用来自非成员国的原料，但他在某个成员国领土上进行加工，已给予原料新的属性，并具有南方共同市场共同货单特点的原料加工成的产品。c. 在成员国领土上包括狩猎、捕捞、开采、收割、获得或加工动植物产品或矿产品。这些产品可以享受贸易开放计划所确定的优惠待遇。

关于证明和核实原产地产品的程序问题，为使原产于成员国产品的进口获得减税和彼此间给予取消限额的好处，在出口这些产品的材料中，应有一份申报单证实这些产品符合原产地规则，最终生产者或商品出口商签发的申报单，应得到由出口商所在国家的政府授予的、具有法人资格的官方分发单位或私人行业单位的确认，原产地证明应在商品装运之日起颁发，有效期为180天。原产地证明应符合1994年颁布的、对第18号经济互补协定补充的第8号议定书所采取的南方共同市场原产地条件所确定的原则。

（3）在解决争端机制方面，确定了协商解决争端的原则和程序，以及解决争端的仲裁办法。a. 关于解决争端的原则。各成员国在解释、执行或未履行《亚松森条约》的规定，以及共同市场理事会和共同市场小组所做出的决定和决议中出现争端时，应根据《亚松森条约》和四国于1991年12月17日通过的《巴西利亚议定书》加以解决，《欧鲁普雷图议定书》规定，共同市场贸易委员会国内分部的成员国或个人产生的矛盾，由共同市场贸易委员会加以解决。b. 关于解决争端的程序。首先，在存在争端的情况下，成员国之间应通过直接谈判加以解决，谈判的期限不能超过15天（从成员国提出争端之日算起）。其次，如果双方直接谈判未能解决，成员国可向共同市场贸易委员会提出申诉，请求贸易委员会临时主席加以解决。贸易委员会主席应提前一周采取措施，把请求列入贸易委员会随后举行的第一次会议的议事日程。如果贸易委员会未能做出决议，贸易委员会将提交给技术委员会处理。技术委员会在30天内对所提争端情况进行评估。如专家的评估和结论未被采纳，贸易委员会应在接到材料后的第一次会议上进行研究。如果没有达成一致意见，贸易委员会将提交给共同市场小组处理。再次，共同市场小组的干预。如果争端各方通过直接谈判没有达成协议，或仅解决部分争端，他们之中的任何一方都可把争端提交共同市场小组去解决。共同市场小组听取各方的申诉，如有必要，可向专家咨询并向争端的各方提出解决争端的建议。这个过程不能超过30天（即从争端提交共同市场小组解决之日算起）。最后，仲裁解决。如果在共同市场小组范围内争端仍解决不了，争端的任何一方可通知行政秘书处要求进行仲裁。行政秘书处接到通知后应立即通知争端的另一方和共同市场小组，并负责办理进行仲裁程序的手续。争端各方应承认仲裁法庭有仲裁权。仲裁法庭应在60天内（可延长30天）以书面形式做出裁决。仲裁法庭的裁决对争端各方均有约束力，不得上诉，并在15天内执行。[①]

（4）在保护条款方面，商定了消除某种进口产品对进口国市场造成严重威胁的办法。首先，根据《亚松森条约》和四国于1992年3月通过的《对非诚实贸易提出控告和协商的程序》，如某成员国在某个时候从另一个成员国进口某种产品明显增加，这种产品给国内市场造成损害或严重损害威胁时，进口国可向共同市场小组提出请求，进行协商，以消除该产品进口对本国市场的损害或严重损害威胁。贸易开放计划规定，确定损害或严重损害威胁取决于下列几个方面的综合分析，包括：生产水平、使用性能、就业情况、参与市场情况、成员国之间的贸易额，以及同第三国的进出口能力。保护条款既适用于包括在适合制度内的产品，也适用于南方共同市场非成员国的产品。另外，只要是进口出乎意料地增加给进口国市场造成损害或严重损害威胁，保护条款也适用于从每个成员国的免税区生产和销售的进口产品。其次，在协商过程中，受进口产品损害的成员国可

[①] 皮埃罗·内托－阿德博加多斯：《南方共同市场》，[巴西]圣保罗，1997年版，第58页。

以提出进口这种产品的定额的谈判。提出的定额在 30 天内未能谈判并达成协议，进口国可以确定这一进口产品的定额，该定额为期 1 年，延期 1 年，但受害进口国单方面决定的定额不得低于近 3 年来这一进口产品量的平均数（保护条款对于一种产品只能使用一次）。最后，根据 1993 年共同市场理事会第 7 号决议中相关的保护条例，如果成员国的某一生产部门受到非成员国倾销产品、或补贴产品的损害，也可向共同市场小组的"国内分部"提出书面控告，该分部立即与进行倾销、或补贴部门所在国联系，以弄清事实真相，以便做出判断。如果所提控告成立，应立即把附有详细申报单的材料递交给共同市场小组。如共同市场小组在 20 天内（自受理控告之日起）解决不了这一问题，受害部门可以利用解决争端的原则程序，将书面控告递交给"仲裁法庭"裁定。

上述协议、通则和制度的通过并确定为协调成员国之间的宏观经济政策奠定了基础。

3. 协调部门经济政策。《亚松森条约》第一章第一条规定，在成员国之间应相互协调部门经济政策，包括：对外贸易、农业、工业、财政、货币、汇兑、资本、服务、海关、运输、通信等部门的政策，以及四国同意协调的其他部门的政策。第五条又规定，达成部门间协议，以便最好地利用和调动生产要素，并达到有效的运作规模。这一条约基本上包括了自 1985 年以来阿根廷、巴西、乌拉圭和巴拉圭等所签署的双边和多边部门协定及其他议定书，以及四国在拉美一体化协会框架内签署的部分协定。协议和议定书涉及的内容十分广泛，包括：（1）基础设施建设项目合作，如《经济互补和地理一体化计划》和《陆上运输议定书》等，其目的在于加强成员国陆路和内河航运的联网，简化各自的过境手续。（2）能源开发合作项目，如通过《能源议定书》、《开采石油资源协定》和《加拉维水电工程》等，加强在石油、天然气和水力发电等方面的合作和投资。（3）协调工业政策，通过《汽车工业议定书》、《钢铁工业协定》和《化工部门协定》，加强各成员国之间的合作，促进有关工业部门的专业化，达到有效的规模经营，提高竞争能力。（4）协调农业政策，如签署《食品互补议定书》、《小麦协定》和《大米协定》等，加强农业合作。在粮食生产、储存、运输和销售等方面建立协调机制，实现食品互补。（5）加强科技合作，通过《经济研究议定书》、《生物技术议定书》和《核合作议定书》等，协调科技政策，促进科学技术研究，以及开展航天、生物技术和和平利用核能等方面的合作。(6) 协调金融政策,促进资金流通。如《投资基金议定书》和《金融事务议定书》等。通过设立投资基金,统筹建设资金,调整和改善中央银行的机制以及设立南方共同市场银行机制,加强金融方面的合作。(7) 协调贸易政策,促进商品物资流通,如《扩大贸易议定书》和《部分领域经济互补协定》等,有效地促进成员国之间的贸易发展。

所有这些协定标志着一体化合作计划的阶段性和规模,它具有渐进性、灵活性、选择性和平衡性的特点,各国可根据各自实际情况,来决定参加哪些部门协定。总的来说,各成员国为实行地区合作都在认真执行已签署的部门协定,有的协定取得了较大的进展,如地区内部的贸易发展迅速,在通信和海陆运输一体化方面已迈出重要一步。巴西和阿根廷成立了生物工程联合研究中心。在航空工业、黑色冶金以及汽车工业方面进行合作生产。在海关事务方面,就共同控制海关关税和运输费用的标准达成一致意见。在冶金、石油、纺织、水泥和计算机软件等方面,就有关的工业技术标准达成了一致。有的协定则进展不大,如有关协调财政和货币政策的协定、有关原产地规则方面的协定等。

(三) 近几年的新进展

自1995年1月1日南方共同市场正式运行以来,四个成员国之间的关税和非关税壁垒已经基本取消,绝大部分商品和劳务实现自由流通。与此同时,关税同盟已经启动,85%的产品实行对外统一关税,平均对外税率为14%。共同关税以外的产品税和地区间贸易全部自由化将在今后12年内实现。这样就为完全实现关税同盟,并为共同市场的形成开辟了道路。为把一体化进程继续推向前进,南方共同市场决定从两个方面加紧开展工作:(1) 加强自身建设,把合作从贸易扩大到基础设施、社会、文化等领域;(2) 把地理范围扩大到整个南美洲地区,并建议同中美洲和加勒比地区实现一体化。

在加强自身建设方面,由于各成员国经济发展水平不同,经济实力各异,在自由贸易协议实施后,有些产品降低了关税,市场竞争变得更加激烈;有的成员国单方面采取措施,限制进口,或提高某种产品关税,保护民族工业和本国市场不受冲击,因此,各成员国之间各种矛盾和摩擦时有发生。为此,南方共同市场成立了6个决策、执行和咨询机构,力求促进关税同盟正常运转。各成员国本着共同发展和着眼未来的精神，通过各种渠道进行紧急磋商，寻求相对合理的解决办法，制订了解决各项难题的时间表，规定最迟于2000年以前，解决在内部关税和共同对外关税等方面悬而未决的问题。1996年12月，共同市场理事会决定，采纳世界贸易组织关于执行卫生和植物保护措施的协定，作为成员国执行类似措施的协调框架。1997年6月，在亚松森举行的南方共同市场第12届首脑会议指出："南方共同市场的巩固，涉及竞争力和政府间贸易的劳务和其他政策等诸多问题"。会议主要探讨如何加强现行关税同盟、消除内部贸易障碍等问题，使南方共同市场发展壮大，并做出决议，要求消除尚存的妨害贸易自由化的障碍。会议重申，决心完善关税同盟和共同贸易政策，以加强该集团的统一性；各成员国恪守诺言，使一体化进程向前发展。巴西和阿根廷两个大国，在各项有关问题上协调立场，取得共识，对集团的巩固和发展起着积极推动和核心作用。正如哥伦比亚大学教授道格拉斯·查莫斯所说，"南方共同市场已是一个结构完善且成绩卓著的组织，任何力量都不能阻碍它前进的步伐"。[①]

与此同时，南方共同市场已不能满足成员国之间的一般性贸易往来，力图从方便、广泛、更深层次的经济和社会角度将一体化引向深入。1996年11月，第11届首脑会议签署了10项文件，主要目的在于加强基础设施建设和社会领域服务的配套。会议批准了维护商品自由竞争议定书，对市场扩大后所面临的不正当竞争行为做出了限制，批准了保障消费者权益的补充协定。会议决定建立一个地区发展银行，为各成员国的企业提供信贷服务。会议还通过了建立"小地区间航空服务"的议定书，规定南方共同市场四个成员国和两个合作国（智利和玻利维亚）将在各自内地城市建立29个小型飞机场，开辟60条新航线，直接沟通六国边远地区的经贸联系，从而达到进一步加强经济一体化的目的。

随着南方共同市场的巩固，1993年10月，巴西总统佛朗哥在里约集团会议上提出了在南方共同市场的基础上建立南美洲自由贸易区的设想。1994年9月，南方共同市场首脑会议就反复强调该组织的开放性，力邀南美洲其他国家加入共同市场，以便形成以它为核心的南美洲自由贸易区。1995年6月，四国经济首脑会议讨论了南方共同市场的发展方向问

---

① ［墨西哥］《至上报》1998年11月26日。

题，确定了立足南美，关注全球的立场。1996年4月，巴西总统卡多佐访问阿根廷，双方进一步协调立场，力求推动南方共同市场的发展。两国认为，南美洲国家只有加强合作，不断巩固和发展区域性一体化组织，形成以南方共同市场为首的南美洲集团，才能显示出自己的力量，使其在尽可能有利的情况下与北方巨人（美国）谈判。因此，阿、巴两国始终积极欢迎拉美其他国家加强与南方共同市场的联系。1996年6月，智利同南方共同市场签署了建立自由贸易区的协议，并于10月1日正式生效。根据协议，智利同南方共同市场在8—15年间逐步降低关税，2011年实现自由贸易。这将增强南方共同市场的经济实力，增强与美国的谈判能力和对外资的吸引力，有利于同亚太地区国家的接触和联系。1996年12月，玻利维亚同南方共同市场签署了自由贸易协定，协定于1997年1月1日生效。协定规定双方免除部分商品的关税，其他出口商品将在10—18年内逐步免税，最迟于2015年实现自由贸易。另外，1997年8月，南方共同市场与安第斯集团其他成员国的自由贸易谈判也已开始。1998年4月，南方共同市场与安第斯共同体国家签署了自由贸易框架协议，决定从2000年起逐步取消他们之间一切关税壁垒，建成南美洲自由贸易区。此外，1995年12月，南方共同市场与欧洲联盟签署了"地区间合作的框架协议"，旨在加强两大集团在各个领域的合作，并提出在2005年建成世界上最大的跨洲自由贸易区。1999年6月，欧盟15国、南方共同市场四国和智利（称20国集团）在第一次欧盟与拉美和加勒比地区国家首脑会议期间发表联合公报，承诺在2001年7月开始谈判，于2005年前实现贸易自由化，从而与美国和拉美国家于2005年建立美洲自由贸易区同步发展。

  近几年来，南方共同市场已取得显著成绩。首先，成员国之间的贸易额从1991年的46亿美元增加到1997年的201亿美元，每年以22%的速度增长，在短短的几年间增长了3.4倍，相互贸易在成员国总的对外贸易中所占比重从8.9%上升到22.3%。贸易增长也促进了相互之间的投资。而企业之间的联合，共同计划以及地区内的私人直接投资使这些国家间的生产形成了网络。贸易和投资的增长促进了经济发展，自1990年起，四国的国内生产总值年平均增长率为3.5%，人均收入达5000美元，通货膨胀得到控制。其次，这些国家的公共管理水平也发生了明显的变化。南方共同市场实行了长期的咨询和合作进程，其中包括国家元首最高层的和国家行政管理高、中层次的经常接触，有利于各成员国的经济政策的协调和发展。目前，尽管还有一些领域，如关税法、非价格障碍、竞争条件、劳工和税收制度等尚未协调好，但是，谈判正在进行，有关各方正在努力实现预期的目标。最后，南方共同市场已经承担起了成员国外交的职责。从这种意义上说，它同其他经济组织（如北美洲自由贸易区和欧洲联盟）的任何联合都是以集团形式进行谈判，而不是以单个国家的形式。这一切表明，经过近十年的发展，南方共同市场在拉丁美洲和国际舞台上已成为比较成熟的一体化组织和地区经济集团。

二　安第斯共同体

20世纪90年代，安第斯集团通过改革，克服了内部分歧，朝着共同体的目标前进。自1990年签署《拉巴斯纪要》以来，安第斯集团进一步加快经济一体化的步伐，除秘鲁的一些产品外，各成员国的商品基本都已互免关税。1994年5月，在安第斯集团成立25周年之际，五个成员国达成协议，一致通过共同对外关税条例，按产品加工程度，把地区外的进口关税划分为4级：即5%、10%、15%和20%。还有一小部分产品免收关税。另外，对经济相对不发达的玻利维亚和厄瓜多尔保留600种例外产品。同年11月，安第斯集团成员国在厄瓜多尔的基多签署了《共同对外关税协定》。1995年2月1日，该协定正式生效，安第斯关税同盟宣告成立。《共同对外关税协定》规定，对安第斯集团各国90%的进口产品实行共同对外关税：即对原料进口征收5%的关税，对半制成品进口征收10%—15%的关税，对制成品进口征收20%的关税；其余10%的进口产品的关税在今后4年内逐步统一，以便在21世纪到来的时候形成一个完整的共同对外关税。协定还规定，批准玻利维亚实行特殊的做法，即可在共同对外关税基础上浮动5%—15%；允许哥伦比亚、厄瓜多尔和委内瑞拉有特殊的进口产品关税清单。其中，厄瓜多尔的特殊清单包括400种产品，哥伦比亚和委内瑞拉则是230种。这三个国家可以在4年内对这些商品实行它们认为适当的关税，但每年必须减少50种商品。秘鲁则从1995年6月开始全面执行共同对外关税。哥伦比亚外贸部长指出："共同对外关税协定的达成在安第斯集团历史上是一件根本性的大事，它是振兴经济的一个极为重要的内部进程。"

1995年9月，安第斯集团总统理事会第7次会议签署了《基多纪要》，决定对安第斯集团进行改组。会议建议，将安第斯集团改名为安第斯一体化体系，对卡塔赫纳协定执行委员会进行改组，通过改革，深化安第斯一体化进程。《基多纪要》提出，小地区一体化是拉美国家加快经济和社会发展的主要途径，总的目标是深化安第斯一体化进程，使经济改革有利于持续发展，有利于采取有效的社会政策来提高生活质量。1996年3月，安第斯第8次总统理事会决定"增加一体化进程的政治分量"，在机构的决策中，采取绝对多数制，通过了《卡塔赫纳协定修改议定书》，批准安第斯集团的机构改革，安第斯集团改名为安第斯一体化体系。另外，设立总秘书处，替代原来的卡塔赫纳协定执行委员会。

根据1997年1月在玻利维亚苏克雷举行的第9次安第斯总统理事会的决定，将安第斯一体化体系易名为安第斯共同体（简称安共体）。1997年8月1日，安第斯共同体总秘书长、委内瑞拉经济学家塞瓦斯蒂安·阿莱格雷宣誓就职，行使执行权和政治动议权。同时，设立安第斯共同体委员会，取代过去的卡塔赫纳协定委员会，由五个成员国的外贸部长或一体化部长组成，拥有政治自主权。

经过改组，安第斯共同体的组织机构有：（1）总统理事会，为最高决策机构，由各成员国总统组成，每年举行一次会议。（2）外长理事会，由各成员国外交部部长组成，其职能是负责同第三国或国际机构签署合作协议或其他协议，负责协调成员国的对外关系，选举总秘书长。每年至少举行两次会议。（3）安共体委员会，由各成员国的外贸部长或一体化部长组成，其职能是同外长理事会一同负责制定一体化政策，采取必要措施实施协定所规定的目标，协调和监督政策的落实。履行本协定和《蒙得维的亚条约》规定的义务。（4）总秘书处，是安共体执行机构，替代原来的卡塔赫纳协定执行委员会，其职权是行使执行权和政治动议权，进一步推动一体化发展。

安第斯集团虽然通过内部改组，增强了活力，推进了成员国的经济发展，但是，仍面临不少问题。由于内部错综复杂的利害关系未能得到妥善解决，各成员国对一体化的热情受到一定的影响；另外，由于决策机构由卡塔赫纳协定委员会升级到总统理事会，该集团陷入议而不决的境地，没能采取有效措施推进经济一体化。此外，还一度出现秘鲁"退出"安第斯组织的风波，这也严重影响安第斯地区一体化。

秘鲁和安第斯条约其他成员国在共同对外关税等问题上存在着分歧。

秘鲁在安第斯组织内一直处于若即若离的状态。1992年4月，秘鲁政局发生变化，秘、委两国断交，秘鲁宣布中止对伙伴国履行义务，致使安第斯集团一度陷于瘫痪状态。自1995年2月起秘鲁不参加共同对外关税。但是，秘鲁与其他成员国之间有双边协定。他同玻利维亚的贸易100%是零关税，同厄瓜多尔、哥伦比亚和委内瑞拉的贸易的30%是零关税。秘鲁征收的对外关税有两种：97%的产品的税率为12%，其余3%产品的税率为20%。1996年1月，秘鲁宣布全面加入安共体承担成员国的所有的义务。但是秘鲁与其他成员国的矛盾并未完全解决。安第斯集团的共同对外关税为5%、10%、15%和20%，特殊关税是0%和35%。秘鲁政府认为，秘鲁实行没有限制的自由市场经济，比其他成员国更加开放，而安第斯集团其他成员国则继续实行保护主义政策，国家对生产部门实行直接和间接的补贴。秘鲁总统藤森主张取消对外贸的补贴，加强透明度，其他成员国应向秘鲁看齐。而其他成员国则压秘鲁修改关税，向他们看齐。1997年2月，藤森总统表示，如果安第斯共同体其他成员国在关税方面不作让步，秘鲁将脱离安共体，加入南方共同市场。4月11日在圣菲波哥大举行的一次政府代表会议上，秘鲁于1997年提出的关税共同条例方案未获其他与会代表认可，使秘鲁退出安第斯集团的事态明朗化。尽管1997年1月，安第斯共同体外长会议提出，秘鲁应在45天之内做出是否返回安共体的决定，藤森总统也于4月宣布退出安共体，但是，秘鲁并未正式退出，因此存在着最后达成妥协的可能性。之后，安共体四个成员国与秘鲁进行反复磋商，并在6月举行的基多会议上，双方都做了让步。安共体其他成员国同意秘鲁的要求，将共同体削减关税的计划推迟到2005年实施；同意秘鲁暂不加入关税同盟，继续实行其对非成员国进口商品征收13%的关税税率；对秘鲁关心的原产地规则和其他一些具体问题，其他成员国同意将就修订方式进行讨论，秘鲁则做出"良好意愿的姿态"，将立即削减从其他成员国进口的2400种商品的10%—20%的关税，只对本国某些石油产品继续保护到2005年。7月31日，安同体在利马举行外贸部长会议，根据秘鲁政府的要求，通过了允许它重返共同体的7项决议，允许给秘鲁新的时间表，以便其能适应安第斯共同体的共同对外关税，并将哥伦比亚和委内瑞拉的药品进入秘鲁市场的关税确定为12%。

综观安第斯条约组织的发展可以看出，虽然安第斯国家存在着历史遗留的边界纠纷，各国的经济发展水平存在差异，各国的体制和执行的政策不尽相同，在一体化进程中遇到这样或那样的问题和困难，但是，他们能够坚持协商，克服分歧，继续前进。秘鲁重返安第斯共同体证明了这一点。秘鲁的重返和安第斯共同体的正式启动，标志着安第斯国家克服了内部的分歧，安第斯一体化进程进入一个新的阶段。

实现自由贸易之后，安第斯共同体各成员国之间的贸易额从1990年的13亿美元增加到1997年的55亿美元，增长了3倍多。贸易交往的增加带动了各国之间的相互投资。为加速安第斯国家的一体化进程，1998年4月5日，安第斯共同体第10次总统理事会签署的《瓜亚基尔纪要》强调要调整机制，促进开放，深化和扩大安第斯共同体的一体化进程，以迎接经济全球化的挑战。该文件指出，为了建设安第斯共同市场，将于7月底之前确定完善和深化小地区一体化进程的基础，包括具体建议和实施的日程表。各国将讨论服务贸易问题，包括交通、保险服务、职业服务和咨询等，争取到2000年实现各成员国之间的服务自由流动，至迟在2005年建立自由流动的服务市场，建立完整的共同市场。按照五国总统的指示，各成员国的有关部门还将研究在移民、反毒、教育、文化、卫生、劳工等方面的问题，以便采取共同行动。元首们同时要求各国的企业界和工会组织，为加速一体化合作做出努力。总之，通过这次会议，安第斯共同体国家将在经济、政治、社会、文化、公民参与等方面全方位地加强地区一体化进程，将一体化扩展到经济和贸易以外的其他领域，以提高各国人民的生活水平和生活质量。

三　中美洲共同市场

20世纪90年代，中美洲各国在继续巩固民主与和平的同时，进一步加快一体化进程。1990年6月，第8次中美洲国家首脑会议在危地马拉召开，集中讨论加速地区经济一体化和恢复共同市场两大问题。1993年4月，中美洲各国总统在第14次首脑会议上签署了《中美洲经济一体化总条约》，以法律形式确定了中美洲一体化进程，包括建立中美洲自由贸易区，实现中美洲国家海关联合，金融货币统一等问题。1995年8月16日，该条约正式生效，这标志着中美洲一体化取得重大进展。与此同时，中美洲各国还在政治、法律方面加强协调，统一立场，增强与外界谈判的能力。经过长期的努力，中美洲国家于1995年就统一关税达成了协议，根据协议，1996年中美洲各国将对6000种商品实行统一进口关税，其中制成品的关税从20%降到15%，原料关税从5%降为零。同时，为促进本地区的贸易，中美洲各国就开放边界，简化海关手续，打击走私等问题达成共识，这为中美洲建立共同市场创造了条件。另外，1995年3月30日，中美洲国家总统在圣萨尔瓦多城签署了《中美洲社会一体化条约》，他们认为，解决社会问题是中美洲发展战略的重要组成部分，必须建立法律框架，保证该地区人民生活质量得到改善，使他们生活在公平、公正和发展的社会中。同年6月，哥斯达黎加终于做出决定，完全加入中美洲一体化进程。

中美洲地区旅游资源丰富。为了发展旅游事业，1996年5月，中美洲各国总统聚会尼加拉瓜的蒙特利马尔，签署了《发展地区旅游行动纲领》，就吸引外资、改善旅游基础设施、统一旅游政策和立法、培养专业人员等方面制订出具体措施，希望把旅游业作为本地区经济发展的突破口，使之成为中美洲主要的外汇来源之一。面对能源短缺严重制约本地区经济发展的情况，中美洲各国领导人决定从1997年开始耗资4亿美元，建设一条北起危地马拉，南至巴拿马的高压输电线，2000年中美洲地区实现联网供电。1997年7月，中美洲6国总统在巴拿马举行第19次首脑会议，与会各国首脑就加强中美洲一体化体系的制度改革达成共识，签署了《巴拿马声明》。声明指出，为了达成自由贸易协定，必须使双边的机构实现现代化，调整有关的人力、技术和财力资源，使之适应世界经济的现实。各国还决定改组中美洲一体化体系的32个机构，成立统一秘书处，制订所有地区性组织的秘书章程，强化中美洲议会和中美洲法院的功能，推动地区一体化发展。会议决定，将就中美洲共同市场五个成员国与准成员国巴拿马之间签署一项建立自由贸易区协定的问题开始谈判。另外，会议积极研究该地区加入美洲自由贸易区的准备情况，讨论了本地区各国加入美洲自由贸易区应采取的政策、策略和措施。同年9月，中美洲国家元首特别会议决定建立中美洲联盟，加快政治、经济、社会一体化进程。会议发表了《尼加拉瓜声明》，强调中美洲一体化体系的行政和司法改革的重要性。正如危地马拉总统阿尔瓦罗·阿尔萨所说："尽管这是一个中美洲联盟，但是，它更是一个旨在扩大经济、政治和社会一体化的独立国家的联合体。"①

　　中美洲共同市场的主要决策机构是国家首脑会议和共同市场理事会。国家首脑会议主要是提出共同政策，并按照一致同意的原则做出决定。共同市场理事会的主要职责是解决成员国之间的分歧。两个机构由各种部门委员会协助工作，这些部门委员会包括：健康、教育、劳工、外事、金融、农业、工业、交通、能源、矿业和自然资源，以及科学技术。中美洲共同市场秘书处则负责处理日常行政事务。

　　在加快地区一体化的同时，中美洲共同市场作为一个整体，开展了活跃的外交活动。1996年，中美洲各国总统先后与墨西哥、加拿大、德国、智利、日本、韩国领导人举行了会谈，扩大了中美洲与这些国家的经贸合作，增强了自己的对外谈判能力。中美洲国家积极加强同墨西哥的合作。1996年2月15—16日，中美洲7国和墨西哥在哥斯达黎加首都圣何塞举行首脑会议，寻求建立特殊联盟。八国领导人就进一步加强彼此之间的合作，促进共同发展等重大问题进行了讨论，并达成共识，签署了《共同声明》和《行动计划》。《共同声明》指出，在本地区国家间建立"特殊联盟"关系，是八国领导人根据世界和本地区的新形势，为进一步密切彼此间的合作而提出的新的合作目标，在政治领域，各国对涉及共同利益的事务协商一致，加强本地区在国际社会中的地位；在经济领域，各国建立和加强贸易和投资，密切科技、教育、文化等方面的合作，把中美洲建成一个和平、稳定、民主、发展的地区。会议建立了地区对话和协商机制，希望通过这一机制，八国能够就共同感兴趣的地区、西半球以及世界事务进行定期磋商，协调八国在多选机构中的立场。会议决定，八国每年举行一次外长级会议和一次高级别的专门委员会会议，每两年举行一次首脑会议，评估本地区国家间签署的协议，特别是本地区国家的合作，促进共同发展。其次，会议决定加快建立自由贸易区的谈判，确定先由中美洲各国分别同墨西哥签订双边自由贸易协定，待这些谈判完成后，中美洲国家再同墨西哥开始建立自由贸易区的谈判。总之，中美洲国家在经历了10年的政治不稳定之后，正积极寻求通过小地区和拉美地区一体化，促进自身的经济发展。

---

① 埃菲社马那瓜1997年9月2日西文电。

四 加勒比共同体和共同市场

加勒比共同市场由该地区15个成员国组成。由于这一地区都是一些经济落后的小国，经济互补性较差，一体化的实际效益较差。20世纪90年代以来，随着拉美和加勒比地区形势的变化，加勒比地区的经济合作渐趋活跃。1990年8月，在牙买加首都金斯敦举行的第11次加勒比共同体首脑会议上决定，从1991年年中起，取消区内所有的贸易限制，分批实施对外共同关税，降低本地区不能生产的产品的进口关税。

加勒比共同体根据1989年发表的《格朗当斯宣言》的决定，应于1993年7月建立加勒比共同市场。然而，在落实过程中遇到了障碍。各国政府开展了一系列旨在加强加勒比共同体和一体化活动，重新确定实现一体化的手段和机制，使之与新的国际现实协调一致。

1995年7月5日，加勒比共同体在乔治敦举行第16次首脑会议，接收苏里南作为第14个成员国，加入加勒比共同体。这次会议主要研究建立共同市场的可能性，并为加强本地区共同市场采取了重要步骤。在关税方面，决定把统一的对外关税由35%降至30%，到1997年再降到20%，最迟在1997年建成加勒比共同市场。1997年2月，加勒比共同体14国领导人举行会议，签署了一项通过一个合法手段来开展一体化的议定书，决定将把创造一种有益的投资环境和建立一个有效的证券市场作为首要任务。同年6月，海地被接纳为加勒比共同体的第15个成员国。1997年7月，加勒比共同体政府首脑会议在巴巴多斯首都举行第17届年会，讨论如何巩固该地区共同市场等问题。会议签署了允许人员和企业在该地区自由流动的议定书，以便于1999年开始创建统一市场。

建立于1993年的加勒比论坛，于1998年8月21—22日在多米尼加共和国首都圣多明各召开特别会议。参加会议的有加勒比共同体15个成员国和多米尼加共和国的国家元首和外长。古巴国务委员会主席卡斯特罗作为观察员出席了会议。会议的中心议题是加勒比国家如何面对世界经济全球化和地区集团化带来的新的挑战。会议就加强加勒比国家经济一体化，第4个洛美协定到期后与欧盟的经贸关系，加勒比国家在美洲自由贸易区谈判中的地位等问题交换了意见，并达成广泛的共识。在会议上，多米尼加共和国与加勒比共同体签署了自由贸易协定。协定规定：实行贸易自由化，取消非关税壁垒，建立原产地规则制度，进行海关合作，逐步实行劳务贸易和资本流动方面的自由化，对旨在加强竞争的投资进行保护，等等。与会代表还表示，在香蕉出口以及纺织品出口等方面加强合作，共同面对国际市场的竞争。加勒比论坛强调，努力与中美洲地区签署一项贸易协定，建立"战略联盟"，以跨地区集团的身份参加美洲自由贸易区的谈判，协调小国间的谈判立场，加强谈判地位，促进美洲自由贸易区给予小国以特殊待遇。加勒比论坛特别会议最后发表的《圣多明各文件》正式邀请古巴加入论坛，作为其正式成员参加关于洛美协定的谈判。此外，参加特别会议的各国首脑和政府首脑，还审议了加勒比论坛向欧洲联盟和拉美国家于1999年5月在里约热内卢召开的首脑会议提交的地区建议。

总之，这次会议使加勒比国家在地区合作方面取得新的进展，它表明，加勒比地区的一体化正在形成一个超越意识形态的鸿沟、几乎囊括了整个地区包括英语、法语和西班牙语国家的可喜局面。这些国家所面临的严峻挑战和共同问题，将进一步推动加勒比地区一体化的深入发展。

为了进一步扩大整个加勒比地区的经济和政治合作，1993年6月，在巴拿马举行的第14次加勒比共同体首脑会议一致决定，以加勒比共同体为核心，建立包括加勒比流域所有国家的加勒比国家联盟。1994年7月24日，加勒比国家联盟在哥伦比亚卡塔赫纳建立，它由25个独立国家和12个尚未独立的地区组成，包括了加勒比海流域所有国家和地区，是一个兼容其他地区一体化组织成员的广泛进行协商、咨询与合作的组织。它拥有500多万平方公里的面积，人口超过2亿，年国内生产总值5000多亿美元，对外贸易额1800亿美元，其重要性仅次于欧洲联盟、北美自由贸易协定和亚洲集团。加勒比国家联盟的宗旨是：加强成员国之间的合作，维护它们在国际社会中的利益，促进本地区经济和社会的发展。它的基本目标是：实现经济一体化、贸易和投资的开放，同时确定在国际活动中的一致立场，最终建立一个广大的自由贸易区。

1995年8月，加勒比国家联盟第1次首脑会议在特立尼达和多巴哥首都西班牙港举行，各国领导人就实现上述宗旨和目标应遵循的原则和今后将要采取的具体行动进行了讨论，并签署了《原则声明》和《行动计划》两个文件。会议一致同意加强成员国之间的合作，推动地区一体化进程。会议签署了两个文件，为今后成员国之间更好地开展合作，推动地区一体化进程奠定了坚实的基础。与会领导人称这次会议使加勒比地区开始了一个发展的"新纪元"。

　　会议通过的《原则声明》指出，世界经济区域集团化、贸易自由化以及对资金和市场日益激烈的竞争，向加勒比国家提出了挑战，给加勒比地区国家造成巨大的压力。加勒比国家之间开展合作，是应付这种挑战的最好方式。《原则声明》规定，推进地区一体化进程"必须尊重成员国的主权和领土完整，尊重它们的人民的自决权，尊重法制，尊重民主权利，尊重人权，和平解决争端"。国际舆论认为，这是一个十分重要而且有针对性的决定，它不仅是指导加勒比国家联盟成员国合作和走向一体化的根本原则，而且提醒美国，在今后建立西半球自由贸易区的过程中，要尊重这些国家的意愿，考虑它们的利益。

　　这次首脑会议把旅游、贸易、交通确定为该地区现阶段优先发展的合作项目，并制订了具体行动计划。这是加勒比各国根据该地区经济发展的实际情况做出的选择。旅游、贸易和交通是目前加勒比各国的基本经济部门，这3个部门的发展将带动其他经济部门的发展，并为今后该地区各国发展其他方面的合作奠定基础。根据会议通过的《行动计划》，加勒比各国将设立地区旅游发展基金，完善地区旅游基础设施，设立加勒比地区旅游教育、培训理事会，实现旅游教育、培训、调研计划，提高旅游从业人员素质，改善服务，从而提高地区旅游业的竞争力，吸引更多的游客。《行动计划》还要求在发展旅游业的同时，重视环境保护。为此，会议表示支持宣布加勒比为"绿色区"的建议，并准备邀请本地区和地区外有关部门和组织，制订和实施有关计划。旅游业的发展将促进地区商品贸易及相关服务业的发展。《行动计划》要求扩大地区各国间的贸易交流，开辟新的市场和机会，提高地区在世界贸易中的份额和竞争力。会议指示加勒比国家联盟秘书处，制定具体办法实现这些目标。在此次会议上，委内瑞拉的西蒙·英利纳当选为该联盟的首任秘书长。

　　为进一步落实加勒比国家联盟第1次首脑会议精神，部长理事会就建成贸易集团，设立特别基金，推进一体化进程等问题举行过几次会议。1997年11月，在哥伦比亚的卡塔赫纳举行部长理事会会议通过的建立可持续发展旅游区计划，目的是谋求进行政府、国有和私人机构间所需的协调以增强旅游区的需求。该计划的主导思想是：确定加勒比国家联盟旅游区的特色，使之具有吸引力，旅游区联手经营，从而减少费用，使经济小国获得最大盈利，使之成为世界上第一个可持续发展的旅游区。另外，会议还决定，尽快建立自由贸易区，使之成为有影响的地区集团。

随着新千年的到来，面对经济全球化的形势，1999年3月，拉美经济体系刊物《拉美和加勒比一体化公报》主张加勒比国家联盟实行贸易自由化，并认为联盟内部实行贸易自由化，可以推动许多成员国进行经济改革，提高各国的竞争力，鼓励和扩大出口，同时，将使国际投资者增加对大加勒比地区的兴趣，增强该地区在国际贸易谈判中的政治分量。1999年4月，加勒比国家联盟在多米尼加共和国首都圣多明各举行第2次首脑会议，签署了一项面向21世纪的原则与意向声明，即《圣多明各声明》，强调要加强环加勒比地区国家的合作，进一步发挥加勒比国家联盟的作用。会议针对联盟面临的问题，亚洲、俄罗斯金融危机使本地区出口收入大幅度下降的形势，着重讨论了该地区国家间实行优惠关税，增进贸易往来，克服香蕉贸易分歧和发展旅游业等问题，以稳定和发展地区经济，逐步实现地区一体化。另外，会议就关于该地区联合行动、推动一体化问题进行了讨论。加勒比国家联盟重申了"以世界贸易组织的原则为基础，共同致力于加强有利于贸易和投资的广阔的经济空间的承诺"。为此，将继续"推动有利于加强地区内贸易和投资的一体化与合作措施"，各成员国"将根据优惠程度不同，继续推动贸易和优惠税率协定"。《圣多明各声明》指出，旅游是加勒比国家联盟应该进一步促进发展的部门。会议还决定建立12个部门，协调和处理旅游、贸易、运输、环境、自然灾害、科技、通信、卫生、教育、文化、特别基金和机构管理等事务。

第二次加勒比国家联盟首脑会议虽未能解决该联盟现存的问题，但作为论坛，它对促进该地区的经济发展和推动一体化进程具有重要意义，而且使联盟成为联系拉美地区其他国家的有力工具，对实现整个拉美地区一体化起到了积极作用。

除了上述组织之外，拉美一体化协会作为整个拉美地区经济一体化的协调和指导机构仍然发挥重要的作用。1995年8月，拉美一体化协会部长理事会重申，该协会的基本职能是为次地区一体化组织和双边协定提供保护，为双边和多边贸易提供方便和咨询。到1996年，拉美一体化协会共签署了55项双边自由贸易协议，其中有31项做出承诺，所涉及的贸易占拉美地区贸易总额的75%。据估计，1997年该协会做出承诺的自由贸易协议达到 47 项，所涉及的贸易额占整个拉美地区贸易额的 92%。[①]
1998 年 11 月，拉美一体化协会部长理事会决定，吸收古巴为该组织正式成员，这在拉美一体化发展进程中具有重大意义。

（原载宋晓平等《西半球区域经济一体化研究》，世界知识出版社 2001 年版）

[①] ［阿根廷］《民族报》1997 年 2 月 28 日。

拉美经济一体化的新特点和发展趋势

一 当前拉美地区一体化的新特点

20世纪90年代，拉美地区经济一体化运动进入一个新的发展阶段，呈现出许多不同于过去的新特点。

（一）政策的务实性

经历了80年代严重的经济危机之后，在经济全球化和区域集团化的新形势下，联合国拉美经委会、拉美经济体系、里约集团和拉美一体化协会等区域性组织不断举行各种会议，总结经验教训，寻求摆脱危机、重新恢复增长的新模式。"为避免90年代成为另一个失去的10年，拉丁美洲必须有效地加强地区一体化进程，依靠集体力量，发展各国经济"。这是1990年5月召开的联合国拉美经委会第23届部长理事会上各国代表的共同呼吁。拉美国家本着面对现实，加强磋商，求同存异，迎接挑战的务实精神，取得对一体化运动的共识。他们提出，在当前国际经济全球化和区域经济集团化趋势加快的情况下，拉丁美洲国家只有积极推进地区一体化运动，才能在世界经济的新格局中避免孤立；面对拉美各国面临的经济困难，只有加强拉丁美洲国家相互援助的能力，才能走出困境。为避免在世界格局变化过程中被"边缘化"，拉美国家在总结过去30年经济一体化经验和教训的基础上认识到，经济一体化并不像一些人在50年代所想象的那么简单，而是要做许许多多踏踏实实的实际工作。

正是在强烈的危机感和紧迫感的推动下，拉美各国首脑开始从地区和各国的实际情况出发，以迎接挑战的务实精神，指导和部署经济一体化行动。在考虑一体化的规模时，拉美国家改变了过去那种只追求整个地区全面一体化的模式，更注重与发展水平相似或利益相一致的、有较大经济互补性的国家达成双边或小地区协议。在经济一体化的形式方面，各国改变了过去追求一体化程度越高越好的观念，而是从实际出发，把自由贸易区作为主要的形式，在自由贸易区的基础上，再根据具体情况逐步建立关税同盟，从而使地区一体化进程出现了良好势头。在确定一体化的具体目标上，拉美国家不再像过去那样提出一些超越各国的实际能力的包罗万象的庞大计划，而是根据当前国际、国内形势和各国的特点以及地区的发展方向，提出短期的奋斗目标，确定最急需合作的发展部门和项目，从而使一体化真正与促进各国经济发展联系起来。在实现目标所采取的措施和步骤上，也不像过去那样，简单地模仿欧洲一体化的做法，急于求成，脱离实际，而是从实际出发，采取循序渐进的方式，充分考虑到合作各方的不同情况和实力差异，以实事求是的态度和相当的耐心，反复磋商，区别对待，给经济有困难和相对落后的国家提供优惠和照顾，切实制定和落实实现一体化目标的各个阶段的具体措施。在合作机制方面，更侧重于建立成员国之间逐步地、自动地降低关税和非关税限制，协调宏观经济政策和部门政策，采取灵活、实用的经济合作机制，利用地区市场潜力来扩大需求，增加进口，进而带动各国的产业结构调整和生产专门化。通过地区市场促进制成品出口，实现参与国际大市场的目标。这一切表明，拉美国家已从过去缺乏效益、热衷形式的旧的一体化模式中走了出来，采取务实的态度，切实可行的措施，推动地区经济一体化的发展。

（二）战略的开放性

如前所述，拉美地区先前的一体化是在各国普遍采取进口替代工业化发展战略的框架内设计的，地区一体化的中心目标是试图以地区市场来弥补国内市场的不足，解决各国实施进口替代工业化战略所面临的困难。

80年代以来，面对世界经济全球化和区域集团化的大趋势，拉美国家相继向外部世界打开了大门，推行新的经济发展模式。拉美各国政府实行的贸易开放政策，改变了过去妨碍拉美发展的保护主义做法，全地区出现贸易自由化趋向，给各国间开展地区一体化合作创造了极为有利的条件，为地区一体化重振带来新的生机。拉美地区经济一体化模式发生战略性转变，由过去以内向型进口替代经济发展为基础的"封闭型一体化"模式转变为与出口导向的经济发展相适应的"开放型一体化"模式。拉美国家把积极参与国际经济作为经济一体化的重要内容，经济一体化成为拉美国家与国际经济接轨的重要机制和手段。拉美国家实行开放的地区主义的基本动机，是使对外部世界（主要指美国、日本和欧盟等国家）的低保护同拉美国家之间在双边、多边和小地区协议中的优惠安排协调起来，并融合在一起。它们逐步降低本国关税的总体水平，在一体化发展过程中则表现为集团内不断接收新成员加入，并与发达国家和国家集团建立合作关系。拉美的一体化组织实行的开放是全方位的开放，首先是要求成员国对内开放，减少经济交往中的区域内障碍，然后是对区域外开放。当前拉丁美洲地区一体化运动，不是设置针对第三国的更高关税，而是走向更大程度的自由贸易，拉美所需要的是确保其走上一条通向发展之路的国际参与。这就要求做出新的政治选择、安全选择和经济改造的选择。拉丁美洲各国政府选择的发展道路是一条面向世界，而不是仅仅限于地区市场的发展道路，他们建立的自由贸易区不是一种封闭集团，而是为了加强同世界各国和国家集团的经济合作，参与国际竞争。他们把地区一体化进程作为扩大地区内相互贸易，促进本国经济参与国际竞争的手段。联合国拉美经委会提出的"开放的地区主义"指导思想，要求拉丁美洲国家在国际参与方式上，由过去的依附性参与转变为积极参与。拉丁美洲国家的"开放型一体化战略意味着必须提高生产效率和技术水平，并加强金融机制和谈判能力"，[①] 从而使拉美国家在贸易和生产两个方面逐步与国际市场接轨，实现拉美国家重新参与国际经济和加快现代化的总目标。

（三）合作的广泛性

众所周知，80年代以前拉美一体化之所以发展缓慢，原因之一是该地区一些大国态度不积极，缺乏社会各阶层的广泛参与，一体化仅局限于政府代表的活动，几乎没有任何产业部门代表参与。企业家们仅仅在这一进程的周边活动，而劳动者与此根本不沾边。[②] 自80年代中期起，拉美各国政府在解决全地区的共同问题方面，加强了相互之间的广泛合作。联合自强，团结反霸，成为拉美各国对外政策的一个突出特点。拉美国家元

---

① 卡洛斯·马萨德：《拉美一体化新战略》，载《拉美经委会评论》1989年第37期。
② ［巴西］索尼娅·德卡马戈：《前途未卜的巴西阿根廷一体化》，载《国际杂志》1989年1—6月号。

首频繁会晤，各国政府积极相互磋商，寻求政治团结和经济合作。增强拉美各国之间的团结是一体化运动顺利发展的重要保障。拉美一体化协会，拉美经济体系，拉美议会，拉美能源组织，拉普拉塔河流域组织，安第斯集团，亚马孙合作条约组织，中美洲共同市场，以及其他许多组织的积极活动也有力地促进了地区一体化进程。首先，拉美一些主要国家的政府主动将昔日的领土争端和意识形态分歧搁置一边，积极协调，加强合作。1986年6月，阿根廷和巴西签署一体化协议，结束了数百年的敌对状态。1991年8月，阿根廷和智利两国总统签署边境协议，结束了长达180年的边界争端，并建立了常设的高级政治协商机构，保持经常性对话，为阿、智合作和智利加入南方共同市场廓清了道路。厄瓜多尔和秘鲁两国为解决领土纠纷举行过多次总统会晤，谋求边界争端的解决办法。萨尔瓦多和洪都拉斯也确定了两国的边界。1992年，玻利维亚和秘鲁签署了一项协定，秘鲁提供太平洋沿岸伊洛港供玻利维亚使用，玻利维亚则提供拉普拉塔河岸的苏亚雷斯港供秘鲁使用，这不仅解决了近百年来未能解决的玻利维亚的出海口问题，而且为两国和南锥体国家的经贸合作创造了极为有利的条件。此外，拉美国家对古巴也采取较为一致的立场，主动邀请卡斯特罗主席参加1991年在墨西哥举行的伊比利亚美洲国家首脑会议和3国集团首脑会议，同古巴共商地区和平和发展问题。1994年6月，古巴参加了加勒比国家联盟。1998年11月，拉美一体化协会部长理事会决定吸收古巴为该组织正式成员国。这都表明，古巴已采取实际步骤加入拉美地区一体化运动。

与此同时，拉美各国之间政治上的相互信任和合作为经济一体化的顺利发展开辟了广泛的前景。1990年，里约集团成员国已扩大到13个，[①]成为具有广泛代表性的地区最高级政治磋商和协商机构，对地区一体化运动起着协调和指导作用。拉美国家通过部长级和政府首脑间的频繁磋商，对当前一些重大国际问题取得共识，对拉美的和平和经济发展具有重大影响。各地区一体化组织定期召开成员国首脑会议，对有关各方问题进行协调，有力地推动地区一体化的发展。拉美国家对地区一体化表现出强烈的政治意愿不仅体现在拉美人民深刻的同一性、共同的历史遭遇、相同的文

---

① 包括墨西哥、委内瑞拉、哥伦比亚、巴拿马、阿根廷、巴西、秘鲁、乌拉圭、智利、厄瓜多尔、巴拉圭、哥斯达黎加和牙买加作为中美洲和加勒比地区的观察员参加。

化背景、相似的发展战略和建立地区市场的相同的一体化目标上，而且体现在拉美国家和人民对待各种严峻挑战所表现出的务实精神上。

由于经济调整的深入和民主化进程的发展，越来越多的人认识到，企业家、劳动者、政治、文化和技术团体不能置于各种一体化讨论和决议之外，公民参与一体化进程是合法的，人民群众的参与是一体化发展的必不可少的条件。传统的代议制仅仅把公民的参与局限在投票选举这种形式上。社会生活的新条件促使各阶层的居民日益扩大对发展进程和解决他们问题的参与。因为参与意识就是一种新的社会动力，并且是推动人类活动最强大的因素之一。在拉美一些国家，如巴西、乌拉圭、秘鲁和哥伦比亚等国的宪法中，经济一体化被当作基本条款确定下来。随着市场开放和私有化的发展，私人资本在经济生活中发挥越来越重要的作用。1990年，拉美一体化协会部长理事会通过决议，建立拉美一体化协会企业顾问委员会，使企业主的参与制度化。1991年6月，中美洲第一次自由企业代表大会建议，成立协商机构，推动地区一体化发展。与此同时，美洲开发银行和拉美一体化研究所的一份报告指出：在每一个小地区一体化范围内，私人企业主都采取有力措施，表现出支持开放和一体化的立场。近几年来，各一体化组织积极吸收企业家组织代表参加技术委员会工作，企业家有更多机会去进行促进自由贸易投资的谈判；企业家不仅有权提出建议，而且能参与地区一体化计划的制定和国际竞争的战略决策。这一切表明，私人企业家已成为地区一体化活动的积极支持者，它在今后企业和一体化技术委员会之间的合作中将发挥越来越重要的作用。企业界越来越多地参与一体化活动，有利于在一体化进程中引进竞争机制，为各国经济发展带来新的活力。据1996年10月17日在智利圣地亚哥公布的"1996年拉美民意测验"的结果表明，58％的拉美人支持经济一体化，在南美洲和墨西哥的支持率高于整个地区的平均数，达到63％。

（四）措施的灵活性

20世纪90年代，拉美国家地区一体化的特点之一是合作形式的多样化，措施灵活机动，不刻意追求成员国经济发展水平的相近，不一味强调生产要素的互补，不强求步调一致。就经济一体化合作形式而言，在原有的地区集团内形成了次地区一体化集团。与此同时，双边合作在当前拉美一体化运动中占有突出地位，它们都是在拉美一体化协会内根据《蒙得维的亚条约》的框架原则而建立的。这是拉美国家参与区域集团的一种新形式。拉美国家把双边合作、三边以上的合作、小地区合作、小地区内外合作灵活地结合起来，使之更加适应拉美地区的现实。这种不拘泥于传统的理论模式，注重实效，合作范围内外并进，促进了地区一体化的谈判进程。目前，在拉美一体化协会的框架内，有三国集团、安第斯共同体、南方共同市场和拉普拉塔河流域组织，以及一系列双边自由贸易协定。在加勒比国家联盟的范围内有多个次区域集团，如中美洲共同市场、加勒比共同体、三国集团以及一系列双边自由贸易协定。这种合作形式使几乎所有的拉丁美洲国家拥有双重或多层次区域集团成员的身份，它作为一种过渡，为地区性经济集团的最后形成、或向更高层次的一体化合作的发展提供新经验、创造物质和技术条件。

在合作的步骤上、各地区一体化组织充分估计到合作各方之间存在的差异，反复磋商，给参与经济一体化有困难和经济相对落后的国家以优惠，或特殊照顾。例如，在减免关税和取消例外产品货单期限方面，各一体化组织都根据不同的国情，采取区别对待的办法，给弱小国家以宽限期。又如安第斯集团五国在不能就建立自由贸易区达成一致的情况下，首先由哥伦比亚和委内瑞拉成立自由贸易区，然后哥、委、厄、玻四国成立安第斯4国自由贸易区，最后才成立包括秘鲁在内的安第斯自由贸易区。卡塔赫纳协议委员会于1993年通过共同对外关税的第355号决议，同意给玻利维亚和厄瓜多尔特殊对待；1995年，鉴于秘鲁与安第斯其他四国在共同对外关税的分歧，安第斯共同体同意给秘鲁以新的时间表，以便它能适应安第斯自由贸易区的共同对外关税。再如，中美洲和加勒比地区各国发展水平和经济结构存在较大差别，小地区一体化组织坚持统一协商，区别对待的原则。中美洲国家认为，经济一体化应是一个逐步的、不断完善的、并能反映各国意愿和政策接近的过程，中美洲经济联合将以不同的速度进行。1993年1月，萨尔瓦多、危地马拉和洪都拉斯等三国首先建立起中美洲北部自由贸易区；同年10月，又扩展成危、萨、洪、尼的中美洲四国集团，尊重哥斯达黎加的不同意见；考虑到巴拿马以服务业为主的经济结构，允许巴拿马暂不加入中美洲一体化进程。墨西哥在与中美洲国家开展一体化合作时，表示在短期内率先向中美洲各国实行较大的开放，允许经济较落后的中美洲国家有一个逐步调整的过渡期。所有这些说明，拉美国家一体化已吸取了以往未能给成员国带来均衡实惠的教训，采取从实际出发、讲求实效的做法。

当前，随着各国经济改革的深入，各一体化组织不断拓宽地区合作的内容，除贸易外，还涉及生产、投资、能源、科技文教、通信、运输以及相互提供贸易通道等方面。譬如，1990年5月安第斯5国决定开展包括农业、工业、服务业、运输通信和科学技术等领域的合作，建立多国工业公司，促进地区工业和经济发展。为加速相互贸易的发展，翌年5月，安第斯集团首脑会议决定，五国间"开放领空"，加强货运、客运和邮电业务的合作。加勒比共同体强调加强渔业资源的开发，发展旅游业和农业，同时致力于发展联合企业，推动某些工业的发展；共同体各成员国积极筹划建立统一的交通运输系统。哥、委、墨三国集团签署以开发能源为中心的经济互补协定，并邀请加勒比地区国家参加能源一体化合作。中美洲国家实行相互协调和满足食品需要的农业政策，参加发展旅游、电力、运输和电视等基础设施现代化合作，计划于2010年建立统一的铁路网，为地区的贸易合作和经济发展服务。阿根廷和智利签署了农业、能源、矿业、投资等多项附加议定书，其中包括两国间修建一条煤气管道，阿根廷定量供应智利天然气。1995年南方共同市场正式运行后，四个成员国努力把经济一体化从贸易扩大到基础设施、社会和文化等领域，把一体化推向更高层次，朝完整的关税同盟和共同市场迈进。

南美洲南部国家在改善地区交通运输方面实行卓有成效的合作。1990年3月，巴西、阿根廷、乌拉圭、巴拉圭和玻利维亚五国达成协议，采取措施，开发拉普拉塔河水路运输。接着，上述五国和智利代表举行会议，决定加快交通一体化进程，计划建设从巴西到智利的横穿南美大陆的铁路干线，开拓连接两大洋的陆路交通，并决定将修建从巴西、乌拉圭、巴拉圭直到阿根廷的沿大西洋通道，最终建立起连接拉丁美洲南端各国的完整的交通网。1991年8月，阿根廷和智利决定开放一些边境通道，加强双方陆、空运输和电讯合作，使双方产品分别从对方过境而达到太平洋和大西洋口岸。1992年，秘、玻两国互相为对方提供港口，解决了玻利维亚的出海口以及秘鲁通向大西洋的通道问题。1996年6月，智利成为南方共同市场的联系成员国，它许诺为南方共同市场成员国开放12个口岸，这为南方共同市场向亚太地区发展出口贸易创造必要条件。在国家安全方面，南锥体国家也建立了一些合作机制。阿根廷、智利和巴西之间已开始举行联合军事演习。特别是阿根廷和巴西之间的合作有了明显的加强。两国武装部队制订了在维和行动方面进行训练和交流经验的合作计划。智利和阿根廷正在开展包括广泛交流军事情报在内的一系列相互信赖的活动，并且正在讨论签署两国联合制造一艘护卫舰的协定。

二 拉美地区一体化的发展前景

20世纪90年代以来，拉丁美洲地区一体化所具有的活力和表现出的较强势头，对拉美国家的经济发展和整个西半球的经济一体化有着不可忽视的影响。

（一）拉美地区一体化所取得的成绩

1. 区内出口贸易迅速增长，促进了拉美地区的经济发展。

进入20世纪90年代以来，拉美国家之间的贸易出现了前所未有的增长。据联合国拉美经委会的统计，1990年拉美一体化协会成员国之间的出口额为122.1亿美元，1996年上升到394亿美元；南方共同市场四国间的出口额从1990年的41.21亿美元，上升到1996年的170亿美元，1997年达到202亿美元。地区内出口占出口总额的比重也从8.9%上升到22.7%。1994—1996年，地区内出口年平均增长率达到20%，比地区出口总额增长率（6.5%）高出2倍。1996年，巴西向地区内市场出口占其出口总额的15%，阿根廷占33%，乌拉圭占50%，巴拉圭占55%以上。1990年安第斯集团成员国之间出口额为13.29亿美元，1996年上升到47亿美元。1990—1995年地区内出口的年平均增长率达30%。中美洲共同市场成员国之间的出口额，1990年为7亿美元，1996年增加到16亿美元。[①] 经济一体化促进了拉美国家之间贸易的发展，使区内贸易额从1990年的162亿美元猛增到1996年的455亿美元。地区内的出口活力超过向世界其他地区的出口。区内出口在总出口中所占比例从13.3%上升到19%。各种双边优惠贸易协定也促进了相互之间的经贸关系的发展。与此同时，拉丁美洲国家与地区外国家的经贸关系也呈上升趋势。如拉美一体化协会1993年向地区外出口额为1215亿美元，1996年上升到1941亿美

---

① 阿伊达·莱尔曼·阿尔佩斯特因：《拉美与加勒比的一体化与贸易》，载［墨西哥］《对外贸易》杂志1998年第11期，第879页。

元；南方共同市场1993年向地区外出口额为442亿美元，1996年上升到605亿美元；安第斯集团1993年向地区外出口额为269亿美元，1996年上升到382亿美元；中美洲共同市场1993年向地区外出口额38亿美元，1996年上升到60亿美元。[1] 从地区外进口也有大幅度的增长。1997年，南方共同市场对外贸易额1814.81亿美元（其中出口837.35亿美元，进口977.46亿美元），安第斯集团对外贸易额919.33亿美元（其中出口489.46亿美元，进口429.87亿美元），中美洲共同市场对外贸易额247.30亿美元（其中出口103.49亿美元，进口143.81亿美元），加勒比共同体1996年对外贸易额145.59亿美元（其中出口56.36亿美元，进口89.23亿美元）。[2] 这一切表明，拉丁美洲国家奉行"开放的地区主义"，不仅提高了地区内各国间经济的相互依存程度，而且对整个拉丁美洲地区经济与国际经济接轨都有着重要意义。

2. 一体化的发展吸引外国资本的注入，这是拉美经济稳定增长的重要因素。

经济一体化使各次地区经济集团在共同对外关税、服务贸易、竞争政策等方面逐步加强政策协调，提高了地区间各国经济的相互依存程度。地区经济集团的形成所产生的市场扩大、规模经济、竞争加剧以及经济增长等动态效应，大大地增强了对外资的吸引力。外国资本大量流入，对拉美国家改造生产结构，创造就业机会，促进技术发展和提高竞争能力起了重要作用。尤其是地区内各国间的投资，是拉美地区经济持续稳定发展的一个重要因素。据美洲开发银行统计，1996年，拉丁美洲地区资本净流入600亿美元，主要集中在经济一体化程度较高的国家，如墨西哥、智利、阿根廷、巴西等国。墨西哥加入北美洲自由贸易区后，外资争先恐后地涌入墨西哥，使该国客户工业得到迅速发展。1990—1996年，阿根廷外国直接投资从18.4亿美元上升到32亿美元，巴西从3.2亿美元上升到80亿美元，智利从5.8亿美元上升到28亿美元，哥伦比亚、秘鲁、委内瑞拉等国的外国直接投资也都有较大幅度的增加。1997年流入拉丁美洲的外资额高达735亿美元，其中3/5（440亿美元）属于外国直接投资。1999年外国在拉美的直接投资为859.2亿美元，比1998年高

---

[1] 转引自《国际问题研究》1997年第4期，第32页。
[2] 同上。

出12%。

3. 地区一体化的深入发展，使集团内成员国的经济实现稳定增长。

如果说，拉丁美洲国家的开放政策使双边和多边小地区自由贸易区得以实现的话，那么，地区一体化进程的深入发展，反过来也推动各国经济改革向纵深发展，使经济增加活力。随着地区一体化进程的发展和各国产业结构调整的深入，各成员国发挥本国资源、劳动力优势，实行有选择的发展，逐步形成本国优势产品，进行专业化生产，地区集团形成规模经济，合理配置资源和劳动力。一体化促使出口贸易迅速发展，为经济发展注入了新的活力。大量外资的流入，对拉丁美洲各国进口原料和资本货，弥补国际收支逆差起到了积极作用。当前拉丁美洲一体化合作形式逐渐向多层次、多样化发展。一体化组织内部进行政策协调，促进了各国在各个部门的改革，使集团内各成员国的经济增长显著。尽管1995年墨西哥爆发金融危机，给拉丁美洲经济带来不利影响，但是，在拉丁美洲各国的努力下，经济很快得到恢复，1997年全地区经济获得5.3%的增长。

（二）拉美地区一体化发展面临的困难和问题

近几年，拉丁美洲地区一体化进程也遇到一些困难和问题，突出表现在如下几个方面。

1. 各成员国之间的政策不易协调。

由于经济发展水平和经济实力的不同，各成员国在地区经济集团中所处的地位和作用各不相同，各国在发展战略和具体经济政策上呈现出差异，他们参与地区一体化的态度也就不同。如巴西作为拉美地区第一大国，它对南方共同市场的发展战略不仅是加强地区合作、促进本国经济发展，更重要的是通过南方共同市场确立其在南美地区的大国地位，并借助该地区集团的力量在国际政治、外交舞台上发挥更大的作用。阿根廷推动南方共同市场发展的重要目标则促进了本国经济的发展，增强了综合国力，也应对了经济全球化的挑战。因此，阿根廷对巴西的许多做法提出批评。

由于各国的具体情况和所面临的客观经济形势不同，所采取的经济政策和改革步伐就不可能完全一样。如果宏观经济政策不能达成一致，在地区一体化的很多问题上就很难达成共识，容易产生矛盾和摩擦。此外，各国之间在税制结构，关税水平，劳工制度，金融体制等诸多方面存在差别，因而在一体化的合作步调上也很难一致。如南方共同市场建立初期，成员国之间经济发展形势不同，出现了巴西和阿根廷在减免关税和吸引外资上的争吵。阿根廷出于对本国经济的考虑，提出市场内部实行单一货币的主张，而且认为最佳的方案是实行经济美元化。但巴西对阿根廷提出的单一货币主张开始持反对态度，后来又表示同意，提出市场内部单一货币采取巴西的雷亚尔，反对美元化。两国货币政策的不统一，影响了一体化的发展。又如安第斯集团五国由于在关税问题上存在分歧，建立自由贸易区的期限被迫推延；在对外共同关税上，秘鲁一直与其他成员国存在分歧，多次扬言要退出安第斯集团。正是在经济一体化方面不能协调一致，至今未能形成完善的关税同盟。智利也由于关税水平较低，在很长一段时间里不愿加入南方共同市场。

另一方面，由于各国经济发展不平衡，各国的综合国力和人均收入水平的差距拉大，彼此之间的利益也难以协调。在 21 世纪到来之际，南美洲各国在政治、经济和安全方面所存在的差异日趋扩大，南美大陆的发展在很大程度上将取决于如何协调各国间的关系。在当前地区一体化过程中，出现了各个层次的一体化形式。今后一体化究竟采取哪种形式，一体化规模应该多大为最佳选择，怎样进行分工，互补性和竞争性应如何协调解决，这些问题无论是在理论上还是在实践上都尚未得解决。

2. 成员国之间很多产品类同，竞争性大于互补性，影响地区合作的开展。

许多拉美国家是热带农产品和重要矿产品出口国，长期以来，拉美国家对外贸易主要与发达资本主义国家进行，拉美国家相互之间以及与其他发展中国家之间的贸易所占比重较小。美国一直是拉丁美洲国家最主要的贸易对象国。1991 年墨西哥 70% 以上的产品出口美国，巴西的大宗农产品如咖啡、大豆、橙汁也以美国为主要市场，巴西是美国重要的铁矿砂和核工业原料——钍的供应者，委内瑞拉是美国重要的石油供应者。在中美洲和加勒比地区国家，香蕉是它们的传统出口产品和国民经济的重要支柱，相互之间的贸易额很小。由于工业化起步时间有先有后，各国工业化水平和发展阶段不同，在工业制成品方面互补性相对有限。近几年来，拉美国家通过签订《经济互补协定》，地区一体化组织也在通过逐步减免关税和减少非关税壁垒，以促进贸易转向，推动一些拉美国家非传统产品出口。但是，拉丁美洲国家在很多出口产品上互补性较差，因而在国际市场上存在相互竞争关系。

3. 拉美国家之间不存在超国家权力机构，各成员国之间的矛盾较难协调。

尽管拉美各国实行一体化计划，但是，拉美地区一体化完全是各国政府间的合作，所有一体化的决策是在政府间进行，不存在超国家权力机构。拉美地区一体化始终是拉美国家经济发展战略的组成部分，各国对经济结构的调整主要服从于各国经济发展目标，对所签署的经济一体化协议的遵守也是视其是否有利于本国的经济发展而定，侧重点各有不同。这样，一国在某一问题的完全自主选择就有可能损害其他国家的利益，造成相互间不信任，甚至出现裂痕。如1993年安第斯集团内，秘、厄认为，委内瑞拉和哥伦比亚同安第斯集团外的墨、智进行自由贸易谈判，违背卡塔赫纳条约第68条规定（各成员国在未事先征求其他成员国同意，不得与第三国签署协定）而产生矛盾。又如1993年巴西决定严格限制从国外进口融资，引起南方共同市场其他国家不满。它们认为，这种单方面加强保护主义的做法，违背了地区的协议和规定。由于不存在一个超国家权力机构，尽管各小地区内和国家间实现了自由贸易的目标，但在诸多的双边、三边和小地区协定和协议的实施过程中存在大量问题，从而使一体化的发展面临诸多困难。

4. 经济基础薄弱，在社会经济发展中长期遗留下来的问题，对拉美一体化的深入发展投下"阴影"。

由于殖民主义的长期统治和外国资本主义的掠夺，拉美国家在经济发展过程中，存在着许多难以解决的问题，如国内储蓄不足，资金短缺，依赖外资程度较高，资本市场发育不完善，国家财政体制脆弱，外债数额巨大，失业问题严重。另外，外部世界变化的不确定性，也给拉美地区一体化带来影响。例如，1997年亚洲金融危机的爆发对巴西等拉美国家产生了较大影响，导致南方共同市场等一体化组织面临危机。

1998年8月以来，因巴西货币贬值，致使巴西和阿根廷经济形势恶化，巴西与阿根廷的双边贸易关系产生严重摩擦，致使南方共同市场机制不能正常运转，出现内部贸易争端。阿根廷对巴西出口的鞋、纺织品、钢、纸张与纤维等实行严格控制，并采取反倾销措施，保护条款和准关税措施，限制巴西产品进入本国市场；作为反击，巴西则改变了从第三国进口的关税，实际上改变了地区集团内的优惠待遇，开始单方面同安第斯共同体进行谈判，限制阿根廷产品进入巴西市场。双方虽经多次谈判，未能取得满意的成果。另外，由于1999年3月巴拉圭副总统路易斯·马丽亚·阿尼巴被暗杀而引起南方共同市场的政治分歧，南方共同市场面临着危机。各成员国决定通过"对话和劝说"来解决双方的分歧。各成员国总统进行了对话，讨论贸易危机，并决定该集团各机构为迅速解决冲突寻找政治出路。自1999年以来，阿根廷和巴西总统不得不多次举行紧急会晤，寻求解决双边贸易中存在的众多摩擦和矛盾，修复两国间的经贸关系。

然而，必须看到，尽管拉美国家之间存在众多分歧，但是面对经济全球化的挑战，要想在21世纪国际舞台上争得一席之地，仍不能不实现地区一体化。正如委内瑞拉前总统卡尔德拉所说："全球化是一个无可争辩的现实，而一体化进程无疑是适应全球化的根本手段"。[1] 墨西哥《对外贸易》杂志载文指出："全球化引起的基本问题的解决取决于拉美的发展和一体化"。[2] 因此，不管是安第斯共同体，还是中美洲和加勒比地区一体化组织，不管是阿根廷和巴西，都不会放弃地区经济一体化的努力。

（三）拉美一体化组织面临的任务

为了促进拉美地区经济一体化的深入发展，拉美国家除了需要解决存在的上述问题外，还面临下述任务：

1. 提出更为明确的努力方向和战略目标。

拉美和加勒比地区各国和各次地区组织都有自己的长期目标。但拉美和加勒比地区作为一个整体，其一体化进程今后发展的方向究竟是什么？是像欧洲联盟那样，结成一个全地区一体化的政治和经济实体，还是像墨西哥那样加入以美国为主导的自由贸易区？到目前为止，似乎尚无确切的目标。阿根廷经济学家德拉巴尔塞提出了建立"有活力的增长极"的主张，他希望南方共同市场成为"经济高速增长极"和"开放地区极"。巴西提议成立南美自由贸易区。拉美议会提议组建拉美国家共同体。拉美一体化协会的目标是建立拉美共同市场。这些主张和建议目前都停留在纸面上，具有很多不确定性。但拉美形势的发展要求提出长远的地区一体化战

---

[1] 转引自《人民日报》1998年4月8日。
[2] ［墨西哥］《对外贸易》1998年6月号。

略目标。

2. 提高管理和协调能力。

目前，在拉美和加勒比地区的次地区组织中，存在着三个层次的"管理和协调"，而在这三个方面都存在不足。一是成员国国内的管理和协调，即成员国各中央机构之间、中央机构同省级或州级单位之间、各级政府和社会机构之间的管理和协调。增强这些机构相互之间的协调能力对于提高一体化进程中的谈判效率及其实施效果至关重要。这就要求在通常负责谈判的中央政府、外交部或商务部为一方，经济部、工业部、财政部、中央银行、省级和市级机构为另一方之间加强联系，以确定谈判立场。二是一体化进程内部的管理和协调。目前，在各一体化进程内部，各个机构之间缺乏适应性。一方面是管理机制和协调程序缺乏或薄弱，难以把各种谈判进程和实施联系起来；另一方面，在同一地区内存在着自由贸易区、不完全的关税同盟和共同市场等不同的一体化形式，给行政管理和协调增加了难度。三是各一体化进程之间的管理和协调。在各一体化进程之间也存在着彼此的不适应性。例如，拉美一体化协会设立的机构难以适应众多的双边协定，也不足以使南方共同市场、三国集团和安第斯共同体走向融合。因此，需要采取措施，加强相互协调。

3. 深化民主，扩大公众参与程度。

拉美和加勒比地区一体化还存在着所谓的"民主赤字"和"社会赤字"。"民主赤字"是指一体化的参与者有限，普通公民被置于一体化进程之外。欧洲联盟的实践表明，如果缺乏普通公民对一体化进程的参与，这样的一体化模式不可能顺利发展。"社会赤字"是指一体化进程本身调整政策引起的社会问题。实现一体化固然能够获得高收益，但也要付出代价。如何解决一体化过程中出现的诸如贫困、失业加重等社会问题，值得重视。

4. 加强立法和执法力度，健全监督和评估机制。

在拉美和加勒比地区的一体化进程中，立法相对滞后，而且现有法律也往往实施不够。因此，应加强各国和各次地区组织的立法和执法力度，以便顺利履行已经达成的各种协议，使得国家和社会能够有法可依，得到法律的保护和支持。另外，还应完善解决分歧的机制。拉美和加勒比地区各一体化协定的落实和细化，需要健全的监督和评估机制。但目前各次地区组织的监督和评估机制比较薄弱，就连南方共同市场和安第斯共同体也不例外。在两个组织中，对一体化进程没有系统的监督和评估机制。卡塔赫纳协定委员会虽然设立了监督和评估机制，但并没有系统地发挥这些机制的作用。按照《亚松森条约》，南方共同市场的行政秘书处尚不行使这样的职能，仅在《欧鲁普雷多议定书》生效后，才有常设秘书处行使监督和评估的职能。

5. 加强通讯联络网络，重视对人才的培训。

由于历史和地理上的因素，拉美和加勒比国家相互之间的基础设施和通讯联络相对落后。但地理和地域上的一体化需要发达的基础设施相配合，需要加强彼此的通讯和联络。首先要解决部门内部协调的不足，其次要解决中央和地方之间协调的不足，最后要解决政府机构和社会之间缺乏协调的问题。弥补这些不足有利于完善相关各方之间的联络渠道和对话，有利于内部更好的协调、外部更加开放和透明。这也是改善行政管理、扩大民主、巩固一体化进程的关键。

国家之间，地区之间综合力量的竞争归根到底是人员素质的竞争，拉美和加勒比地区作为一个整体要保持经济的持续增长并不断增强在国际上的竞争力，就必须加强对人才的培训。为此，需要采取以下措施：一是在三级教育（初等教育、中等教育和高等教育）的课程中列入一体化的内容；二是在大学毕业后教育中，设立关于地区一体化的学位教育；三是设立交流一体化思想和经验的论坛；四是制定和实施交流教员、学生和职员的计划，互相承认对方发给的文凭，加强彼此的了解；五是加强彼此的文化交流和语言传播；六是依据一体化不同阶段发展的需要，共同培训所需的人才，尤其是高级管理人才；七是扩大互联网方面的合作。

（原载宋晓平等《西半球区域经济一体化研究》，世界知识出版社2001年版）

拉美国家的改革与地区一体化重振

进入20世纪90年代以来，拉美国家再度掀起经济一体化热潮，地区一体化出现蓬勃发展的新局面。国内外学术界就有关拉美地区一体化迅速发展的原因问题发表了不少文章。本文拟就拉美国家经济改革与地区一体化重振的关系作一些历史考察。

一

拉美地区一体化思想起源于南美解放者西蒙·玻利瓦尔的政治学说和联合国拉美经委会的经济战略。从30年代起，一些拉美国家开始实施进口替代工业化战略。50年代，在拉美经委会的推动下，拉美国家普遍采取了进口替代工业化发展战略，以求逐步改变殖民主义遗留下来的不合理的经济结构。拉美经委会认为，在工业化最初阶段，拉美国家应通过大量投资、关税保护和国家调节的政策，走内向发展的进口替代工业化道路。它还提出了关于建立拉美共同市场、通过市场一体化促进拉美经济发展的建议，指出一体化的目标不单纯是为了通过贸易来创造商业利益，更重要的是为了解决拉美各国国内市场狭小的矛盾，促进拉美地区经济的繁荣。①

在60—70年代，拉美地区先后建立起一批一体化组织。它们在平等互利的基础上，通过相互提供用法律形式固定下来的优惠，促进商品等生产要素在成员国之间逐步自由流动。一体化采取的以内向型市场合作为主的合作模式，是在各国普遍实施进口替代工业化战略的框架内设计的，其

---

① 《拉美经委会评论》1979年4月号，第86页。

中心目标是通过地区市场来弥补国内市场的不足，解决各国实施进口替代工业化战略所面临的困难。为此，各一体化组织制定了宏伟的目标，并规定了实现目标的期限，各国做出了相应的承诺。

然而，参加一体化的国家把一体化想象得过于简单，把一体化的目标定得过高，一体化计划过于庞大。它们采取了脱离实际的单纯贸易合作形式，步子过急，合作机制过于机械，自由贸易手段过于烦琐，各种承诺不能兑现，计划未能实现。同时，各国实行保护主义政策，通过掌握财政、金融、物价、税收等手段进行保护，使整个经济变得封闭和低效。内向增长模式限制了一体化目标的实现，各一体化组织采取的措施未给成员国带来均等的实惠，一体化进展缓慢。

二

60年代中期，拉美地区的进口替代工业化战略的运作已出现困难。对此，拉美国家进行了局部调整，把进口替代与促进出口结合起来。由于公共开支过大，消费补贴增多，许多拉美国家实行负债发展战略。1973年，资本主义世界出现能源危机，石油美元充斥国际市场，拉美国家单独向国际私人银行大量贷款。到80年代初，在世界经济危机的冲击下，拉美国家普遍陷入经济危机。其主要表现是：经济增长急剧下降，固定资本投资锐减，财政金融状况恶化，国际市场上初级产品价格下跌，利率上升，外汇流失严重，债务沉重，通货膨胀加剧，失业增加，社会贫困加剧。造成经济危机的主要原因，一是数十年来拉美国家的经济发展战略和政策的失误，造成经济的严重失衡；二是发达国家通过贸易和金融渠道向发展中国家转嫁危机，使拉美国家出现了空前的国际收支危机。

为了减少国际收支赤字，各国政府采取了一些短期的平衡经济的措施，把获得贸易顺差作为其政策的优先目标，而对推动地区经济一体化则缺乏兴趣，在一体化组织内，各成员国均以实现双边贸易平衡作为进行贸易的条件，这不仅减少了小地区的贸易总量，而且给一体化进程造成更大的困难。正如1985年拉美经委会所指出的，本地区国家之间的一体化努力遭到削弱的原因是多方面的，但是，没有突出发展思想和缺乏进取精神、没有把发展当作社会经济发展战略的中心目标等因素，则在其中起了决定性作用。经济发展是社会变革的现实手段，应该恢复其主角地位，只有这样，才有助于克服各种只寻求短期宏观经济平衡的行为。在经济危机期间，拉美国家在地区贸易中采取盛行于工业化国家的双边主义和管理贸易来代替多边主义，使地区一体化进程陷入停顿状态。

80年代，拉美国家进行了以稳定经济、促进经济恢复为主要内容的经济调整。采取的措施包括：紧缩财政开支，调整汇率，加强外汇管理，控制资金外流，放宽对外国投资的限制，鼓励私人生产性投资，重新谈判外债偿还期限，调整国民经济的发展速度和经济结构，纠正重工轻农的倾向，加强地区合作，实行贸易多样化，等等。拉美国家的这次经济调整，基本上是按西方债权国的要求和新自由主义思想进行的，它促成了拉美国家由内向发展模式向外向发展模式的转变。

三

80年代末90年代初，随着两极格局的结束，世界进入一个以综合国力竞争为主要内容、以和平和发展为基本目标的新时期。经济国际化急剧发展，各国经济相互依存和渗透不断加深，世界经济不平衡发展推动着地区集团化迅速发展。为适应急剧变化的国际形势，拉美各国对以往的发展战略、经济政策和体制进行反思，继续进行调整和改革。90年代，拉美国家的经济调整具有鲜明的结构改革的特点。

（一）实行稳定的财政金融政策，引进竞争机制，促进国民经济向市场化过渡。第一，放弃扩张性的财政政策。一方面，通过国家职能的转变，节省行政开支，取消财政补贴；另一方面，通过税收改革和国有企业私有化，增加财政收入，恢复财政平衡。第二，逐步放弃对物价的控制，使商品价格受市场机制的控制，促进国民经济向市场化转变。第三，放弃对利率和汇率的控制，实行实际的利率和汇率，使国内市场同国际市场直接挂钩。

（二）开放国内市场，促进贸易和投资的自由化发展。一方面，各国政府大力贯彻贸易自由化方针，改革外贸管理体制，用增值税收入来替代外贸税等措施，把产品推向国际市场，推动贸易自由化发展。另一方面，修改了外资法规和投资政策，取消对外国投资的种种限制，开设自由贸易区，发展证券市场，实行自由兑换等，以吸引更多的外国投资，争取外逃资金回流。1995年年初墨西哥金融危机发生后，拉美各国十分重视改革，普遍提高存款利率，刺激国内储蓄和吸收短期外来存款。

（三）鼓励私人企业的积极性，把国内生产引向国际市场。面对激烈的国际竞争，许多拉美国家减少了对经济的干预，鼓励企业以竞争和效益为优先目标。与此同时，它们还把长期亏损的国有企业出售给私人，并取消了种种限制，以调动私人资本的积极性，使其走向国际市场。

拉美经济由国家干预的进口替代发展模式向开放市场和有效地参与国际经济的新模式的转变，对拉美地区一体化产生了深刻的影响。由于拉美各国都把积极参与国际经济作为基本方针，各国的宏观经济政策，特别是在对外开放方面具有更大的趋同性。扩大出口，提高本国产品的竞争力，更多地参与国际市场，成为各国普遍追求的目标。拉美各国的外贸体制改革，全地区出现的贸易自由化趋向和关税改革，为各国间开展地区一体化和经贸合作创造了有利的条件，为地区一体化的重振注入了活力。当前拉美国家的市场开放是全方位开放。为了发展民族经济，各国政府选择了一条面向世界、而不是仅仅限于地区市场的发展道路。它们把一体化作为扩大地区内相互贸易、培育本国经济参与国际竞争的手段；它们通过地区市场来提高出口产品的质量和竞争力，以集体的力量来提高拉美国家的整体谈判能力，加强拉美国家与发达国家的谈判地位，实现参与国际经济的目标。

总之，拉美国家的经济调整和改革，不仅促进了拉美经济的复苏和稳定，促进了拉美经济发展模式的转换，而且有力地推动了拉美地区一体化的发展。

四

随着各国民选政府的建立和经济改革的深入，拉美地区一体化重新活跃起来。自1990年起，几乎所有的拉美国家都以不同方式参加蓬勃兴起的地区一体化运动。它们纷纷签署双边和多边自由贸易协议，并建立起一批新的一体化组织。拉美地区一体化正以引人注目的势头向前发展。

（一）随着南方共同市场的崛起，一个以它为核心的涵盖整个南美洲的自由贸易区逐渐形成。南方共同市场是于1985年在阿根廷和巴西合作的基础上开始的，此后得到乌拉圭和巴拉圭的响应。1991年3月26日，四国签署《亚松森条约》，1995年1月1日正式启动。南方共同市场自组建以来，逐步取消了内部关税和非关税壁垒，有力地推动了相互间的贸易和投资。四国间的贸易额从1991年的46亿美元猛增到1996年的160亿美元。四国还建立了对外共同关税，对85%的产品实行统一关税，并确定了14%的平均对外税率。贸易的自由化和资金的自由流动，促进了成员国之间的相互投资；企业间的联合和共同计划，使成员国之间的生产形成了网络。五年多来，南方共同市场表现出强大的活力，正在吸引其他拉美国家和小地区集团向它靠拢。

近几年安第斯集团恢复了生机。根据1994年5月达成的协议，安第斯自由贸易区于1995年1月1日正式建成。1995年2月1日，安第斯共同对外关税协议生效，安第斯关税联盟宣告形成。同年9月召开的第7次安第斯国家总统理事会，决定将安第斯集团改名为安第斯共同体，并且讨论了它们同南方共同市场、欧洲联盟、美国、中美洲和加勒比地区关系的措施问题，为地区一体化走向联合做准备。智利在申请加入北美自由贸易协定受挫后，于1996年6月正式加入南方共同市场。1996年年底，在巴西福塔莱萨举行的第11届南方共同市场首脑会议上，正式通过了与玻利维亚签署一项自由贸易协定。其他几个安第斯国家也正在与南方共同市场加紧谈判，以期早日签订类似的框架协定。这表明，南方共同市场正在走向联合，并将形成一个以它为核心的南美洲自由贸易区。

（二）拉美一体化协会进行战略调整，各种双边和多边自由贸易协议大量涌现。随着中美洲和平协议的签署和国际形势的变化，为振兴经济，1990年5月举行的拉美一体化协会第5次部长理事会宣布，协会应为发展各成员国之间的关系、深化拉美地区一体化进程承担责任。1991年12月，部长理事会通过决议，确定协会的职能是给拉美地区一体化提供体制和行动准则的规范，允许成员国进行双边和小地区形式的合作。各国政府从各自实际利益出发，把发展双边和多边关系作为加快地区一体化的重要措施。1991年4月，墨西哥、委内瑞拉和哥伦比亚三国在波哥大签署了以能源开发为中心内容的经济互补协议；1994年6月，三国正式签署了自由贸易协议（1995年1月1日生效），决定在10年内分阶段取消关税和非关税壁垒，到2005年完全取消关税。作为经济改革先行者的智利，其关税已降至较低水平，在拉美一体化协会范围内，与许多成员国也签署了双边自由贸易协议。

1992年12月墨西哥与美国、加拿大签署北美自由贸易协定之后，许多拉美国家，特别是中美洲和加勒比地区国家纷纷向墨西哥靠拢，与它签订双边和多边自由贸易协议，以期通过它扩大对美国的出口，分享北美自由贸易协定的好处。1994年3月，墨西哥与哥斯达黎加签署了双边自由贸易区的框架协议。这些双边和多边协议相互交错，相互覆盖，有力地推动了地区贸易自由化的发展。

（三）积极发展与北美、欧盟和亚太地区的经济联系，争取以集团形式与国际经济接轨。90年代，拉美国家在参与国际经济事务和协调地区内国家经济政策的过程中，主张把地区的长远战略利益放在重要地位。在"开放的地区主义"的指导下，它们将逐步扩大双边和小地区一体化，争取以集团形式同发达国家谈判，以集团的实力去参与国际竞争。1991年，29个拉美国家对"美洲倡议"做出了响应，先后与美国签署了关于自由贸易和投资的框架协议。1994年12月，几乎所有拉美国家参加了在迈阿密召开的美洲国家首脑会议，并初步达成协议，于2005年以前结束建成自由贸易区的谈判。南方共同市场在发展区内贸易和经济合作的同时，一方面积极与北美自由贸易协定成员国谈判，推进西半球的经济一体化进程；另一方面大力加强与欧盟的经济合作关系，于1995年12月与欧盟签署了经济合作框架协议。此外，南方共同市场还力图把智利太平洋沿岸港口作为其扩大与亚洲国家的贸易之路。

90年代，拉美地区的一体化运动是在新自由主义的推动下，在新自由主义发展模式范围内开展起来的。在组织形式上，它改变了过去那种以追求全面一体化的全地区模式，更注重发展水平相似或利益相一致的国家达成双边和小地区协议，把建立自由贸易区或共同市场作为一体化的基本形式。它采取一种与出口导向型发展战略相适应的外向型一体化模式，私人部门作为一体化进程的有力推动者，对外贸易部门作为发展动力，市场法则发挥越来越重要的作用。它根据当前的形势、各国的特点和利益以及地区的发展方向，提出短期的奋斗目标，确定最急需合作的发展部门和项目，从而使一体化真正与促进各国经济发展联系起来。它充分利用本地区国家间的互补性，通过地区一体化扩大合作，利用扩大的地区市场作为通向世界市场的桥梁。90年代，拉美地区的一体化，是以自由贸易为中心，把参与国际经济竞争作为地区一体化的目标和内容，力图在贸易和生产两方面逐步与国际市场接轨，适应区域经济集团化的发展。

五

如果说，拉美国家的开放经济政策使双边和多边小地区自由贸易区的实现成为可能，地区一体化的重振是开放性经济发展的必然结果的话，那么，拉美地区一体化的深入发展，则反过来推动了各国经济改革向纵深发展，使其经济增加了活力并适应了国际环境的新变化。

第一，一体化进程加快了各国的开放速度，进一步推动了各成员国之间的合作。从80年代中期起，拉美各国经济在调整改革的时间、程度、规模和速度等方面存在很大的差异。然而，由于各一体化组织所提出的实现贸易自由化的计划一般都快于各国的计划，且对成员国有一定的约束，各国在不同程度上都加快了对外开放的速度。从近几年的情况来看，无论是南方共同市场成员国或安第斯共同体成员国，还是中美洲和加勒比国家，都在加强经济合作，促进本国经济发展。

第二，地区市场的统一和扩大，为各国实现专业化和规模生产以及吸收外资创造了良好条件。实行进口替代期间，拉美国家产业结构呈小而全的趋势，产品缺乏竞争力，大多数国家仍然是农产品和工业原料出口国。实行开放政策之后，各国政府进行了生产改造，促进制造业部门面向国际市场，大力鼓励非传统产品出口。拉美国家的经济开放是逐步进行的，是通过小地区自由贸易逐步开放本国的经济。地区一体化协议的签署，使拉美国家扩大了市场，获得了扩大地区化生产和国际资本转移的效果。许多国家之间的制成品都有一定的互补性，这有利于各国高附加值产品的生产和出口。地区一体化进程的发展，将进一步推动各国产业结构调整的深入。各国将按照发挥本国资源、劳动力优势和面向出口的原则，实行有选择的发展，逐步形成本国优势产品，进行专业化生产，并努力提高初级产品的再加工程度，研制和开发新产品，按国际标准进行生产。

第三，地区一体化推动了其他方面的改革。当前拉美地区一体化合作均以自由贸易为中心，合作形式逐渐向多层次、多样化发展，从贸易逐渐向兑换、货币、税收、信贷、能源、交通、通信、旅游、农业、生态环境保护等领域发展。一体化组织在这些方面的合作和政策协调，促进了各成员国在这些部门的改革，有利于其同国际社会接轨。

第四，"开放的地区主义"不仅使拉美国家在协议和集团内实行开放，而且还使其力图与北美、欧盟和亚太地区建立自由贸易关系。当前，整个拉美地区已形成了以拉美一体化协会为主要框架，涵盖全地区的各双边和多边自由贸易协议和组织。拉美国家奉行"开放的地区主义"的一个根本特征是：在逐步降低集团关税和非关税壁垒的同时，自动地降低本国关税的总体水平；在一体化发展过程中则表现为贸易集团不断接收新成员参加，并与发达国家和国家集团建立合作或整合关系。拉美的市场开放是全方位开放，各国政府再也不能自我封闭了。"拉美所需要的是能确保其走上一条通向发展之路的国际参与。这就要求拉美国家作出新的政治选择、安全选择和经济改造的选择，而这些选择能为实现地区和平、巩固民主、持续发展、更大的机会均等以及所有居民获取福利等项目标创造机会与开辟道路。"[①] "开放的地区主义"要求拉美国家在国际参与方式上由过去的依附性参与转变为积极参与，这种新型的地区合作模式符合世界经济全球化的大趋势。

六

通过对拉美地区一体化的历史考察和分析，笔者可以提出以下几点看法。

（一）拉美地区一体化始终是拉美国家经济发展战略的组成部分，它服从于各成员国的经济发展目标。"拉美国家在独立后主要是与经济上最发达的国家保持着外部联系"，这就造成了"能力上的极端差异"和"拉美长期处于外围"的状况。[②] 北方强大邻国美国的存在以及拉美国家长期对美国的依附，是拉美国家所面临的基本现实。拉美一体化组织自建立之日起，无论在实行内向型的进口替代工业化发展模式期间，还是在实行开放型的外向发展模式期间，它始终与拉美国家的发展战略联系在一起。为了实现地区一体化，拉美国家进行了许多尝试，还通过拉美特别协调委员会、拉美经济体系和其他机制来促进拉美各国在政治和经济上的合作。作为独立国家，拉美各国政府在全球范围内优先考虑的基本问题是发展。

[①] 弗·罗哈斯、威·史密斯：《南锥体：在新的国际环境中的参与方案》，载《南锥体与全球变动》，第14页。

[②] 埃拉多尔·穆尼奥斯：《拉美对外政策研究：主要课题和理论》，载［智利］《国际研究》1987年10—12月号。

"发展意味着改变拉丁美洲特有状况的变革"[①]。当前，拉美国家经济发展的主要任务是，实现本国的生产改造和结构性经济改革，积极参与国际经济竞争，而拉美经济一体化则是实现这一任务的必要手段。[②] 拉美国家进行具有鲜明的结构改革特点的经济调整和地区一体化的重振，正是在冷战结束后，拉美国家寻求现实主义的、积极参与国际竞争和发展民族利益的新思想和新道路的佐证。它将"使拉美在进入 21 世纪时拥有较好的条件，享有真正的政治经济独立和主权"[③]。

（二）拉美国家的经济改革和开放进程，有力地推动了拉美地区一体化的发展。80 年代，由于债务危机的困扰，拉美地区的经济黯然失色，在世界经济中的地位下降了，从而使拉美国家产生一种失落感。与此同时，世界经济区域化发展迅猛，逐步形成欧盟、北美和亚太三大经济区域。拉美国家，特别是南美国家深感在世界经济区域化过程中处境不利，产生"国际边缘化"的忧虑。正是在这种情况下，拉美国家普遍进行了经济改革，掀起了地区一体化热潮，拉美国家的经济改革虽然是被迫的，是按西方债权国的要求和新自由主义思想进行的，但它促使拉美国家由国家干预的内向发展模式向开放型的外向发展模式转变。拉美国家的经济开放进程在很大程度上改变了原来拉美一体化的含义，使之成为拉美国家与国际经济接轨的必要机制和手段。经济一体化已成为拉美国家进行经济和社会改造的一种重大的战略选择。拉美大多数国家的开放进程都为本国的经济恢复和发展提供了极大的可能性。国家经济的稳定、国家的开放进程和国际化进程，对于地区一体化的发展创造了更加适宜的条件。

（三）"开放的地区主义"促使拉美地区一体化深入发展，地区一体化的承诺反过来推动拉美各国经济改革向纵深发展，进一步适应世界经济国际化的大趋势。90 年代，拉美的一体化是以"开放的地区主义"为指导的。它不同于以往的地区一体化组织的本质特征在于它的开放性，包括对内的开放，要求区域集团成员国相互开放，不搞歧视，减少区域内经济

[①] 埃拉多尔·穆尼奥斯：《拉美对外政策研究：主要课题和理论》，载［智利］《国际研究》1987 年 10—12 月号。

[②] 卡洛斯·萨乌尔·梅内姆：《美洲一体化》，［阿根廷］塞伊内出版社 1991 年版，第 129—130 页。

[③] 罗萨里奥·格伦：《拉美地区协调的新形势：八国集团》，载［智利］《国际研究》1988 年 7—9 月号。

交往中的障碍；还包括对外的开放，即对非成员国开放。当前拉美地区一体化运动不是设置针对第三国的更高关税，而是趋向更大程度的全球自由贸易。拉美国家建立的自由贸易区不是封闭集团，而是为了加强同世界各国和国家集团的经济合作，参加国际竞争。为了提高竞争能力，更有效地参与国际市场，拉美国家不仅把一体化进程作为扩大地区内相互贸易、培育本国经济参与国际竞争的手段，而且把拉美地区一体化与"美洲倡议"关于建立西半球自由贸易区的目标联系起来，希望在贸易、投资、债务、石油开发、技术转让和改善环境等方面得到美国更多的合作。这表明拉美国家正在探索一条从依赖到自主的经济发展道路。"开放的地区主义"是一种新型的区域经济合作模式。它兼容区域内国家间的互惠和对外部世界的低保护两个方面，把优惠协议产生的相互依存与基本由市场信息推动的相互依存结合起来。拉美地区一体化从小地区自由贸易区走向联合，符合世界经济全球化大趋势。地区一体化的承诺要求拉美国家改变妨碍发展的保护主义，加快了开放进程，采用较为灵活实用的合作机制，利用地区市场来扩大需求，增加进口，进而带动国内的生产和产业结构调整，促进产品出口，积极发展同美国、西欧国家和日本的经贸合作关系，以适应复杂多变的国际环境。

（原载《拉丁美洲研究》1998 年第 1 期）

关于拉美地区一体化的几个问题

近几年，随着世界经济区域集团化的发展，拉美地区一体化进入一个迅速发展的新阶段。国内外学术界围绕拉美地区一体化问题发表了不少文章，但对一些问题显然存在着不同的见解。本文就有关的几个问题谈一些看法。

一　关于经济一体化概念

自1990年起，几乎所有的拉美国家都以不同方式加入了正在蓬勃兴起的地区一体化运动，其发展势头之迅猛、速度之快、参与国之多是前所未有的。对此，人们使用了几种不同的概念加以概括，有的称其为"经济合作"，有的则称其为"地区一体化"，有的笼统地称其为"经济区域集团化"。应该承认，拉美当前的地区合作是世界经济区域集团化趋势的组成部分。笔者认为，使用"地区一体化"来概括拉美地区合作的新格局更为合适。

经济一体化是第二次世界大战后在国际经济关系中出现的一种新现象，它是为了适应生产力空前提高，生产社会化空前增长的需要而出现，是国际经济关系更高水平的发展。地区经济一体化是指两个或更多的国家，为了促进经济发展，通过预定的方式和手段，有步骤、分阶段地消除它们之间存在的经济政策的差别待遇，最终建立一个更大的经济区域。根据这一定义，一体化有两个重要特征：（1）一体化的最终目的是要在成员国之间建立单一的经济区域或空间，它们的商品、资本、人员和劳务等生产要素可以自由流动；相互提供优惠，而不向非成员国提供。（2）一体化必须通过预定方式和手段，有步骤、分阶段地采取措施来实现最终目标，其中包括逐步地把部分主权自动地转移给超国家实体，协调经济政策的执行，制定有关的规章和准则，要求参与国共同遵守。此外，一体化进程是一个由低级向高级发展的过程，在不同阶段采取不同的形式，具有不同的特点。通常人们把经济一体化分为五种形式，即自由贸易区、关税同盟、共同市场、经济同盟和完全的经济一体化。

经济一体化是当代市场经济多国宏观调节的最新成就。地区经济一体化在组织上通常表现为地区经济集团。当前，在拉美组成的地区经济集团的共同特点，都是由大致毗邻的一些国家，根据自身的需要和生产国际化的客观要求，由政府出面，以某种协定、协议和条约为纽带联合而成的经济组织，成员国之间有着共同的经济利益。成员国联合起来，加强本地区的经济合作，共同对付外来的竞争对手，以谋求各国经济的共同发展。因此，以"地区一体化"来概括拉美地区合作是最恰当不过的了。

"一体化"与"经济合作"两个概念是有所区别的，这既表现在质的方面，也表现在量的方面。（1）"经济合作"是国与国之间单方面减少差别的行动，只涉及个别商品或生产要素流动的关税或非关税减让。而"一体化"是经济集团内成员国之间各个方面的协调和合作，它们之间通过契约提供的优惠必须涉及商品、资本、劳务等方面，或者至少全面地涉及其中的一个方面。成员国之间相互提供优惠是一种特殊的、只向成员国提供的优惠，而不向非成员国提供。它们之间要协调经济政策，要消除经济政策上的一些差别。因此，超国家权力是一体化必不可少的因素。（2）"经济合作"也是指国与国之间在经济的各个方面减少有差别行动的总和。"一体化"则仅仅是在形式上消除上面所说的一些差别。因此，可以说，"经济合作"比"一体化"涵盖的面更广。

另外，拉美地区一体化是发展中国家进行的一种地区经济合作，它有自己的特点。在地区一体化组织内，不存在"中心国"问题，这与当前以发达国家为中心的经济圈是不同的。

二 拉美地区一体化的发展阶段

从1960年起，拉美地区一体化经历了两次高潮，走过了曲折的发展道路。学术界对此有不同的描述：有的以一体化模式的变化进行划分，有的则以一体化发展状况进行划分，把它分为"蓬勃发展—徘徊停滞—重新活跃"三个发展阶段,或"产生和发展阶段、停滞阶段、恢复阶段和新的活跃阶段。"拉美经委会执行书记赫特·罗森塔尔把拉美一体化进程分为"意愿阶段"、"修正阶段"和"务实阶段"等三个阶段①。笔者认为,后一观点比较符合拉美一体化进程的实际,反映出阶段不同的态势和特点。

第一阶段:意愿阶段(60 年代初到 70 年代后期)。拉美地区一体化采取内向型的以市场合作为主(60 年代末到 70 年代也开展一些生产等领域的合作)的模式,是在各国普遍实施进口替代工业化发展战略的框架内设计的,它的中心目标是通过建立地区市场来弥补国内市场的不足,解决各国实施进口替代战略所面临的困难。各一体化组织制定了宏伟的目标,并规定了实现目标的期限,各国在签署条约时也作出相应承诺。应该说,由于引入了有利于节省外汇的各种支付机制,地区贸易得到较快发展。

但是,一方面,由于成员国政府过多的干预,当时一些人把一体化想象得过于简单,认为凡愿意参加的国家聚集在一起,开一个会,签署一个协议就大功告成,而对实际步骤往往不够重视。它们模仿欧洲一体化的做法,采取了脱离实际的单纯贸易合作的形式,难以获得预期效果。另一方面,它们把一体化的目标定得过高,一体化计划过于庞大,步骤过急,超越拉美各成员国的实际能力,各种承诺不能兑现,合作机制大多过于机械,不加区别地在所有成员国中实施;自由贸易手续过于烦琐,各项减免关税的谈判进展缓慢,计划未能实现;各一体化组织采取的措施未给成员国带来均等的实惠,一体化进展迟缓。

第二阶段:修正阶段(70 年代末到 80 年代末)。由于 70 年代中期世界经济危机,国际游资充斥金融市场,一些国家如智利、阿根廷和乌拉圭等采取新自由主义经济思想,不少拉美国家更注重同世界的联系,单独向国际私人银行贷款,实施负债发展战略。于是,有的国家(智利)正式退出所在的一体化组织,还有一些国家重新考虑是否加入某些体系,地区一体化组织受到削弱。80 年代的债务危机增加了一体化的困难,地区一体化运动陷入停顿状态。各一体化组织决定对原一体化条约进行修正。

---

① 赫特·罗森塔尔:《拉美一体化的 30 年》,载 [墨西哥] 《社会经济》杂志 1993 年 6 月。

1980年签署的新《蒙得维的亚条约》和1987年安第斯集团签署的《基多议定书》既未规定具体的目标，也未提出实现目标的期限，强调灵活性，主张加强双边合作和达成局部协议，成员国之间允许各种不同的协调方式。从1986年起，阿根廷和巴西两国签署了一系列一体化议定书，朝着灵活、务实方向发展，为地区合作开创了新的前景。

第三阶段：务实阶段（从1990年开始）。90年代，拉美国家面对国际格局的新变化和西方发达国家新的贸易保护主义的挑战，各国政府选择一条面向世界，而不是仅仅限于地区市场的道路，拉美地区一体化运动采取的是一种与出口导向型发展战略相适应的外向型一体化模式。在组织形式上，它们改变了过去那种以追求全面一体化的全地区模式，更注重发展水平相似或利益相一致的国家达成双边或小地区协议，实行以发展贸易互补为手段，以逐步减免关税和非关税限制，把建立双边和多边小地区自由贸易区或共同市场作为一体化的基本形式，并根据当前形势、各国的特点以及地区的发展方向，提出短期的奋斗目标，确定最急需合作的发展部门和项目，从而使一体化真正与促进各国经济发展联系起来。90年代，拉美地区一体化是以自由贸易为中心，开展更加广阔领域的合作，把参与国际经济竞争作为地区一体化的目标和内容，力图在贸易和生产两个方面逐步与国际市场接轨，适应复杂多变的国际经济发展大趋势。

三　拉美地区一体化的动力

在讨论拉美地区一体化的动力时，不少学者认为，地区一体化实体的形成和发展的关键"要有经济发展出色的带头国家"，美洲经济圈和东亚经济圈就是"圈内经济发展有美国和日本作为动力"；拉美地区一体化缺乏这种"动力源"。有人还提出，美国是拉美地区一体化的"动力源"。笔者对此不敢苟同。

首先，第二次世界大战后，随着帝国主义殖民体系的瓦解，一大批发展中国家纷纷获得独立，作为主权国家登上历史舞台，开始了发展民族经济的历史征程。拉美国家已独立一百多年，开始独立地发展民族经济。拉美国家建立地区一体化组织往往与它们的工业化发展战略相联系，是在加强相互联系的条件下，发展一体化合作。因此，同发达国家相比，发展中国家建立经济一体化组织的基础不同，它们原来相互经济联系少，需要通过一体化进程来加强区域内的经济联系和商品交换，促进专业化分工。

其次，必须把发展中国家进行的一体化活动同以美国、欧共体和日本为中心的三大经济圈加以区别。以拉美地区一体化和布什倡议的美洲自由贸易区为例，就基本属性来说，都是某些国家通过协商谈判寻求建立地区性经济集团，协调成员国之间的经济政策，促进各国的经济发展，增强在世界经济中的竞争能力，这是相同的。但二者又有明显的不同，表现在：拉美一体化产生于60年代初，为摆脱以美国为首的西方国家的经济掠夺和控制，维护国家主权和独立，发展民族经济，拉美国家先后建立了一批一体化组织。其成员国都是发展中国家，目的是联合起来，共同繁荣经济，增强集体经济实力，提高同发达国家的对话能力，是战后第三世界国家进行的反帝、反殖、反霸的有机组成部分和生动表现。而美洲自由贸易区是在进入90年代世界格局急剧变化，世界经济区域集团化的新形势下，由美国倡议建立的地区经济集团。面对世界经济不景气，为在争夺世界市场的尖锐斗争中占据有利的态势，保持和加强自己的实力，美国以区域经济集团为依托，拉拢发展中国家，积极营造自己的势力范围，同欧共体和日本为首的经济集团相抗衡。其成员国既有北美发达国家美国和加拿大，又有拉美发展中国家；美国以"中心国"自居，包含着美国企图进一步加强对拉美国家控制的意图。因此说，这是背景和内涵完全不同的两种经济一体化模式。

那么，拉美地区一体化的动力是什么？笔者认为，必须对拉美国家的历史发展进程进行考察，应从拉美国家内部去寻找。首先，"拉丁美洲独立后的外部联系主要是与经济上最发达的国家保持着"，这就造成了"能力上的极端差异"和"拉丁美洲长期处于外围"的状况[1]。北方强大邻国美国的存在以及拉美国家长期对美国的依附，这就是拉美国家所面临的现实。因此，作为独立国家，拉美各国政府在全球范围内优先考虑的基本问题是发展，"发展意味着改变拉丁美洲特有状况的变革"[2]。在拉美的国际事务中，经济利益是一体化的动力。为了实现地区一体化，人们曾进行了许多尝试，还试图通过拉美特别协调委员会、拉美经济体系和其他机制来

---

[1] 埃拉尔多·穆尼奥斯：《拉美对外政策研究：主要课题和理论》，载［智利］《国际研究》1987年10—12月号，第80期。

[2] 同上。

促进拉美各国在政治和经济上的合作。这一切,正是为了促进各国经济的发展。其次,联合起来共同对付美国。在拉美国家对外关系中,美国无疑是关键性的因素,它对拉美国家的内外政策起着极为重要的作用。拉美国家的合作和一体化正是为对付美国的威胁而产生。拉美经济学家认为,一体化能扩大拉美地区制成品的销售市场,并有利于发挥规模经济优势,通过一体化,建立起一支能与霸权主义相抗衡的力量,不仅能保障拉美国家的独立和主权,而且能控制跨国公司的活动,引导外国投资和技术转让,实现拉美经济的自主发展。最后,享有真正的政治经济独立和主权是90年代拉美地区一体化的动力。罗萨里奥·格伦指出:"拉丁美洲,正如在它获得独立后似乎没有为在19世纪实现团结做好准备那样,似乎也没有为在20世纪实现一体化做好准备,……因此,必须寻求现实主义的、有充分依据的新道路和新思想,使拉美在进入21世纪时拥有较好的条件,享有真正的政治经济独立和主权"[①]。当前拉美民主化进程以及以部长级和总统级经常性直接对话为特点开展地区新外交,开始形成一种地区合作和一体化的新格局。

四 关于互补性和竞争性问题

这是对拉美地区一体化评估中长期争论的一个问题。有的学者认为,拉美国家通过一体化,可以有效地利用各成员国的资源,有利于协调宏观经济政策和促进成员国经济部门的相互补充,以形成优势。有的则认为,拉美国家经济结构相似,出口产品雷同,竞争性大于互补性,各国的经济实力、发展水平参差不齐,经济政策和利益"难以协调一致"。

笔者认为,互补性和竞争性问题,既是对实行经济一体化的利弊得失的评估问题,又是一体化组织内外关系的辩证统一问题。归根结底,它又是关系到一体化组织采取什么样的一体化模式,实行什么机制的问题。

传统的观点认为,处于同一地区,经济发展水平大体相同,社会制度、历史文化传统、价值观念相近,更易于建立一体化组织;各国间相互依赖关系愈密切,共同利益愈多,消除市场障碍和实行专业化分工所带来

---

① 罗萨里奥·格伦:《拉美地区协调的新形式:八国集团》,载[智利]《国际研究》1988年7—9月号,第83期。

的经济利益越均匀,则愈容易巩固一体化组织,深化一体化进程。反之则难以建立一体化组织。传统一体化理论是以古典主义贸易理论为基础,以比较成本学说为主要内容,认为各成员应按比较成本进行国际贸易,产品成本低的国家应输出,产品成本高的国家应输入,可在生产上充分利用各国的优势,避免在劣势下生产。按照这一理论,参加一体化的国家可通过集团内的自由贸易,降低生产成本,提高产品的竞争力。

但是,拉美国家的实际情况似乎与传统一体化论述正相反。首先,各成员国间生产同一货物所花费成本的差别是一体化的障碍,而不是刺激;生产条件差的国家反对开放贸易,担心别国产品竞争给本国工业和社会带来不利的后果。由于内部市场狭小,生产设备使用率低,在不同国家建立的生产同一产品的厂家没有起到降低成本、鼓励竞争、提高效益的作用。在战略性生产部门也很难实施生产的合理分配,因为各成员国都想拥有这些部门。因此,它们宁愿以部门专业化为基础,达成生产互补性协议。这表明,适用于工业发达国家的贸易合作的一体化原则,在拉美国家受到了限制。其原因是,在欧共体,各成员国的工业比较发达,生产结构问题已基本解决,市场发育充分,成员国在产品结构上具有相似特点,它们的合作主要是产品内的分工,这就避免了产业结构调整上的矛盾,使贸易集团的成立更加容易;随着竞争的加剧,生产、消费水平和结构会自动调整。而在拉美,由于工业并不发达,市场发育不充分,各国工业的生产体系离整体性和有效性还差得很远,经济的互补性和竞争性之间尚无明确的选择。还必须指出,发展中国家通过一体化导致的市场容量的扩大和生产结构多样化,以及成员国之间自然资源和产品的相互补充而产生效益。这种互补性不仅表现为一体化成员国之间因自然资源差异而导致产品的互补,而且也表现在成员国的分工遵循"产品工业内部分工多于部门内部分工"的原则上,成员国在一定范围内利用各国的优势生产一种产品,从而使各自的优势得到更好的发挥。由于许多拉美国家的经济发展水平处于较低水平,在过去的30年中,拉美地区一体化在内部未能实现真正的互补性,它们简单地抄袭欧共体的贸易合作模式,从贸易合作机制到合作机制运行效果均存在一定的局限性。因此,取得的成效并不大。

其次,拉美国家的传统贸易是同发达国家进行,地区内的贸易只占很小的比例(15%)。内部市场狭小不是生产力的发展不能为其容纳,相反,却是经济发展水平相对低下,拉美地区一体化进程必然受到外部因素的严重制约。由于拉美国家采取"内向型一体化"模式，一方面，地区内的相互贸易伴有较高的贸易转向亏损；另一方面，对外实行"闭关自守"政策，对外资持排斥态度，对本国工业实行过分保护，这无疑是削弱与国际市场的联系，既不利于从国际分工中得到实惠，也不能真正增强经济发展中的自主权。事实上，发展中国家与发达国家经济关系的发展和发展中国家参与国际经济的能力，是发展中国家经济发展的重要条件。积极利用发达国家的市场、资金和技术，发展外向型经济，在积极参与国际分工和国际交换中，实现经济与国际市场接轨，使产品结构出口中心化，生产要素国际化，企业经营跨国化，经济运营自由化，正是以亚洲"四小龙"为代表的东亚国家和地区发展经济的成功经验。它们不仅减少了对发达国家的依赖，奇迹般实现经济起飞，而且正向发达经济迈进，成为西方国家不可忽视的竞争对手。战后拉美国家经济发展战略和对外经济政策的失误，导致出现结构性危机，是个沉痛的教训。

进入90年代，由于国际市场竞争加剧，贸易保护主义盛行，世界经济区域集团化迅猛发展，拉美各国政府深感加强地区合作的重要性和紧迫性。它们正在认真总结进行地区一体化30年的经验教训，针对本地区严重的经济社会问题和面临的挑战，取得了拉美国家只有加强地区内的自我援助能力，才能克服困难和危机；只有加强团结，积极推进地区一体化运动，参与国际竞争，才能提高拉美国家在世界经济中的地位，在新格局中避免落后，求得发展的共识。随着各国民选政府的出现和经济调整的深入，拉美各国从务实出发，以地区一体化思想指导本地区的外交工作。目前，拉美国家普遍认为，必须参与国际贸易，把它作为实现现代化技术进步和提高生产效率的条件，对地区一体化赋予一种重要的、与以前完全不同的作用，不是把一体化当作纯粹的民族市场的扩大，而是当作地区参与国际经济的必要步骤，作为加速本国经济和社会发展的措施。当前拉美国家实行的外向型一体化战略，意味着必须提高生产效率和技术水平，加强拉美国家的金融机制和谈判能力，意味着要密切合作，争取对国际金融体系做必要的调整，以抑制工业国家的经济政策对发展中国家的负效应。

当前拉美地区一体化运动不是设置针对第三国的更高关税，而是走向更大程度的全球自由贸易区。拉美国家建立的自由贸易区不是一种封闭集团，而是为了加强同世界各国和国家集团的经济合作，参加国际竞争。它们把一体化进程作为扩大地区内相互贸易，培育本国经济参与国际竞争的手段。拉美各国实行的开放政策改变了过去妨碍拉美发展的"保护主义",他们在合作机制方面排除了"统一性"原则,侧重于建立灵活实用的经济合作机制,利用地区市场潜力来扩大需求,增加进口,进而带动各国的产业结构调整,促进制成品出口,积极发展同发达国家的经济贸易合作关系,适应复杂多变的国际环境。

因此,可以说,互补性和竞争性是地区一体化的一个问题的两个方面,对内要更加强调互补性,对外则要突出它的竞争性。新型的一体化组织内,成员国之间的关系是建立在合作与竞争的新型国际分工关系的基础上,各成员国经济的依存性和互补性,使它们加强彼此间的经济合作,而相互之间的竞争性又促使一体化内部朝着水平分工的方向变化。为了求得生存和发展,各经济集团的相互竞争是完全必要的。如果一体化组织内部的互补性越强,各成员国得到的好处越多;反之,则越少。如果一体化组织对外竞争性越强,一体化组织的生命力越强,成员国得到的实惠越多;反之,生命力差,得到的实惠越少。值得注意的是:拉美地区一体化运动逐渐转向务实,采取外向型一体化模式,尤其是墨西哥同美、加签署北美自由贸易协定,这是拉美国家同发达国家实行区域内南北合作的尝试。看来,拉美国家为了提高自己的竞争能力,更有效地参与国际市场,它们把拉美地区一体化与"美洲倡议"建立西半球自由贸易区的目标联系起来,希望在贸易、投资、债务、石油开发、技术转让、改善环境等方面得到美国的更多合作。这表明,拉美国家正在探索一条从依赖到自主的经济发展道路。

五 拉美地区一体化的发展前景

这一问题涉及两个方面:一是拉美地区一体化进程的前景;二是拉美地区一体化与北美自由贸易区的相互关系的前景。学术界对此众说纷纭,莫衷一是。

尽管人们对拉美地区一体化前景可以从不同角度作出自己的判断,得出不同的结论。但是,笔者认为,从当前的发展趋势看,拉美国家以实现自由贸易来推动经济一体化进程不可逆转,近期内将会比较顺利地进行。按目前已签署的条约或达成的协议,到1996年,一批与传统一体化不同的新型小地区自由贸易区或共同市场将在拉美建成,并出现打破以小地区划片的格局，有在整个拉美地区实现自由贸易区的势头。从小地区联合逐步走向全拉美的联合，是拉美地区一体化的必由之路。当前拉美地区一体化合作是以双边和多边的小地区形式进行，这些集团不是朝着相互孤立、彼此排斥的方向发展，而是相互渗透、交叉进行，并在有关准则和条例规定上彼此协调，有利于全地区由这种相互协调的多集团顺其自然地走向地区联合。各地区一体化组织的定期协商和里约集团的协调将起着促进和保证作用。

但也应该看到，拉美地区一体化进程还处于较低阶段，主要是在政府间进行，企业家仍未充分参与，特别是不存在超国家权力机构，这与欧共体完全不同。正是由于各国政府把主要精力用于国内经济结构调整上，一体化必然服从于各国民族经济的发展。因此，随着一体化程度的提高，地区一体化遇到的矛盾会越来越多，阻力也会越来越大，诸如各国经济实力的发展水平差异较大，在一体化实践中，各国的政策和利益不易协调，在实现货物、投资和劳动力的自由流通，实施区域内产业结构的合理分工，获得规模经济效益，建立超国家机构等方面，还会遇到许多困难。尤其涉及国家主权让渡问题，是个长期复杂的过程。因此，从中、长期来看，拉美地区一体化的发展将在很大程度上取决于拉美各国产业结构能否沿着正确的方向进行调整，取决于各成员国在工业部门经济互补性的增加。当前，拉美国家在经济、政治和社会领域进行着深刻的改革。拉美国家进行的经济改革，目前主要是消除由于国家过分干预和存在对市场正常运转的限制造成的扭曲。同时，各国经济结构调整也有个过程，调整取得成效有待时日，生产结构调整和扩大生产规模需要投资，这不能不受到资金短缺的制约。另外，外部的消极因素也会起到一定作用。因此说，里约集团提出的建立拉美共同市场的前景就不那么乐观。

关于拉美地区一体化与北美自由贸易区相互关系的前景，笔者认为，在近期和中期内前景不太乐观；能否建成美洲自由贸易区乃是21世纪的事情。理由是：（1）布什的倡议，不是美国对拉美国家的"慷慨恩赐"，而是美国自身的战略需要，政治因素大于经济因素。80年代以来，美国经济实力相对衰落，作为世界第一经济大国的地位受到日本和西欧的严重挑战。冷战结束后，随着世界经济区域集团化的发展，全球经济竞争日益激化，面对日益强大的西欧、日本以及东南亚的迅速崛起，美国自感势孤力单，难于匹敌。虽然美国同加拿大建立北美共同市场，但仍感寡不敌众。美国认为，如果建立美洲共同市场，无论其政治地位和经济势力都将超过西欧和东亚地区，其霸主地位才有保证。（2）经济集团之间总有排他性质。北美自由贸易协定的签署意味着美洲倡议迈出了第一步，并经三国议会通过，于1994年1月1日开始生效；建成北美自由贸易区还有15年的过渡期。在北美自由贸易协定的推动下，近两年，拉美地区一体化增添了新的活力，取得新的进展。拉美地区一体化的最终目标是要壮大自身力量，以便"重新参与国际经济"。如果北美自由贸易区以地区保护主义形式出现，那么，它与拉美地区一体化关系的前景就不那么乐观。正如"经合组织"的一位学者指出的，"地区经济集团还被看作是为赢得世界市场做准备。这几乎明确地暗示，为了建立必要的经济和技术基础结构，要有一段时间实行保护主义"[①]。因此，在西半球，这两种保护主义就难免要发生摩擦。为了免受北美自由贸易协定签署的损害，南美大多数国家积极与亚太地区国家发展经贸合作关系，拉美地区组织如，里约集团、安第斯集团等已经或正准备进一步加强自己内部及同欧洲和亚洲的合作。（3）美洲倡议比较空泛，实行起来比较困难。即使美国确定了对外政策的新框架，但美国对拉美的政策也只能缓慢地起变化。从实际情况看，美国的外交重点是在欧洲，它把主要力量放在援助俄罗斯，解决波黑地区和中东的冲突，近期内不可能与大多数拉美国家谈判建立自由贸易区问题。

（原载《世界经济》1995年第2期）

[①] 路易斯·埃默里杰：《全球化、地区化与世界贸易》，载《世界经济译丛》1993年第3期。

拉美国家对外经济关系多边化趋势

20世纪90年代以来,拉美国家在加强本地区内合作的同时,主动改善同美国的关系,共同磋商筹建美洲自由贸易区问题,努力拓宽同欧盟的经贸合作关系,并积极开展同亚太地区国家的合作。这使得拉美国家的对外经济关系呈现出多边化的发展趋势。

一 拉美国家对外经济关系多边化的背景

拉丁美洲国家对外经济关系多边化是多种因素促成的:既是国际政治经济格局急剧变化所推动,也是拉美国家对外政策调整的必然结果。

首先,世界政治经济格局发生急剧的变化。经济全球化已成为一种世界趋势。在全球范围内政治和军事领域中的竞争,已被经济领域中为增强本国综合国力的竞争所代替。90年代初,欧共体统一市场的出现,北美自由贸易区的建立和亚太经济贸易区的筹建,对世界经济产生了巨大的影响,对拉美国家来说也是一个巨大的挑战。在这种条件下,拉美国家认为,调整对外政策是十分必要的。拉丁美洲国家"需要一种内在的发展,并有效地扩大对世界经济的参与,才能在国际竞争中立于不败之地"[①]。

其次,拉美各国政府要求摆脱经济困境的强烈愿望。80年代的"失去的十年",拉大了拉美国家同西方发达国家之间的差距。拉美各国政府认为:必须不失时机地利用变化中的世界格局,进行内外政策的调整,更有效地参与国际竞争,是实现经济现代化的根本途径。为此,拉美国家加强了团结和协商,力求使外交关系多元化。然而,拉美国家面临一个贸易

---

① 安德烈·佛朗科·蒙托索:《90年代拉丁美洲的政治前景》,载《拉美一体化》1990年9月号。

保护主义日益严重的世界市场。因此，开拓市场，尤其是开拓传统市场尤为重要。大多数拉美国家主动改善同美国的关系，加强同西欧和亚太国家的联系，实行对外关系多元化方针。

再次，北美自由贸易区的影响。1990年6月，美国总统布什提出的建立美洲自由贸易区"美洲倡议"，是从美国本身的利益考虑的，它标志着美国对拉美政策的重大调整，表明其重点已从安全问题转到了经济问题。1992年12月，美、加、墨三国间的北美自由贸易协定的签署和生效，不仅对三国经济具有重要意义，而且对世界经济格局的变化产生巨大的影响。墨西哥加入北美自由贸易区得到很多优惠。但是，中美洲、加勒比地区国家，乃至南美洲国家都处于极为不利的境地。美国和加拿大在增加对墨西哥贸易和投资的同时，减少了对其他拉美国家的贸易和投资。对拉美国家方面来说，在加强地区一体化的同时，大力发展与欧、亚国家的经济合作关系，是近几年来拉美国家外交的一个突出特点。北美自由贸易协定的生效也刺激了欧盟、日本和其他国家对拉美市场的争夺，使得拉美国家对外经济关系多元化趋势加速发展。

最后，拉美国家政治经济改革卓有成效，经济取得稳定发展。90年代以来，拉美国家经济逐步恢复增长，通货膨胀得到控制，经济已进入一个相对平稳的发展时期，成为世界上继亚洲之后的第二个经济快速发展的地区。这使多年来对拉美心怀疑虑的外国投资者卷土重来。

二　大力发展同西欧国家的关系

拉美国家与西欧国家的关系历史悠久。19世纪初，大多数拉美国家在摆脱西班牙和葡萄牙的殖民统治之后，欧美列强便开始在拉美进行争夺和角逐。直到20世纪30年代，西欧在拉美地区的政治和经济影响仍处于举足轻重的地位。二战期间，美国利用战时的形势，进一步排挤了其他西方大国的势力，拉美国家成为美国的势力范围，其政治、经济、军事和外交均受到美国的控制。

从20世纪60年代中期起，西欧与拉美的关系有了很大的发展。西欧视拉美为出口商品市场和原料供应地，通过加强经济合作，维持其在拉美的既得利益并加强同美国的争夺。而拉美国家却利用西欧的经济实力、雄厚的资本、技术优势和政治影响，发展民族经济，以便摆脱对美国的过分依赖。

进入 90 年代，随着世界经济全球化和区域经济集团化的发展，拉美国家开展以发展对外经济关系为主旋律的经济外交。西欧与拉美国家之间的经贸合作关系又得到了新的发展。1995 年，欧盟理事会对拉美国家制定了新的政策。欧盟在其对拉美的新战略中，采取了支持民主、尊重人权和加强法治的措施。欧盟与拉美国家的关系已取得了实质性进展。

20 世纪 90 年代，西欧国家与拉美国家关系的发展有如下几个特点：

（一）政治对话已成为了双方经贸合作的原动力，拉美国家与西欧国家的经贸关系得到新发展

20 世纪 80 年代中期以来，欧共体同中美洲国家一直保持着政治对话和经济合作关系。随着中美洲和平的实现，欧共体决定帮助中美洲国家发展经济。鉴于 80 年代拉美地区和西欧贸易衰退的情况，1990 年 4 月，拉美国家最大的政治协商和协调机构里约集团的外长，同欧共体外长进行首次对话。之后，两个集团的外长每年举行一次对话。在 1991 年 4 月的第二次对话中，里约集团呼吁欧共体国家在贸易、金融和投资、科技和教育等领域，向拉美国家提供更多的合作机会。两个集团签署了加强地区合作纪要，欧共体许诺在 1991—1996 年向拉美国家提供 28 亿欧洲货币单位的援助。1997 年 8 月，里约集团首脑会议决定向欧洲靠拢，表明欧拉关系进一步得到加强。1998 年 2 月，里约集团成员国外长和欧盟国家外长在巴拿马举行第八次会议，对合作方面已取得的成果进行总结，并探讨了下一世纪发展欧盟与拉美地区新关系的途径。会议商定，1999 年上半年举行首次欧洲、拉美和加勒比国家元首和政府首脑会议，以此推动和加深地区间的政治对话和经济贸易合作关系。

近几年，拉美成了欧盟出口最具活力的市场，欧盟同拉美的贸易增长超过了它同美国的贸易增长速度，欧盟是拉美和加勒比地区的第二大贸易伙伴。1996 年，双方的贸易额已近 900 亿美元[1]。同时，欧盟向拉美地区的投资势头更强。据统计，1982—1992 年，美国对拉美的直接投资增长了 97%，而西欧对拉美的直接投资增长了 120%。欧洲对拉美直接投资的增长，一方面，受益于拉美巨额外债的转换；另一方面，受益于 1992 年

---

[1] ［墨西哥］《至上报》1998 年 5 月 16 日。

欧共体采取的金融措施，即通过建立合资企业和扩大欧洲银行对拉美国家的贷款和投资活动，以寻求新的市场。最近几年，拉美国家的私有化和对外国投资法的改革又大大地促进了欧盟对拉美的直接投资。欧盟在南方共同市场的直接投资和贸易，超过了美国和日本。1996年，欧盟和南方共同市场的贸易额达400亿美元，它对拉美投资的70%集中在南方共同市场国家，欧盟已成为南方共同市场的第一大贸易伙伴和第一大投资者。

（二）利用传统的历史文化发展两地区的关系，西班牙在其中起着桥梁作用

西班牙和葡萄牙曾是拉美国家的宗主国，它们在政治、文化、经济和贸易方面都有一种特殊的关系。80年代，西班牙和葡萄牙加入欧共体后，加强了对拉美次大陆的关心。1991年7月，在墨西哥召开的有19个拉美国家和西班牙、葡萄牙参加的第一次伊比利亚—美洲国家首脑会议，是90年代西班牙和葡萄牙加强同拉美国家经济合作的良好开端。之后，伊比利亚—美洲国家首脑会议每年举行一次例会。1994年6月，在哥伦比亚的卡塔赫纳举行的第四次首脑会议上，他们在加速发展、促进经济一体化和自由贸易方面达成共识。1995年，西班牙担任欧盟主席职务，极大地推动了欧盟国家与拉美国家的关系。西班牙出席在阿根廷举行的第五次伊比利亚—美洲国家首脑会议之际，积极推动两大地区的经济一体化，并促成欧盟与南方共同市场在马德里签署了《区域合作框架协议》。1996年11月在智利举行的第六次首脑会议上，西班牙首相阿斯纳尔提出召开一次欧盟、拉美和加勒比地区国家首脑会议的建议，得到欧洲—拉美议员会议的积极支持。1997年6月，里约集团外长决定，1999年与欧盟进行一次会晤，届时所有拉美国家（包括古巴）都将参加这一会晤。正如欧盟负责拉美事务的领导人米格尔·阿纳克雷塔所指出的，每年举行的伊比利亚—美洲首脑会议，无疑大大促进了两地区经济一体化事业。

（三）以建立跨地区的自由贸易区为契机，拉美国家与欧盟的经贸合作关系取得突破性进展

由于拉美国家经济调整的深入和实行开放政策，它们采取积极参与国际市场的"外向型"发展模式。拉美和欧盟两个地区国家领导人互访增多,经贸关系得到进一步的发展。双方认为,建立跨洲的自由贸易区具有很强的互补性,特别是在工业化国家经济不景气的情况下,更是如此。因此,在"开放的地区主义"思想指导下,巴西努力促成南方共同市场同欧盟就建立自由贸易区进行谈判,并认为这不仅是对美国的有益平衡,而且也是确保该组织特殊地位的一种方式。[①] 换句话说,拉美国家希望倚重欧盟,加强其同美国的谈判地位。1994 年 4 月,南方共同市场和欧盟的外长,提出两个集团建立自由贸易区协议的动议。10 月,欧盟委员会通过一项文件,建议组成"欧盟—南方共同市场区域联盟"。12 月,这一建议得到欧盟首脑会议批准。南方共同市场第七次首脑会议也表达了与欧盟建立自由贸易区的愿望,并于 1995 年 8 月召开的第八次首脑会议上,确定了与欧盟建立自由贸易区的准则。同年 12 月 25 日,在西班牙首都马德里,双方正式签署了《地区间合作的框架协议》。该协议决定用 10 年时间,即到 2005 年,建成世界上最大的跨洲自由贸易区。双方决定,建立一个合作理事会,负责监督协议的实施,还将成立一个贸易委员会,以保证完成协议中规定的各种贸易目标。协议的签署为建立世界上最大的自由贸易区奠定了基础,它标志着南方共同市场与欧盟之间的关系进入一个崭新的阶段。

1994 年 12 月塞迪略自担任墨西哥总统后,就着手对墨西哥对外政策进行战略性调整,把发展同欧盟的经贸关系,作为其多元化外交战略的重要一环。由于墨西哥地处南北美洲接合部的战略位置,欧盟视墨西哥为进入北美洲自由贸易区的重要通道。1997 年 12 月 8 日,墨西哥同欧盟正式签署了《建设经济伙伴、政治协商和合作关系》的协议。协议认为,需要通过《马约》第 238 条规定的政治合作来建立巩固的伙伴关系。这种关系包括在 30 个领域的合作,其中一些领域如科技、教育培训和环境保护等是战略性合作。目前,墨西哥分别同英国、意大利、法国、德国、西班牙等国在经济、金融和促进投资等方面的合作签署了一系列协议。欧盟国家在墨的投资出现增长的势头。

总之,欧盟与拉美国家的自由贸易战略,是根据双方的共同利益制定的,有利于提高欧盟在拉美地区的地位。

---

① [委内瑞拉]《宇宙报》1997 年 9 月 4 日。

（四）欧拉国家之间的双边关系发展迅速，欧盟国家大举进军拉美市场，同美国在拉美形成竞争态势

由于拉美国家十年经济改革卓有成效，其经济已进入平稳发展时期。欧盟各国利用这一时机，通过大量投资和签订一系列经贸协定，大举进军拉美市场，同美国在拉美地区展开争夺。

西班牙是欧盟在拉美地区的第一大投资国，截至1996年，其在拉美的总投资额高达600亿美元，占对外投资的40.5%。[①] 阿根廷是西班牙的主要投资地点，也是西班牙商品在美洲的最大买主。最近6年，西班牙在阿根廷的公共服务、银行、工业和保险部门，共投资70亿美元。西班牙银行业在拉美已投入40亿美元。1998年，西班牙对外投资为148.64亿美元，其中66.6%又投向拉美国家，主要投在巴西、哥伦比亚、智利和阿根廷。据报道，在不到两年的时间内，西班牙在巴西的投资超过了110亿美元。[②] 总之，通过巨额投资，西班牙在拉美地区继续保持着不可替代的作用。

德国是与拉美地区关系最密切的欧洲国家之一。为了加快发展同拉美地区的合作关系，1995年，德国制定了促进本国企业向拉美地区投资的新政策。到1997年，德国在拉美地区投资额已达300亿美元，占德国在发展中国家投资的60%左右。

英国政府于1995年初，在伦敦举行了"与拉美关系"的讨论会，旨在促进英国企业赴拉美投资。意大利等国对拉美的投资也十分活跃。1995年11月，由法国、西班牙和意大利组成的欧盟"三驾马车"官员访问了古巴，开始了欧盟国家与古巴的对话，其目的是为同古巴政府就今后合作固定化交换意见。同年10月，欧盟和中美洲国家双方代表通过会议，谋求促进经济和政治的联系。

1997年3月，法国总统希拉克先后访问了巴西、乌拉圭、玻利维亚、巴拉圭和阿根廷等五国，是法国对拉美国家采取的重大外交活动。希拉克在讲话中反复强调，法国重新回到它在过去几十年里忽视的南美洲。它致力于加强与这个地区所有国家的联系，特别是与南方共同市场成员国的联

---

① ［墨西哥］《至上报》1997年7月23日。
② ［西班牙］《国家报》1998年9月18日。

系。他指出南方共同市场的第一伙伴不是美国,而是欧洲。他建议,于1998年年底召开一次欧盟与拉美国家首脑会议,以便使"新的和雄心勃勃的伙伴关系具体化"。希拉克申明,举行欧拉国家首脑会议的建议,已同德国、西班牙和荷兰等国商讨过,并申报了欧盟委员会。希拉克的拉美之行,是为了敦促拉美国家与欧盟进行合作,"拒绝以美国为首的单极世界",其目的是对拉美开展务实外交,同美国在拉美地区展开竞争。这也正符合拉美国家借重欧盟,以提高对美国的谈判地位的愿望。欧盟帮助拉美地区的一个特点,是把援助视为旨在改善拉美地区的经济环境以及推动两个地区之间贸易的工具。1998年2月,欧盟和里约集团第八次外长会议商定,在1999年上半年举行首脑会议,目的是提高两个地区的合作和经济往来的质量,加强合作和地区间的对话,使两个地区朝着新的联合方向发展。美国《华尔街日报》指出:"在美国的后院,欧洲在贸易和外交方面频频得手","凭着善做交易的精明和娴熟的外交技巧,欧盟正设法把它同南美各国兴旺的贸易转化成正式的地缘政治伙伴关系"。[1] 当然,拉美国家在同西欧国家发展经贸关系中,也碰到一些问题。如欧共体国家实行关税壁垒政策和非关税限制,使拉美国家难以扩大对欧共体的出口。突出的一个例子,就是1993年7月1日,欧共体对拉美香蕉实行配额进口,引起拉美香蕉生产国的强烈不满。

此外,东欧国家也出现与拉美国家恢复经贸合作的迹象。俄罗斯和东欧国家官员先后访问拉美,表示他们对拉美国家实行外交多元化的支持。

三 积极发展同亚太地区国家的经贸关系

随着亚太地区经济的飞速发展,拉美国家发动"太平洋攻势",寻求加强同这一地区国家的广泛联系和合作。

首先,位于太平洋沿岸的拉美国家,努力增进同亚太国家的关系,积极要求参加环太平洋的经济合作。墨西哥一马当先,努力增进同东亚和太平洋沿岸国家的关系。它采取的措施是:(1)成立有广泛代表性的国内委员会,寻求参加同亚太地区国家的经济合作;(2)扩建太平洋沿岸的萨利纳克鲁斯港口,修建一条从墨西哥湾东南的石油基地到该港的输油管

---

[1] [美国]《华尔街日报》1997年9月18日。

道，以利于向日本、韩国等国出口石油；（3）实行对外开放政策，降低关税，大力引进日、韩等国先进设备和技术以及先进的管理经验，积极发展能大量吸引外资的工业，调整产业结构，以适应太平洋地区国家的需要。哥伦比亚政府也采取类似措施建立了哥伦比亚太平洋合作委员会，制定旨在增加与亚太地区国家贸易关系的战略，以求获得日本和亚太地区其他国家的资本和技术，并争取早日加入亚太经济合作组织和太平洋经济合作理事会。秘鲁政府认为，秘鲁位于南美洲中部沿海地带，将太平洋地区作为新的经济活动中心，对它的发展是很重要的。智利总统指出，亚太地区众多国家同智利有着广泛的一致性，亚太地区已成为智利对外贸易中富有活力的地区之一，智利还可以成为亚洲国家和拉美国家之间的桥梁。位于太平洋沿岸的拉美国家，积极要求参加环太平洋的经济合作，以争取获得日本和亚太其他国家或地区的资金、技术。亚太经济合作理事会原是一个以亚洲国家为主的机构，从 90 年代起，开始吸收拉美国家参加。1993 年 11 月和 1994 年 11 月，墨西哥和智利分别正式加入亚太经济合作理事会，秘鲁也于 1997 年正式加入。厄瓜多尔、哥伦比亚和巴拿马已经表示，希望加入亚太经济合作理事会。厄瓜多尔把加入亚太经合理事会，看作是其外交政策的基本目标。为实现这一目标，厄瓜多尔政府许诺进行法律改革，同公共部门和私人部门进行协商。阿根廷、巴西、委内瑞拉等国也寻求向太平洋开放，以实现对外贸易多边化。

其次，近十年来，拉美国家领导人频繁访问亚太地区国家，十分重视发展同亚太国家的关系。1990 年，阿根廷总统梅内姆访问了日本和中国。从 1990 年阿尔韦托·藤森当选秘鲁总统后，每年都对亚洲国家进行访问，密切彼此之间的关系。1992 年智利总统艾尔文访问马来西亚、中国和日本，他强调亚太地区众多国家同智利有着广泛一致的观点。1993 年，墨西哥总统萨利纳斯访问了中国、日本、澳大利亚、新加坡和印度等国。1994 年，乌拉圭总统拉卡列访问中国。巴西总统卡多佐著文指出，巴西政府的对外政策将亚洲置于"特别优先地位"。1996 年，拉美国家先后有六位总统访问中国。拉美国家与亚洲国家的经贸合作，呈现出日趋活跃的势头。

最后，美洲和拉美的地区性机构积极推动拉美与亚太地区国家关系的发展。1991 年 4 月，美洲开发银行选择日本名古屋作为其第 32 届年会会址。1992 年 9 月，有关拉美经济体系的一份报告指出：亚洲不仅是当今世界上最富有活力的地区，而且还向世界提供了贸易、投资和技术转让等许多机会，力促拉美国家加强与东亚国家的经贸关系。1993年5月，里约集团的智利、阿根廷和巴西3国外长代表拉美地区访问日本，表明拉美国家将深化同日本的关系，促进相互了解，并制定各种新的经济、政治合作方式和措施，推动日本政府在西方七国首脑会议上为改善拉美的国际经济环境做出努力。1994年8月，里约集团13国同中国在巴西利亚举行了双边首次经贸研讨会，探讨推动发展双边经贸合作问题。拉美与亚太地区国家的经贸往来更趋活跃，开始了一个新的发展阶段。

拉美国家之所以积极开拓与亚太地区国家的关系，首先是出于经济利益的考虑。亚太地区可以向拉美地区提供贸易、投资和技术转让的机会。其次是拉美国家试图改变过分依赖美国市场的状况。发展同亚太地区国家的经贸关系，是拉美国家对外经济关系多元化的又一选择。在拉美与亚太地区的经贸关系中，日本处于最重要的地位。日本与拉美发展经济关系主要表现在贸易和投资两个方面。日本视拉美为它的原料供应地，以资源开发和发展援助为主要手段，重视私人投资，开展经济和技术合作。拉美是日本的第三大投资对象，日本是拉美国家的第三大贸易伙伴。到1993年，日本对拉美的出口额为158.7亿美元，从拉美的进口额为81.16亿美元。日本对拉美的有价证券投资和长期投资，已从1989年的83亿美元增加到1993年的545亿美元。

事实上，拉美国家经济和政治地位的不断提高，有利于加强它与亚洲国家和欧盟经贸关系，减少对美国的依赖。90年代以来，墨西哥与亚洲地区的贸易增长最快，年平均增长28%，巴西和委内瑞拉与亚洲地区的贸易年平均增长率也在10%上下。近几年，韩国与拉美的贸易额直线上升。巴西已是韩国在拉美的主要贸易伙伴，1995年，两国的贸易额达30亿美元。韩国与智利的贸易也在增加，1995年贸易额为16.36亿美元，韩国成为智利的第6大贸易伙伴。1996年，智利与亚洲国家的贸易额超过它与美国的贸易额，占其出口总额的33.3%。1997年2月，阿根廷总统梅内姆访问新加坡时，呼吁东南亚联盟与南方共同市场组建自由贸易区。同年9、10月间，马来西亚总理马哈蒂尔访问中南美洲4国时表示，希望加强马来西亚与南方共同市场的关系。

与此同时，拉美国家实行的贸易自由化和私有化政策，已引起外国投资者，特别是亚洲投资者的兴趣。近几年，拉美国家政局稳定，地区经济持续增长，来自亚洲地区的投资有了大幅度增加。在拉美地区投资增长最快的国家是韩国。1991年，韩国公司在拉美投资达1.7亿美元，到1995年韩国在危地马拉、智利、阿根廷、巴西和秘鲁的投资更多达3.4亿美元，主要投资在石油勘探、纺织和渔业等部门。1996年，韩国公司宣布计划在3年内增投17亿美元。

拉美引起亚洲投资热的另一原因，是亚洲公司把拉美地区作为进入美国巨大市场的跳板。在泰国和印度尼西亚从事经营活动的韩国和中国台湾的纺织和玩具制造商，由于受到美国进口配额的限制，转而在拉美建厂生产。由于对亚洲公司实行产品和关税的优惠政策，墨西哥的边境城市蒂华纳市出现许多亚洲公司的加工厂。另外，东南亚私人企业看好巴西提出的南美洲自由贸易区的设想。新加坡的汇丰集团积极购买墨西哥、巴西、智利和秘鲁的金融机构，设法取得这些金融机构的股票，希望扩大亚洲和中南美洲之间的资金流通。

前两年，亚洲国家领导人接连出访拉美国家，有力地推动了亚洲国家对拉美的投资。1996年8月，日本首相桥本龙太郎，对墨西哥、智利、巴西、秘鲁和哥斯达黎加五国访问，这是日本首相时隔很久对发展中国家的出访，以推动全面的政策协商。桥本在访问期间，向上述国家提供6个项目，总额为1130亿日元贷款。据报道，到1996年，日本对拉美的投资已达550多亿美元。

1996年9月，韩国总统金泳三访问了危地马拉、智利、阿根廷、巴西和秘鲁等国。这是韩国总统首次访问拉美，是韩国为开拓拉美市场，推动对拉美的投资，扩大与拉美的经济关系而开展的一场声势浩大的"经济外交"。在访问期间，金泳三总统反复强调，要大力加强韩国与拉美国家的伙伴关系，要通过建立合资企业，把双方的经济合作扩大到造船、采矿、冶金和通信等领域，从而为今后双边经济关系的稳固发展打下坚实基础。访问中，韩国与阿根廷签署了在能源和航空领域技术合作的协定，与巴西签署了建立政治协商机构、发展旅游、技术转让和提供签证方便等多项议定书，与智利签署了促进和保护投资协定以及与秘鲁签署了南极科技合作和渔业协定。还宣布在3年内向拉美国家投资30多亿美元。在访问危地马拉期间，金泳三同危地马拉等4个中美洲国家总统举行会谈，决定成立韩国—中美洲对话与合作论坛。随同金泳三总统访问的40多位韩国大企业负责人，与当地企业界广泛接触，为寻求贸易机会和合作伙伴，也取得不少具体成果。大宇电气公司的一位官员说：大宇把巴西看作是该公司未来在拉美的最大生产基地，把墨西哥作为进军中美洲和北美洲的桥头堡，计划到 2000 年投资 5 亿美元，用于家用电器生产，并直接在拉美销售。可以看出，韩国试图通过高层访问，加大向拉美的投资力度，与拉美国家建立具有战略意义的经济关系。

自 1997 年亚洲爆发金融危机以后，拉丁美洲国家受到不同程度的冲击，给拉美国家经济带来不利的影响。当前，拉美各国正在对经济做进一步调整。从发展趋势看，拉美国家与亚太地区国家的经贸合作关系将会继续得到巩固和发展。

(原载《世界经济》1999 年第 12 期)

二

哥伦比亚的经济发展战略及其政策措施

战后哥伦比亚经济发展战略

哥伦比亚是一个发展中国家，位于南美洲西北角，面积1141748平方公里，人口2730万（1983年底）。长期以来，哥伦比亚受殖民主义的统治和帝国主义的掠夺，经济落后，发展畸形。哥伦比亚以农业为主，是个咖啡单一生产和出口国。工业起步比其他南美大国晚。第一次世界大战前后，以纺织和食品加工为代表的民族工业开始出现。20世纪30年代民族工业有了较大发展。战后40年来，哥伦比亚实行进口替代工业化发展战略，经历了"进口替代"和"促进出口"两个主要发展阶段，使国家经济面貌发生了重大变化。最近几年，拉美地区受到西方经济危机的猛烈冲击，经济普遍衰退，笼罩着严重的债务危机。相形之下，哥伦比亚的经济形势相对稳定，引人注目。本篇试图全面介绍战后哥伦比亚经济发展战略的执行情况，并着重对60年代以来的经济调整政策进行分析。

第一节 进口替代工业化战略的实施

哥伦比亚的工业化进程大致同其他拉美国家类似，也是沿着农业—轻工业—重工业的发展道路前进的。战后哥伦比亚工业发展可分成两个大的阶段：(1) 从战后初期到1967年为"进口替代"阶段。由于第二次世界大战期间和战后咖啡出口收入的增加，政府积极引进大批中间产品和资本货，发展民族工业，生产制成品供国内消费。进口替代工业化虽然减少了一般消费品进口，但中间产品和资本货进口却不断增加，因此，进口替代工业化的发展往往取决于国家进口能力的增加。由于哥伦比亚出口的初级产品受到国际市场价格剧烈波动的影响，严重影响国家的外汇收入，到

60年代中期，进口替代工业化遇到困难，不得不进行重大调整。（2）从1967年颁布"外汇条例"直到目前，是"进口替代"和"促进出口"相结合阶段，它是前一发展阶段的继续。这一阶段，哥伦比亚加强国家对经济生活的干预，强调出口部门为经济发展积累资金；70年代，国际形势发生很大的变化，国内也出现了不少问题，迫使政府实行稳定政策，对经济进行多次调整，力求国民经济稳定增长。

一个国家经济发展战略目标的确定，实现这一目标的途径的选择，以及采取的政策和措施，取决于该国的基本情况、主客观条件，以及国际环境等诸方面因素。下面，我们首先考察一下哥伦比亚采取进口替代工业化战略的各种条件。哥伦比亚在1819年独立后，殖民时期遗留下来的社会经济结构没有改变。1850年进行的自由改革废除了奴隶制，取消了土地买卖的限制和国家对烟草贸易的垄断，为工农业的资本主义发展开辟了道路。但是，当时正处于资本主义自由竞争阶段，资本主义的自由贸易和国际分工给哥伦比亚经济打上深刻的烙印。外国商品主要是英国工业制成品进入哥伦比亚市场，扼杀了哥伦比亚工业发展的可能性。哥伦比亚只能以黄金和一些初级农产品同外国的工业制成品进行不等价的交换。19世纪末20世纪初，哥伦比亚大量出口咖啡，美国成为哥伦比亚咖啡的最大买主。20世纪20年代，美国垄断资本对哥伦比亚石油业和香蕉种植园大量投资，美国逐渐取代了英国的地位，成为哥伦比亚最大的国际剥削者。由于长期受殖民主义的统治和帝国主义的残酷掠夺，到第二次世界大战前，哥伦比亚经济有如下三个特点：①仍是一个落后的农业国。封建大庄园制仍然存在，全国大约有2/3的人口从事农、牧、林、渔和狩猎，1938年农村人口占70.9%，城市人口只占29.1%。1945年农牧业占国内生产总值的47%，农产品出口占外汇收入的90%以上。②外汇收入主要依靠咖啡。从19世纪末起，咖啡继烟草、金鸡纳、靛青和棉花之后，成为国家的主要出口产品。20世纪初，咖啡的生产和出口迅速发展。据统计，1880年哥伦比亚咖啡出口占总收入的20%，1915年，咖啡出口超过100万袋（每袋60公斤），占出口总收入的51.5%，1926年，上升到76.9%。① 咖啡成为国家的经济支柱，是国家财政和外汇收入的主要来

---

① 米格尔·乌鲁迪亚、马里奥·阿鲁布拉编：《哥伦比亚历史统计概要》，哥伦比亚国立大学文化普及局1970年波哥大版，第208页。

源。咖啡生产迅速发展，给哥伦比亚的封建经济以猛烈的冲击，有力地推动了生产力的发展，为民族工业的产生和发展创造了有利条件。③民族工业发展迟滞。20世纪初，纺织业和食品加工业才发展起来。第一次世界大战期间采取的限制进口措施和战争对国际贸易的影响，进口的外国商品大大减少，使哥伦比亚出现了一批民族工业。1930年代表工业资产阶级利益的自由党执政后，为了克服世界资本主义经济危机带来的影响，采取了一系列发展民族工业的措施，通过组织股份公司，吸引私人在工业中投资，1936年进行宪法改革，授予国家干预经济的权力；1940年建立工业发展委员会，国家作为企业的股东，积极参与工业发展，促进新企业的建设，同年成立全国咖啡基金会，动员全国咖啡种植者联合会向工业部门投资。到1945年，全国工业产值达6.41亿比索，占国内生产总值的13.4%。①

由于工业发展迟滞，战后初期哥伦比亚经济仍以咖啡单一生产和出口为主。国际市场咖啡价格上涨，国家的外汇收入就增加，国家的支付能力就得到加强；反之，国家外汇收入就减少，进口能力就受到限制。由于国际咖啡市场为美国等西方大国所垄断，它们任意压低价格，制造人为的供过于求的局面，使咖啡生产国蒙受巨大损失。纽约市场每磅咖啡价格下跌一美分，哥伦比亚就减少700万—800万美元的收入。因此，哥伦比亚经济受到国际市场价格波动的影响和进口能力的约束，既影响国内消费，又直接影响到国家的投资和发展。

为了克服咖啡单一经济的这种脆弱性，改变国家落后的面貌，战后在联合国拉美经委会的"发展主义"思潮推动下，哥伦比亚决定实行进口替代工业化战略，发展独立的民族经济。这个战略的基本指导思想是：减少国外消费品进口，增加中间产品和资本货进口，发展本国的制造业，逐渐改变国家的经济结构。不过，初期由于没有相应的计划机构，政府并未提出明确的战略目标。当时，哥伦比亚正面临"咖啡繁荣"，政府利用成倍增加的咖啡收入，积极向工业部门投资。从1946年起，政府宣布取消战时实行的进口预先许可制，实行新工业设备自由进口的政策。据统计，1946—1953年同战前的1930—1938年相比，国家进口的消费品从占进口

---

① 加布里尔·波贝达·拉莫斯：《1925~1975年哥伦比亚经济政策、工业和技术的发展》，1979年波哥大版，第72页。

额的45.4%下降到22.5%，进口的机器设备和生产资料从占54.6%上升到77.5%。战前出现的国家资本主义经济成分有了很大的发展。经济发展委员会和工业财政公司等相继建立，负责研究经济发展和引进外资事宜。1957年国际市场咖啡价格猛跌，哥伦比亚外贸逆差进一步扩大，迫使政府再一次压缩进口。这种情况加强了哥伦比亚发展独立的民族经济的决心，1958年设立国家计划局，在外国使团的帮助下，着手制订全国性的经济发展计划。1961年政府宣布"1961—1970年经济和社会发展总计划"，提出了十年间国内生产总值年均增长率为6.5%的经济发展战略目标，并规定了实现这一目标的措施和手段。

为了实现进口替代工业化发展战略，政府采取的主要措施有：

1. 积极为发展民族工业筹集资金。

首先，增加国内资金的积累。政府实行以活跃支付手段，促进资金积累和资本形成的货币政策。共和国银行和金融公司成为信贷中心，负责给新兴工业、公共服务和基础设施的建设提供中、长期贷款。在货币流通中，推动和调节金融的主动权逐渐从中央银行转到商业银行手中。从1950年起储蓄银行和私人银行大量涌现。结果，储蓄存款迅速增加。1951—1953年期间，银行存款从1.19亿比索增加到2.31亿比索，年增长率从近20%上升到33%。银行的现金从1950年的5.61亿比索增加到1953年的7.24亿比索。同期国家掌握的现金从2.85亿比索增加到3.06亿比索。[①] 1959年，政府颁布的29号法令确定，官方银行必须把活期和定期储蓄的15%用于促进工业发展。

其次，利用外资。据统计，1945—1953年，资本货进口占国内总投资的比重从43.2%上升到72%。[②] 大量进口机器设备和生产资料，国际收支赤字逐年增加。为此，哥伦比亚通过外国投资和举借外债解决建设资金的不足。据拉美经委会估计，1950—1953年，哥伦比亚的总投资约占同期国内生产总值的21%，国内资本从占国内生产总值的20%下降到18.5%，从外国得到的资本（包括直接投资和贷款）从占国内生产总值的1.7%增加到2.25%，到1966—1968年，国内资金投资占国内生产总

[①] 安东尼奥·加西亚：《哥伦比亚半个世纪的现代史（1925~1975）》，载《拉丁美洲半个世纪的历史》第1卷，1979年第2版，第197页。

[②] 同上。

值的 11.9%，而用外资投资则占 6.21%。高于拉美地区使用外资投资的比例（1950—1968 年，在拉美地区总投资中，国内资金投资占地区总产值从 16.3% 下降到 14.4%，而利用外国资金投资由 1.5% 上升到 3.8%）。[①]

2. 限制进口。国家根据行情的变化多次调整汇率，并按照可以使用外汇的多寡来决定是实行自由进口还是限制进口。为了扩大工业再生产，克服国际收支不平衡，1946 年政府提出优先进口货单，鼓励进口资本货，限制奢侈品进口。50 年代初，继续实行禁止进口货单。1954 年政府曾一度放宽对进口的管理。1957 年咖啡价格突然下跌，国际收支面临危机，迫使政府实行货币贬值，建立新的外汇和进口管理制度，规定国家根据工业发展的需要，合理地分配外汇，照顾优先发展的部门；进口货物分为禁止进口、自由进口和预先许可三大类；所有进口货物都必须经过登记。后来由于对外支付能力继续恶化，政府采取了进一步限制进口的措施。1962 年约有 100 种商品从自由进口货单划入预先许可货单。1962—1967 年，哥伦比亚实行出口自由和限制进口，调整关税和实行多种汇率制，试图保护出口，解决进口与外汇短缺的矛盾。

3. 关税保护制。为抵制外国产品的竞争，政府多次进行关税改革，对本国制成品实行保护政策。1948 年，废除了 1922 年同美国签订的双边贸易协定，限制美国消费品进口。1950 年进行的关税改革，提高对日用消费品、耐用消费品和某些中间产品的进口关税。1959 年第 1 号法令规定，实行进口检查和价格监督，再次提高关税率。1960 年，政府宣布进行新的税制改革，对新兴的煤炭、化工、金属机械等产品豁免十年税收，并鼓励老企业更新设备和技术，建立鼓励制造业产品出口的制度。

在进口替代阶段，哥伦比亚制造业有较快的发展。据统计，1958—1967 年，工业年平均增长率为 7.5%，1950 年制造业产值为 10.68 亿比索，1966 年增加到 142.13 亿比索，[②] 16 年间增长了 11 倍。1950—1966 年，国内生产总值年平均增长 4.7%。从 1960—1965 年的进口构成看，消费品只占 7.1%，中间产品占 47%，资本货占 44.1%。到 1966 年，国

---

① 安东尼奥·加西亚：《哥伦比亚半个世纪的现代史（1925~1975）》，载《拉丁美洲半个世纪的历史》第 1 卷，1979 年第 2 版，第 195 页。
② 《1925—1975 年哥伦比亚经济政策、工业和技术的发展》，第 74 页；《共和国银行董事长年度报告 1972—1977 年统计附件》，第 276 页。

内生产的消费品占工业产值的 62.8%，中间产品和资本占 37.2%。从制造业内部看，战前只有食品工业和纺织工业，规模较小，技术落后。这个时期，企业规模进一步扩大，设备有所更新，新产品不断增加，还建立了石油、化工、水泥、钢铁、汽车制造、金属机械等工业部门。其中较大的企业有哥伦比亚石油公司、帕斯德里奥钢铁厂、卡塔赫纳炼油厂和哥伦比亚汽车制造厂。

但是，这个阶段主要经济部门之间发展不平衡，农业没有得到相应的发展，因此，基础工业的形成和工业生产的扩大受到国内市场的限制。另一方面，哥伦比亚的出口主要依靠初级产品，进口的 4/5 是价格昂贵的中间产品和资本货，贸易逆差不断扩大，经济增长受到进口能力的约束。尤其是 50 年代中期，国际市场咖啡价格突然下跌，每磅从 1954 年的 80 美分降到 1961 年的 40 美分，出口收入锐减，进口替代工业化进程遇到严重的困难。表现在：①支付危机。到 60 年代初期，国际收入严重恶化，国际储备枯竭，导致国内财政金融混乱，通货膨胀。②对美国的依赖加深。国家进口的生产资料多是从美国进口；同时，政府鼓励外资在工业中投资，美资大量涌入，到 1966 年，美国直接投资达 5.71 亿美元，占外国投资总额的 70% 以上。③发展不协调。由于集中发展新兴工业，对动力、燃料、建筑和其他社会基础设施的发展重视不够，农业发展缓慢，增加了经济发展的不平衡性。④国内市场狭小。由于忽视扩大国内市场和国民收入的再分配，严重影响了劳动阶层的收入。据拉美经委会的统计，60 年代，哥伦比亚人均收入年平均只增长 1.3%，低于拉美其他国家 2.7% 的平均增长率。[①] 由于通货膨胀，职工实际收入减少，国内购买力低下，结果，群众生活贫困，工业设备能力不能充分利用，经济增长速度下降。⑤城市人口膨胀，失业人数迅速增加。由于人口无控制地增加，农民大批流入城市，到 1964 年，城市人口从 1938 年的 29.1% 增加到 52%，农村人口从 70.9% 下降到 48%。城市人口剧增给就业带来巨大压力。据调查，1967 年，波哥大、麦德林、卡利和巴兰基利亚等四大城市的失业率为 13%，成为突出的社会问题，加剧了社会的不满和动乱。因此，支付危机、通货膨胀、农民分化和大量失业被看成是 60 年代哥伦比亚经济发展的三大障碍。

---

① 《拉丁美洲半个世纪的历史》第 1 卷，第 207 页。

面对这些问题，国际金融机构和劳工组织纷纷派出使团到哥伦比亚进行调查。美国政府和国际债权人向哥伦比亚政府施加压力，要求大幅度贬值货币，向外国资本开放其金融市场。哥伦比亚国内围绕着如何摆脱面临的困难，进行了一场激烈的争论。

当时，哥伦比亚的政治局势发生了很大的变化。战后初期，为争夺政权，自由党和保守党冲突加剧。1946—1953 年，保守党人再度执政。1948 年 4 月 9 日，自由党左翼领袖盖坦被暗杀，引起强烈的抗议，爆发了波哥大人民起义。由于政府对民主力量的残酷镇压，国内发生暴乱。1953 年，罗哈斯·皮尼利亚将军发动政变上台，实行军事独裁统治。1957 年，在国际上强大的民族民主运动推动下，哥伦比亚人民推翻了罗哈斯军事独裁政权。在新的形势下，在不可能实行一党专政和工业寡头统治的时候，自由党和保守党达成建立"民族阵线"协议，并经过全民投票，决定恢复代议制民主，于 1958 年建立起自由党和保守党两党参加的民族团结政府。新政府决定实行经济多样化的方针，并采取一些改革措施。1961 年颁布土改法，征购一部分土地分配给无地农民。1963 年又将工业发展委员会改组为金融公司，执行资助私人企业的方针。同时确定银行系统实行债券投资制，解决投资困难；并建立货币委员会，试图加强短期金融管理，对汇率和税收进行了一些调整。在这个基础上，哥伦比亚吸取拉美各国经济发展的经验教训，利用 60 年代有利的国际环境，针对本国存在的问题，决定对国民经济进行全面调整。

第二节　经济调整及其主要政策措施

1967 年 3 月，政府颁布的第 444 号法令，即"外汇条例"，是哥伦比亚第一个促进非传统产品出口、发展对外贸易、鼓励外国投资、加强对外资管理的法令。它的实施表明哥伦比亚进行战略性调整的开始，标志着哥伦比亚经济发展进入一个新的阶段。这次调整从根本上说就是把战略重点由"进口替代"转向"促进出口"。总目标是：逐步扩大非传统产品，特别是本国制成品出口，增加资金积累，继续推动民族工业和国民经济的发展，从而减轻人口迅速增长带来的沉重负担，增加社会就业，缓和社会矛盾。根据这个总目标，政府采取了一系列政策和措施。

一 进行体制改革,加强国家对经济的干预

1968年,卡洛斯·耶拉斯政府进行宪法改革,力图改变行政部门的软弱状态,把原属于议会的某些经济职能交给行政部门;授权政府改革国家外汇制度,制定有关外资、关税、价格、海关等方面的政策规定,严格控制国际收支、货币发行和信贷制度;授予政府灵活管理财政、实施预算的权力,以及税收方面更多的自主权;此外,肯定了总统在全国社会经济政策委员会中的指导作用。

中央政府权力扩大之后,有关专门机构的作用得到进一步发挥。例如,1963年成立的货币委员会受政府委托对国际兑换、贷款、利率、金融经纪人的作用等实行总调节,使兑换、货币政策和金融政策同国家发展计划(主要通过财政政策)相一致。国家计划局在1969—1982年期间为政府拟订了五个全国经济发展的阶段性计划,并负责审定和控制外国直接投资,加强了国家对宏观经济的控制。工业发展委员会成为政府信托代理人,以长期贷款或认购股票等方式为大企业提供资金。此外,政府还建立和健全了各种财政基金会,如农牧业财政基金会、工业财政基金会、促进出口基金会、城市发展基金会、地区发展基金会等,负责向私人企业提供贷款,推动各方面力量向出口生产部门投资。

二 积极发展出口贸易

政府发展对外贸易的方针是:促进非传统产品出口,尽快改变咖啡单一出口和依赖美国市场的局面,为经济发展积累资金。采取的政策措施有:

1. 建立较完善的外贸体制。除原有的对外贸易协会负责管理进出口贸易外,1967年起先后成立促进出口基金会,建立出口保险制度,设立自由贸易区,改组出口信贷制度,等等。促进出口基金会定期制订出口信贷计划和出口行动计划,指导出口生产,向商品农业、中小企业和出口工业提供长期低息贷款,据统计,仅1978—1982年期间,提供的贷款达1108.53亿比索。[①] 与此同时,促进出口基金会积极组织商品到国外展销,开拓新的市场,特别重视密切同发展中国家的经济贸易

---

① [哥伦比亚]《共和国银行杂志》1983年9月号,第58页。

关系。

2. 调整汇率。1967年以前，哥伦比亚实行固定汇率，规定所有出口商必须把出口所得外汇按官方固定汇率到共和国银行兑换成本国比索。这种办法对出口起消极作用。为推动非传统产品出口，从1967年起实行浮动汇率，实行哥伦比亚比索对美元的逐步微小贬值，以提高出口产品的竞争能力。

3. 实行出口补贴。哥伦比亚出口补贴有两种：巴列霍计划（Plan Vallejo）和税收补贴证（CAT）。巴列霍计划是1958年为出口多样化所采取的一项措施。从1967年以后，政府认真加以实施，为生产出口产品的本国制造业所需的原料、半成品和机器进口豁免关税，促进制造业的发展，增加制成品的出口。税收补贴证是根据第444号法令所采取的一项措施，目的也是促进非传统产品出口。最初规定，出口商可凭已出口产品证明，领取出口值的15%的补贴金，可以在发证书的一年之后支付税款。1974年做了调整，之后又改为1%、5%、9%和12%四种补贴。目前，获得出口补贴的商品达5000种之多。

三 实行国内积累资金和引进外资相结合的方针，把流入的外资纳入国民经济发展的轨道

1. 积极筹集国内资金。国内集资的主要渠道是增加税收和鼓励储蓄。70年代初，由于公共投资增长率上升，财政赤字增大，政府不得不借助公共贷款和私人贷款提供资金。1974年，国家财政出现严重困难，政府被迫宣布"经济紧急状态"，实行税收改革，取消某些税收豁免权，把高收入阶层的所得税向上调整，使政府的财政状况有所改善。但是，由于新的税收管理制度过分复杂，出现严重漏税，到1979年，直接税收收入降低到70年代的最低点，只占国内生产总值的2.8%，于是又对税收进行小规模的调整。

鼓励储蓄的政策成效较大。60年代由于利率低，国内个人储蓄总额不到国内生产总值的2%。1972年，政府倡议建立以不变价格计算的"储蓄和贷款制"（UPAC），以便通过储蓄和住宅公司鼓励私人存款。1974年的财政改革，再次允许银行和金融公司以优惠利率鼓励存款，收到积极效果。1973—1976年，通过"储蓄和贷款制"的储蓄从46亿比索增加到175.5亿比索。约占这几年国内储蓄的20%。贫困阶层在商业银行和官方银行的储蓄额从1973年的近80亿比索提高到1975年的121.5亿比索。

1975年贫困阶层储蓄占当年国家净储蓄的32%。由于"储蓄和贷款制"有较高的信誉和清偿能力,利息优惠,吸引了大量私人存款,个人储蓄的比重在增加,据报道,1970年个人储蓄只占国内生产总值的2%,1980年上升到6%。1972—1982年,参加"储蓄和贷款制"储蓄的有200多万人,总储蓄额达2000亿比索,约合25.5亿美元。[①]

2. 实行积极引进和加强管理的外资政策。从1967年起,哥伦比亚政府对外资政策先后进行了一些调整。1967年以前,外资可以在哥伦比亚自由设厂,进行投资。1967年,哥伦比亚加强对外国直接投资的管理,拒绝国际金融组织提出开放金融市场的要求,决定把外资置于国家兑换政策监督之下,宣布凡超过10万美元的外国直接投资,必须预先向国家计划局提出申请,经批准后,再到共和国银行外汇兑换处登记,按规定的方式和份额进行投资,国家保证外资企业汇出利润和抽回资本的权利。1973年,哥伦比亚开始实施安第斯条约组织第24号限制外资的决议,取消外国公司单方面勘探和开采石油的权利,鼓励外资同本国资本联合经营;规定合资企业必须有利于出口、社会就业和采用国产零部件;外资必须在股份、技术、财务和经营管理方面退居次要地位。1975年又通过外国银行"哥伦比亚化"法令,迫使外国银行变成混合银行,把51%的股份出售给哥伦比亚人。到70年代后期,随着建设投资的增加,政府又逐渐放宽对外资的限制,引导外资向急需资金的重点项目投资,并要求外资企业从波哥大、麦德林和卡利等三大城市分散出去。1977年1月,政府宣布外资企业每年汇出利润限额从占其直接投资的14%提高到20%,把每年利润再投资限额从占其登记资本的5%提高到7%。之后,政府又规定,外资企业利润不能汇出部分,一半可购买哥伦比亚工业发展委员会的债券,另一半可用于再投资,并鼓励外资向采矿业投资。1981年,议会通过决议,同意不能汇出的利润可全部用于再投资,并享有本国投资者的同等待遇。从1979年起,政府实施全国一体化发展计划,为了克服能源供应困难,大力发展矿业和能源、交通运输业,对外资颇有吸引力,申请投资从1979年的2.36亿美元猛增到1980年的13亿多美元,其中90%投在采矿

---

① [哥伦比亚]《共和国银行杂志》1983年6月号,第10~11页。

业。埃尔塞雷洪北区煤矿和塞罗马托索镍矿就是同外资合作的重要工程。其中埃尔塞雷洪北区煤矿已于1980年10月动工,计划双方共同投资30亿美元,1986年建成投产,到1990年年产煤炭1500万吨,全部出口。据报道,在哥伦比亚登记的外国直接投资,1975年为9.66亿美元,到1982年增加到16.33亿美元,七年间增加了69%。[1]

为了弥补国家财政赤字,扩大进口,推动进口替代工业化进程,政府也举借外债。但是,哥伦比亚比较注意按国家财力进行建设,按实际需要和可能借债。1967年之后,国家加强干预,促进出口,提出减少公共部门的外国贷款。1970年,公共外债只有13亿美元。1974年国内经济衰退,政府采取紧急措施,尽量减少对外国贷款的依赖。1975年,在国际金融市场有大量游资的情况下,政府对外国贷款严格限制,控制美元的流入,并禁止私人企业举借外债。外国贷款在政府的总收入中占的比例有所下降,据共和国银行的材料,从1974年的6.2%下降到1977年的2%,躲过了石油美元引起的借贷热。随着出口贸易迅速发展,国际收支能力加强,特别是全国一体化发展计划的实施,投资增加,最近几年外国贷款有明显增长。据财政部长提供的材料,到1984年,哥伦比亚有外债109亿美元,其中公共外债71.7亿美元(见表1),私人外债30多亿美元。据统计,1970年,公共外债相当于当年国内生产总值的18.1%,1982年为18.6%,说明在70年代哥伦比亚公共外债的增长还是比较适度的。从官方公布的材料可以清楚地看出,哥伦比亚根据国家支付能力借债,把举债数额控制在国际社会公认的外债还本付息与出口货物与劳务的比率20%—25%的安全线内。1970年,公共外债还本付息1.55亿美元,占出口收入的16.4%,1982年为10.24亿美元,占出口收入的18.7%。1982年偿还外债本息占国际储备的比率为19%。1984年,哥伦比亚总的外债占拉美地区总债务的3%。哥伦比亚是拉美地区人均债务最少的国家之一。

---

[1] 胡利奥·席瓦尔·科尔梅纳雷斯:《哥伦比亚的依附发展带来的尖锐的社会问题》,载[哥伦比亚]《政治文献》杂志1984年第158期,第38页。

表 1　　　　　　　　1970—1984 年哥伦比亚公共外债情况

年份	公共外债累计数（百万美元）	外债还本付息占当年出口收入的百分比（%）
1970	1346.2	16.4
1971	1513.6	16.6
1972	1771.5	16.1
1973	2076.3	16.5
1974	2261.5	13.9
1975	2526.7	11.1
1976	2641.6	9.5
1977	2841.6	8.8
1978	2961.8	9.4
1979	3524.4	13.3
1980	4294.0	12.5
1981	5292.1	13.1
1982	6271.3	18.7
1983	6500.0	21.0
1984	7170.0	—

资料来源：共和国银行以及《时代报》《旁观者报》公布的材料。

四　加强混合经济体制，大力扶持私人资本

由于把对外贸易作为经济发展的动力，政府已意识到，单靠有利的行情是不够的，还必须组织好生产，为出口服务。为此，政府强调要增加制成品出口，提高经济效益。1969—1970 年的发展计划给造纸、化学、钢铁、机械的设备进口以优先地位。1970—1973 年的发展计划在促进制成品向安第斯小地区出口方面做出很大努力。而后的"四点战略"计划则坚持进口资本货，出口更多消费品的方针。政府的目的是充分利用现有的生产条件，引进新的技术，降低成本，提高出口产品在国际市场上的竞争力。为了达到这个目的，政府把国营的工业企业变成公私联合经营的股份公司，由国家负责投资，把企业的经营管理权交给私人；同时，政府为私人提供贷款，鼓励私人办企业。另外，政府负责兴建和扩建基础设施，经营需要大量投资或收益极低的项目。政府对某些亏本和濒于破产的企业实行国有化，便于私人资本转向能盈利的部门；当这些企业经过国家投资后能恢复生产时，重新卖给私人经营。实际上，国家逐渐成为许多企业产品的重要买主。据统计，1966—1976 年间，中央政府购买企业商品和向私人企业投资从占中央政府支出的 31.8% 上升到 36.2%；地方政府生产性投资从占地方政府支出的 42.8% 增加到 68.8%，从事物质生产、能源、电话通信、广播电视、港口、铁路、航空、建筑、销售和金融的 35 个企业占地方预算的 66%。① 从 1970 年起，国家通过金融机构向咖啡业、商品农业和出口工业提供贷款。据不完全统计，其中 1975 年，工业发展委员会提供贷款 55.67 亿比索，全国咖啡基金会提供贷款 33.09 亿比索。1977 年，仅共和国银行向出口财政基金会提供贷款 30.47 亿比索，比 1971 年的 2.56 亿比索，增加了近 12 倍，同期向农业财政基金会贷款 102.56 亿比索，比 1971 年的 4.52 亿比索增加 13 倍，② 有力地促进了出口部门的发展。

由于国家大力支持，近 20 年哥伦比亚私人投资有显著增长，并出现了控制经济主要部门的财政寡头。其中较大的有：大哥伦比亚财团、阿尔迪拉－卢耶财团、圣多明戈财团、咖啡财团、波哥大财团、南美财团和考卡山谷农业集团。据胡利奥·席尔瓦的估计，1976 年，上述集团已经控制着全部财政金融、煤气、水和电，采矿业的 90%，工业的 75%，邮电业的 70%，农业的 45%，建筑和运输业的 40%。③ 目前，全国最重要的 500 家企业在 15 个财团控制之下。此外，还存在为数巨大的中小企业。根据 1981 年国家统计局的统计，全国中小企业约占企业总数的 92%，占工业产值的 35.6%，提供工业就业的 48%。

在促进出口过程中，政府重视吸引外国直接投资。因为外资企业财力充足，拥有先进的设备和技术，产品更适合国际市场的要求，同时，产品出口同外资的利益相一致。据统计，实行"外汇条例"以前的 1953—1966 年，外国投资年平均增加 1200 万美元。之后，外国直接投资不断增加。1967—1973 年年平均增加 3600 万美元，1974—1978 年年平均增加 5280 万美元。到 1979 年，登记的外国直接投资约 13 亿美元，一半集中

---

① 胡利奥·席尔瓦·科尔梅纳雷斯：《国家在哥伦比亚经济中的作用》，载《政治文献》1978 年 7—8 月号。
② 同上。
③ 胡利奥·席尔瓦·科尔梅纳雷斯：《真正的国家主人：在哥伦比亚的垄断和寡头》，1977 年波哥大版，第 303 页。

在制造业，投资重点是现代工业部门，其中以化工、石油化工、造纸和机械工业为主。到70年代末，哥伦比亚形成了由三种经济成分组成的混合经济，在总资产中，国家资本占10%—12%，外资企业直接控制部分占20%—25%，本国私人资本占63%—70%。[①]

五　实行稳定政策，严格控制通货膨胀

70年代初，哥伦比亚经济有了较快发展。1974年，在资本主义经济危机的冲击下，哥伦比亚也出现经济衰退，政府宣布"经济紧急状态"，对经济进行调整。应急措施有：①增收节支，减少财政赤字，如实行税收改革，提高税收在国民收入中的比例，紧缩投资，取消基本补贴，减少政府的支出等。②限制金融信贷活动，如对私人企业的贷款实行定量限制，严格控制外债，限制共和国银行的信贷活动，控制流动资金等。③增加国际储备。70年代中期，巴西咖啡霜冻引起国际咖啡价格暴涨，哥伦比亚出现咖啡繁荣，咖啡出口收入从1975年的6.35亿美元增加到1980年的23.6亿美元。政府通过实行保留定额[②]咖啡扣留金、[③]咖啡储蓄券、[④]出口从价税、多样化计划以及技术革新等措施，对咖啡出口加强管理，使从咖啡出口得到的资金转到其他部门，既保证咖啡生产者的收入，又增加国家的国际储备。国际储备从1975年的5.47亿美元增加到1980年的54.16亿美元。④扩大自由进口，回收货币，抑制物价上涨。政府减缓比索贬值速度，取消保护，把大批商品从预先许可进口制度变成自由进口，1979年，政府宣布2900多种货物降低进口关税，降税幅度为5%—10%，1980年又完全免除安第斯条约成员国约600种商品的进口关税。由于采取了一些积极措施，哥伦比亚的通货膨胀率一直保持在30%以下。

---

① 参阅《政治文献》1980年第144—145期合刊，第118页；埃德加尔·雷贝斯等：《哥伦比亚经济稳步增长、社会改善和政治稳定》，载《拉丁美洲的经济改革和政治模式》论文，第38页。

② "保留定额"是指咖啡出口商每出口一袋咖啡必须存入共和国银行的外汇数额，以确保咖啡出口收入的大部分留在国内。

③ "咖啡扣留金"是1969年为防止通货膨胀并使咖啡生产者真正增加收入而采取的一项措施。政府通过"咖啡扣留金制"在生产者、咖啡种植者联合会和全国咖啡基金会之间合理分配价格上涨所得的钱。

④ "咖啡储蓄券"：1976年6月，政府决定发行40亿比索为期三年的咖啡储蓄券。根据规定，咖啡生产者凡出售一驮（125公斤）咖啡，必须认购1000比索的咖啡储蓄券。

六　狠抓能源工业这个薄弱环节，推动边远落后地区的开发

哥伦比亚工业分布极不平衡，全国 3/4 的工业集中在昆迪纳马卡、安提奥基亚、考卡山谷、大西洋、卡尔达斯和桑坦德尔等六个省。其中波哥大、麦德林、卡利和巴兰基利亚等四大城市的工厂约占全国工厂总数的 60%，其余 24 个省、地区和特别区等工业不发达。究其原因，主要是电力供应不足。为此，开发边远落后地区被政府列为发展战略的目标之一。从 1970 年起，政府实行地区分散和"权力下放"政策，发挥地方的积极性，发展地区经济。政府还从税收、信贷和投资等方面，鼓励各省和地方发展中小企业和商品农业生产，积极扩大出口，同时鼓励外资企业从波哥大、麦德林和卡利三大城市扩散出去，推动工业向全国各地分散。

70 年代，哥伦比亚石油生产量逐年下降，从 1975 年起由石油输出国变成输入国，能源不足成为哥伦比亚经济发展的紧迫问题。1979 年，进口石油 2000 万桶。煤炭生产技术落后，年产仅 500 万吨。全国发电量只有 182 亿度，加上干旱，发电量下降。从 1980 年 11 月起，全国电力实行定量供应。

为了摆脱能源供应紧张状况，减少进口石油的外汇支出，促进经济发展，政府决心狠抓能源这个薄弱环节。1976 年，政府决定大规模开采瓜伊拉半岛上的埃尔塞雷洪煤矿，1980 年宣布实行替代石油的能源政策，决定在加强石油勘探和开发的同时，大规模开采煤炭和加速中型水电工程建设，争取到 1986 年实现能源自给。在 1979—1982 年的"全国一体化发展计划"中，能源和交通被列为发展重点，两项共投资 5360 亿比索，占整个计划总投资的 51.8%。为了解决电力不足问题，积极实施 1979—1990 年的 12 年电力发展计划，计划投资 7500 亿比索，把国家的发电能力从 1979 年的 420 万千瓦提高到 1990 年的 1400 万千瓦。目前，在全国各地修建和扩建 23 个较大的电力工程，计划到 1988 年完工。[①]

---

① ［哥伦比亚］《时代报》1981 年 5 月 13 日、6 月 15 日和《共和国银行董事长 1979 年年度报告》第 210—213 页。

实施出口煤炭的战略目标,是哥伦比亚改变单一依靠咖啡出口的又一重大措施。在拉丁美洲,哥伦比亚得天独厚,煤炭资源十分丰富,已探明储藏量为 400 亿吨。哥伦比亚决定大力开采煤炭资源,出口煤炭,以促进国民经济的恢复和发展。目前,政府正在积极开采埃尔塞雷洪中区煤矿,以满足沿海地区工业用煤,同时,积极引进外资,来实现这一战略目标。1976 年,哥伦比亚煤炭公司同美国埃克森公司的子公司签订了一项为期 30 年的合同,大规模开采埃尔塞雷洪北区煤矿,用于出口,换取外汇,并在瓜伊拉半岛北部的波尔特特湾修建能存放 170 万吨煤炭的码头,在港口和矿区之间,修建一条长 150 公里的铁路和与之平行的公路,便于煤炭的运输和港口与矿区的联系。1985 年,这个矿区已部分投产,1986 年建成。计划从 1986 年起,每年出口煤炭 500 万吨,1990 年出口煤炭 1500 万吨,到 2000 年,实现出口 5000 万吨煤炭的目标,力争控制 10% 的国际煤炭市场。由于各方面的努力,在东部发现了新的大油田,石油生产逐渐得到恢复,1984 年,哥伦比亚石油进出口结算有 4320 万美元的顺差,估计到 1986 年,石油自给有余,而且能够出口,恢复石油出口国地位的前景是光明的。特别是上述能源项目的完成,将给大西洋沿岸地区和内地的经济发展以新的巨大活力,这对 80 年代以及今后哥伦比亚经济发展将起到重要作用。

第三节 经济发展的成就与问题

综上所述,可以看到,最近 30 年,哥伦比亚经济发展道路并不平坦。但是,政府对经济发展中遇到的困难及时地在战略和政策上进行调整,增强克服困难的能力,使之更能适应不断变化的外部情况,从而避免了大的波动,取得了显著成就。

一 国民经济持续稳定地增长

从 20 世纪 50 年代起,哥伦比亚不断增加对工业的投资,制造业发展较快。据统计,工业年平均增长 50 年代为 6.8%,60 年代为 7%,70 年代为 7.2%。从 1967 年起,政府把部分资金转向出口部门,工业投资有所减少,但工业投资仍占很大比重(见表2)。但是,由于把进口替代同促进出口结合起来,1967—1974 年工业继续增长,年平均增长率达

9.2%。工业就业能力有很大的提高，1971—1973 年，增加的就业人数就超过前十年的就业人数。① 为适应出口需要，纺织和化学工业也发展较快。尽管受到国际经济形势变动和国内某些不利条件的影响，但是，哥伦比亚国民经济在 30 多年中保持了稳定增长的势头。从表 3 可以看到，50 年代，哥伦比亚国内生产总值年平均增长率为 4.6%，60 年代为 5.2%，70 年代为 6.1%，超过同期拉美地区经济平均增长率 5.5%。1950—1976 年间，哥伦比亚国内生产总值增长了 274%，仅低于巴西、墨西哥和委内瑞拉的增长幅度。按 1970 年不变价格计算，同期人均国内生产总值从 370 美元提高到 606 美元，增加 63.8%。人均收入增长率从 1965—1970 年的 2.3% 上升到 1970—1974 年的 4.4%；同期国民总收入的增长率从 5.2% 上升到 6.9%。② 同世界上经济实力相当的国家相比，这些指数是不算低的。尤其值得注意的是，1976—1981 年期间，在资本主义世界经济衰退的情况下，哥伦比亚国内生产总值年平均增长率为 5.1%，其增长速度在拉美地区仅次于巴拉圭（10%）、墨西哥（7.7%）和智利（6.7%），居第四位。③ 据联合国和国际货币基金组织的材料，按时价计算，1980 年哥伦比亚国内生产总值为 327.38 亿美元，人均国内生产总值为 1190 美元。④ 1980 年，哥伦比亚的国际储备在拉美地区居第四位，公共外债居第七位，通货膨胀居第九位，⑤ 是拉美地区经济形势比较稳定的国家。

表 2 1958—1980 年哥伦比亚投资趋势（以 1970 年不变价格计算）

单位：（%）

年份	总投资额占国内生产总值的百分比	制造业投资占工业总值的百分比
1958	17.9	17.5
1959	17.9	15.7

① 赫苏斯·安托尼奥·贝哈拉诺：《1950~1975 年哥伦比亚工业化和经济政策》，载《今日哥伦比亚》，1980 年第 5 版，第 251 页。
② 赫苏斯·安托尼奥·贝哈拉诺：《70 年代哥伦比亚经济》，1984 年波哥大版，第 124—125 页。
③ ［哥伦比亚］《时代报》1982 年 7 月 26 日。
④ 转引自《世界经济》1982 年 10 月号。
⑤ ［哥伦比亚］《时代报》1981 年 4 月 14 日。

（续表）

年份	总投资额占国内生产总值的百分比	制造业投资占工业总值的百分比
1960	20.2	16.3
1961	20.9	17.4
1962	19.9	21.4
1963	17.7	13.4
1964	18.8	18.7
1965	17.1	21.2
1966	17.5	23.0
1967	17.9	23.3
1968	19.4	15.1
1969	18.7	17.1
1970	20.3	14.9
1971	20.4	13.6
1972	18.7	15.6
1973	18.3	16.2
1974	18.8	12.0
1975	18.2	12.9
1976	17.9	12.1
1977	17.9	13.2
1978	18.5	14.0
1979	18.3	12.5
1980	21.0	11.5

资料来源：转引自赫苏斯·安托尼奥·贝哈拉诺《70年代哥伦比亚经济》，1984年波哥大版，第101页。

表3　　　　　1950—1984年哥伦比亚国内生产总值增长情况

年份	增长率	（%）
1950—1959	国内生产总值年平均增长率	4.6
1960—1969	国内生产总值年平均增长率	5.2
1970	国内生产总值增长率	6.7
1971	//	5.8
1972	//	7.8
1973	//	7.1
1974	//	6.0
1975	//	3.8
1976	//	4.6
1977	//	4.9
1978	//	8.9
1979	//	5.1
1980	//	4.2
1981	//	2.5
1982	//	1.5
1983	//	0.9
1984	//	3.0

资料来源：拉美经委会和哥伦比亚共和国银行。1983年和1984年系国家统计局数字，见《时代报》1985年1月10日。

二　经济结构发生了显著变化

随着国民经济的发展，哥伦比亚经济的部门结构、工业内部结构和外贸结构都发生了巨大变化。在国内生产总值的部门构成中，农牧业的比重大大下降，制造业的比重有所上升。1950年的国内生产总值中，农牧业占39.6%，制造业占16.8%，矿业占3.9%，通信、服务、电力只占1%。[①] 1970年，农牧业降为25.9%，制造业占18.5%，矿业降为1.8%。到1980年，农牧业降为22.7%，制造业为18.7%，农牧业加上狩猎、渔业和林业，则占国内生产总值的23.6%，工业（包括制造业、矿业、建

[①] 《1925～1975年哥伦比亚经济政策、工业和技术的发展》，1979年波哥大版，第136页。

筑，以及电力、煤气和供水）则占国内生产总值的25.1%，① 这表明到1980年，哥伦比亚工业产值已超过农业产值。

表4　　　　　　1953—1979年哥伦比亚工业结构的变化　　　　　　%

年份	非耐用消费品	耐用消费品	中间产品	资本货	总的百分比
1953	74.6	3.6	20.1	1.0	100.0
1958	62.2	4.8	29.0	2.3	100.0
1963	56.2	6.6	32.3	3.2	100.0
1967	56.6	6.0	31.8	3.4	100.0
1969	55.5		33.9	8.2	100.0
1972	52.7		36.6	8.7	100.0
1979	48.9		40.0	11.1	100.0

资料来源：1953—1967年数据：世界银行；1967—1979年数据：国家统计局。

最近30年，哥伦比亚工业内部结构也发生了变化。工业仍以轻工业为主，但已建立起生产资料的生产部门。1958年，消费品生产占工业总产值的67%，四个传统消费品部门（食品、饮料、纺织和服装）占工业总产值的59%。到1972年，生产资料的生产有显著增加，在工业生产总值中的比重，从1953年的20.1%提高到36.3%，而1958—1967年期间，资本货生产所占比例很小。70年代，哥伦比亚工业结构发生新的变化。据国家统计局的材料，1971—1979年，消费品工业增长53.7%，中间产品增长45.4%，资本货生产增长76.4%。② 到1979年，在工业总产值中，消费工业占48.9%，包括中间产品和资本货的生产资料部门占51.1%（见表4），据国家统计局对6763个工厂的抽样调查，它们的总产值为6005亿比索，前100名的大厂的产值占79.7%，90%的工厂年产值超过5000万比索。

从1967年实行促进出口的方针时起，由于措施得当，以及国际市场条件较为有利，哥伦比亚的对外贸易发展迅速，70年代年平均增长率为

---

① 《共和国银行董事长年度报告1972~1977年统计附件》，第276页；《共和国银行杂志》1983年9月号，第102页。

② 胡利奥·席尔瓦·科尔梅纳雷斯：《论哥伦比亚独立发展模式》，载《政治文献》1983年第154期，第40页。

17.6%，其中出口年平均增长率为 18.4%，进口年平均增长率为 16.8%。1980 年，进出口贸易额达 86.07 亿美元，比 1979 年增长 31.7%，同 1967 年的 10.06 亿美元相比，增长了 7.5 倍。

由于执行出口产品多样化政策，出口商品构成发生显著变化。1967 年，非传统产品出口只占出口总值的 22%。到 1974 年，非传统产品出口占出口总收入的 49%，第一次超过咖啡出口。而后咖啡繁荣使咖啡在出口值中所占比重又有所增加，到 1979 年占出口收入的 60.7%，非传统产品占 39.3%。哥伦比亚工业在满足国内需要的同时，出口有显著增长，1967 年，制成品出口占非传统产品出口值的 38%；1980 年工业品出口值达 9.8 亿美元，约占非传统产品出口值的 70%。与此同时，哥伦比亚进口结构也发生了变化。从 50 年代起，哥伦比亚的消费品进口不断减少，机器设备和生产资料进口逐步增加。1980 年，消费品进口只占 9%，中间产品占 48.1%，资本货占 42%。

进口市场也趋于多边化。战后初期，哥伦比亚严重依赖美国市场。1950 年，向美国出口占总出口的 82%，从美国进口占进口总额的 70%。随着西欧各国经济的恢复，哥伦比亚同欧洲的贸易得到发展，同美国的贸易呈现下降的趋势。70 年代加强同安第斯小地区国家的经济合作，同发展中国家加强经济往来，贸易额迅速扩大。到 1980 年，向美国出口降为 27.1%，向美国进口降为 39.5%；向欧洲经济共同体出口占 32.6%，进口占 17.3%；向安第斯小地区出口占 9.8%，进口占 8.1%。[1] 另外，同其他拉美国家、日本和其他欧洲国家的贸易也显著增加。目前，哥伦比亚已同世界上 115 个国家和地区有经济贸易关系，基本上扭转了依赖美国市场的局面。

三　增强了克服困难的能力

70 年代经济持续稳定的发展，增强了国家的经济实力。进入 80 年代，在世界经济衰退的影响下，哥伦比亚经济增长速度减缓，但仍保持着增长的趋势。据《时代报》报道，1983 年国内生产总值达 29431.89 亿比索，折合 373.23 亿美元，在拉丁美洲地区仅次于巴西、墨西哥、阿根廷和委内瑞拉，居第五位。人均国内生产总值为 107790 比索，折合为 1366

---

[1] 国家统计局：《1983 年哥伦比亚统计》，第 279 页。

美元。① 与此同时，出口贸易迅速发展，大大增加了哥伦比亚的外汇收入。从1976年起，贸易连年顺差，加上毒品非法贸易、旅游、劳务出口等收入，国际收支出现盈余。国际储备逐年增加，1970年只有1.5亿美元，1981年达56.3亿美元，创历史最高纪录。正是由于哥伦比亚恰当地掌握了发展出口贸易的政策，保持了较高的国际储备，谨慎地平衡外贸结算，国际支付能力才得到加强，既为国家积累了发展资金，又大大提高了国家的信誉，增强了国家克服外部困难的能力。因此，哥伦比亚在国际金融界享有好的声誉，在拉美和加勒比地区发挥着越来越大的作用。

四 在控制人口增长，提高人口素质，减少失业等方面也取得成绩

哥伦比亚原是世界上人口增长最快的国家之一，60年代，人口年平均增长率为3.5%，1962年人口出生率高达40‰。由于大力推行节育措施，控制人口增长，最近15年，哥伦比亚人口出生率迅速下降。1980年，人口增长率为1.9%。70年代以来，为了创造更多就业机会，政府强调利用现有生产能力，发展劳动密集型技术，进行多样化生产，就业人数大量增加。据报道，1972—1980年，哥伦比亚就业人数年平均增长超过5%。随着民族工业的发展，教育被列入优先发展项目。政府广开财源，增加教育投资，教育预算占政府预算的比例由1970年的13.6%，增加到1980年的20.1%。1960年，在校小学生占适龄儿童的57%，1980年上升到84%，同期，中等学校入学率从12.5%增加到42%，1981年，高等学校在校学生30.6万人，文盲率下降到18.7%。②

尽管最近几十年哥伦比亚经济有了很大的发展，但是，还必须看到，哥伦比亚工业仍处于较低水平，虽然国内建立了一些重工业，能进行部分中间产品和资本货生产，但工业主要还是进行消费品生产，从进出口结构来看，哥伦比亚进口的90%仍是机器设备和生产资料，以出口初级产品来换取先进的技术设备的状况仍未改变。哥伦比亚在发展过程中存在一些亟待解决的问题：第一，发展很不平衡。由于重视新兴工业和出口工业，对原来的食品、纺织、服装等部门重视不够。这些以中小企业为主的部

---

① ［哥伦比亚］《时代报》1984年5月23日。
② ［哥伦比亚］《时代报》1981年9月15日、12月31日；国家统计局：《1982年哥伦比亚统计》，第315页。

门，技术比较落后，普遍缺乏生产资金。自1974年起，工业投资逐渐减少，工业生产增长减慢，1981年出现负增长。国家第二部类产品生产越来越多，第一部类中粮食生产发展缓慢；沿海和交通发达地区得到发展，内地和边远地区经济落后，形成部门之间、地区之间严重的不协调。第二，经济管理方面也出现一些问题。贩毒和走私现象严重，廉价走私的商品充斥市场，使纺织、服装、卷烟和家用电器等工业处于困境。一些行政官员、警察和贩毒、走私者相互勾结，受贿、滥用职权和贪污等引起社会各界不满。第三，80年代以来，资本主义经济危机，发达国家的贸易保护主义，使哥伦比亚出口收入锐减，外贸顺差变成逆差，政府不得不削减进口。特别是委内瑞拉和厄瓜多尔宣布取消进口哥伦比亚产品，给哥伦比亚的出口和经济发展造成巨大影响。1982年，国家出现23亿多美元的外贸赤字，国家收支赤字超过7亿美元，[1] 严重地影响了工业投资，国内生产总值增长率逐年下降，加重了社会的不安定性。第四，国内贫富之间的差距在扩大，国家财富越来越集中到少数人手里。在国民收入中，劳动收入从1970年的46.5%下降到1979年的39.1%。1970年，工薪阶层总收入为24260亿比索，1980年则为21870亿比索，即比1970年还减少1870亿比索。[2] 说明国民收入的再分配有利于资本所有者阶级。1967—1982年的16年间，工人家庭的消费支出上涨了16倍。国内贫苦人民只得到10%的国民收入，而20%的富人却得到国民收入的65%。工资差别扩大了，最高工资为最低工资的20倍。

为了扭转经济衰退的局面，1982年8月上任的保守党总统贝利萨里奥·贝坦库尔采取了果断的措施，放弃了上届政府奉行的货币主义政策，重新强调国家对经济生活的指导和推动作用，提出了"全国均衡发展计划"，把尽快恢复生产、整顿财政和促进出口作为政府经济工作的重点。

政府大力发放低息农业贷款，鼓励粮食生产，提高农产品收购价格，支持农牧业产品出口；同时，通过限制工业品进口，实行出口补贴、降低利率、允许私人企业用本国货币偿还部分到期外债而由本国商业银行以美元付给国际债权银行等措施，扶助民族工业恢复和发展。此外，政府通过

---

[1] 国家统计局：《1983年哥伦比亚统计》，第280、393页。
[2] 胡利奥·席尔瓦·科尔梅纳雷斯：《论哥伦比亚独立发展模式》，载《政治文献》1983年第154期，第25页。

多种渠道吸收外资，全面推动与外国投资者合作，利用外资发展新的项目或改造老企业。上述政策已收到了初步效果。1983 年，外贸赤字从上一年的 23 亿多美元下降到 15 亿美元，同期建筑业产值增长 30%，通货膨胀率从 24% 下降到 16.6%，1983 年，哥伦比亚是拉美地区唯一能偿还外债本息的国家。1984 年，哥伦比亚经济形势明显好转。据官方数字，国内生产总值增长率为 3%，制造业结束了连续三年的负增长，出现了 5%—5.5% 的实际增长；出口贸易也有很大的增加，头 11 个月，出口贸易比前一年同期增长 10.4%，贸易赤字从前一年的 15.7 亿美元下降到 3.4 亿美元。① 石油进出口贸易出现了 4320 万美元的结余，为国家恢复石油输出国的地位展现了美好前景。随着新油田的发现和新建大型煤矿的投产，势必加快哥伦比亚经济恢复的步伐。

第四节　几点有益的启示

纵观战后拉美地区的经济发展，哥伦比亚虽然没有出现像巴西那样的"经济奇迹"，也没有像墨西哥那样从出口石油中得到繁荣。但是，近 30 年来，哥伦比亚经济发展比较平稳，没有出现大起大落，也给人们以有益的启示。

一　政局稳定是国家经济发展的重要前提

从哥伦比亚历史上看，独立以后，两个传统政党自由党和保守党，为了争夺政权，进行了长期的斗争，甚至内战，国家政局不稳，对生产发展起阻碍和破坏作用。战后，在民族民主运动的鼓舞下，哥伦比亚人民于 1957 年结束了罗哈斯军事独裁统治后，自由党和保守党达成建立"民族阵线"协议。同年 12 月，经过公民投票，通过宪法改革，决定恢复代议制民主，同意组成两党参加的民族团结政府，决定从 1958 年起的 16 年内，两党轮流担任总统，平分公共职务，形成了和平安定的政治局面，开始了政治稳定的时期，有利于经济的发展和国家的进步。从此以后，各届政府重视任用有威望的政治家和经济专家，革新政治，进行经济改革，谋求国内和平，缓和社会矛盾。1974 年"民族阵线"结束后，根据宪法第

---

① ［哥伦比亚］《时代报》1984 年 12 月 30 日。

120条，在大选中获得选票第二位的政党有权参加政府组建，自由党和保守党基本上沿袭"民族阵线"时期的做法，继续组成联合政府，照顾两大政党各派别的利益，使政局相对稳定，从而保证了社会经济向前发展。

二 对经济不断进行调整和改革，调动国内各种有利因素，减少外部不利因素，推动经济发展

发展中国家长期遭受殖民主义的统治和帝国主义的掠夺，国内生产力水平低，经济结构畸形，并经常受到不合理的国际经济秩序的损害。要逐步改变这种状况，经济发展战略和政策的正确性和灵活性是至关重要的，为此，必须根据情况的变化，不断进行经济调整和改革。从60年代起，面对经济发展中的问题，哥伦比亚政府进行了一系列调整。其中较大的调整就有60年代中期的战略性调整，1974年的财政改革和80年代的经济调整。它既包含应付贸易逆差、解决国际收支赤字的对外经济关系的调整，又包括国内的财政、货币、税率、价格，以至生产结构的调整；既注意加强经济管理能力，又努力提高经济效益，增强国家经济实力，适应不断变化的外部环境。尽管在发展中有过失误，但从整个调整过程看，哥伦比亚能认真总结过去经济发展中的经验和教训，根据本国的具体情况，有针对性地提出克服面临困难的决策，使经济政策发挥较好的作用。哥伦比亚经济发展相对稳定的事实表明，政府没有轻视政策失误的原因，从调整经济政策入手，通过改革寻求出路，促进经济发展。经验证明，只要决心大，提出的政策又符合本国情况，是能很快见效的。正如贝坦库尔总统所说的："我们通过内部调整，成功地对付国际衰退和国外金融市场的严峻局面，我们的稳定性未受到重大影响，经济未出现急剧的波动。"[①]

三 坚定不移地实行促进出口的战略方针

发展中国家要建立独立的民族经济，就必须引进国外先进设备和技术，学习外国的经验，加快本国工业化进程。为此，积极发展对外贸易，千方百计地使本国更多产品打入国际市场，加强国际支付能力，是发展国民经济的重要条件。采取各种措施发展对外贸易，为国内经济发展积累资

[①] 1984年7月2—5日在波哥大国内外投资者会议上的讲话，见埃菲社波哥大7月4日西文电。

金，是哥伦比亚取得进步的一条重要经验。谨慎掌握兑换率，根据国内外价格变化严格实行浮动汇率，以本国货币小幅度贬值促进出口贸易的发展，是哥伦比亚发展对外贸易的一大特色，它有利于经济稳定发展。在发展出口贸易过程中，哥伦比亚除抓住有利的国际形势外，注意提高本国产品在国外市场的竞争能力，充分利用价值规律，注意市场的供求关系，运用价格、信贷和税收等经济杠杆，鼓励竞争，把每个企业都变成富有进取精神的生产经营者；同时，积极鼓励外国直接投资，利用外资在生产、管理等方面的先进技术和经验，使更多的产品进入国际市场，促进出口贸易的发展，进而达到改变咖啡单一出口的状况，来实现非传统产品大量出口，增加国际储备。哥伦比亚的经验表明，采取促进出口的战略方针，实行对外开放政策，能提高工业生产效率，加快经济发展速度，最终会提高民族工业在国际市场上的竞争力。

四 正确处理国内资金和国外资金的关系，是哥伦比亚避免出现债务危机的重要原因

发展中国家百废待兴，需要大量建设资金。建设资金的取得主要靠国内生产积累，还可以靠引进外资。引进外资的目的是为了发展民族经济，增强经济独立的基础。根据哥伦比亚的经验，必须根据本国经济发展的需要和条件，有计划、有选择地引进外资，并把它纳入本国经济建设的轨道，发挥其积极作用，同时，还要防止外国资本控制重要经济部门，排挤和打击本国私人资本企业。从 20 世纪 60 年代到 80 年代，哥伦比亚本国资本在国民经济中一直占主导地位。哥伦比亚由于国力有限、资金不足，政府实行以发展私人资本为主的政策，这似乎更符合生产力发展水平。政府通过国家资本引导和扶持私人资本，也注意小企业的发展。国家投资的工业项目在投产盈利时，一般尽可能地将股份转让给私人资本，以便腾出资金投入新的项目；国家资本也不同私人企业争夺市场，凡是私人能够搞的企业，国家就不再搞了，充分调动私人资本的积极性，尽量发挥私人资本在发展民族工业中的作用。当然，国家资本的存在和发展是必要的，但它应该引导和支持私人资本，尤其是促进中小企业发展的作用。拉美国家的经验表明，盲目地搞国有化，过分限制私人资本的发展，是违反客观经济规律的。在借用外资方面，必须合理估计国家偿债能力，举借外债要用于生产性投资，集中管理，统一对外。过分依赖外资，在利用外资方面又缺乏合理计划，过高估计本国的外汇收入和经济实力，而举债过多，必将造成负债累累，形成难以摆脱的困难局面。

五 发展中国家的经济发展战略，必须把经济发展目标和社会发展目标切实结合起来

从过去 20 年哥伦比亚的实际情况看，经济有了发展，但人民群众的生活水平提高有限，贫富悬殊增大，这固然有社会制度的原因，也有当前不合理的国际经济关系的原因。但不能不说，这与经济发展战略中，社会发展目标不明确有关。即使发展计划中也提到一些社会问题，作了一些规定，但往往成为一纸空文，未能切实加以实施。以生存求发展是自然发展规律。发展中国家的经济发展如果不是以满足社会广大阶层的需要为出发点，势必得不到民众的支持，要取得巩固的民族独立、社会进步和经济发展也是不可能的。哥伦比亚政府以往也曾在增加就业、缓和农民分化、控制通货膨胀、增加教育投资、兴建住宅、改善贫苦群众居住条件等方面作了努力，并取得了一些成绩，但似乎远远不够。现政府似乎注意到了这一点，在它提出的均衡发展计划中，强调了社会发展目标，把改善人民居住条件、提高大学入学率放在突出地位。贝坦库尔政府力图通过革新政治，兴利除弊，取信于民，缓和社会矛盾。

（原载苏振兴、徐文渊主编《拉丁美洲国家经济发展战略研究》，北京大学出版社 1987 年版）

80年代哥伦比亚的经济调整

20世纪80年代以来,拉美地区陷入了自30年代资本主义世界经济大危机以来最严重的经济困境,其中以债务危机最为突出。哥伦比亚虽然20年来经济发展比较稳定,但也无例外地出现过衰退。两年多来,通过一系列经济政策的调整,经济状况开始好转,1983年哥伦比亚成为拉美地区人均外债最少的国家之一,是该地区唯一能偿还外债本息的国家。本文试图就哥伦比亚经济衰退的原因,政府采取的对策以及发展前景等问题,谈谈自己的看法。

一

1982年是哥伦比亚经济状况相当严峻的一年,工业生产衰退,农业停滞不前;通货膨胀率达24%;政府的预算赤字达900亿比索;国际收支赤字增加,外汇储备减少,外债总额达98亿美元;国内生产总值的年增长率是近20年来增长最低的。这一时期的经济衰退主要表现在:

(一)经济增长减缓。70年代,哥伦比亚曾受到1973—1975年世界资本主义经济危机的冲击,经济发展遇到不少困难,但由于政府采取了许多措施,国内生产总值年平均增长率达6.1%,超过拉美地区5.5%的平均增长率。80年代初,在资本主义世界经济危机的冲击下,哥伦比亚的经济增长率降至近20年来的最低水平,政府被迫宣布经济紧急状态。据国家统计局统计,国内生产总值的年增长率从1979年的5.4%降为1982年的0.9%。以不变价格计算的人均国内生产总值1982年出现了负增长。工业从1981年起连续三年出现负增长,农业1982年

增长 -1.9%①。

（二）国际收支遇到了困难。70年代，哥伦比亚实行鼓励出口的政策，从1976年起，贸易连年顺差，加上旅游、劳务出口和毒品非法贸易等收入，国际收支盈余，国际储备逐年增加。80年代，哥伦比亚的出口贸易受到发达国家经济危机的影响，1981年出现了133300万美元的逆差，1982年增至207600万美元②。与此同时，国际储备迅速减少，1983年国际收支赤字达162500万美元③。

（三）财政赤字增大。据报道，1974年中央政府的财政赤字只占国内生产总值的0.9%，1982年增至3.4%。最近三年，公共支出年平均增长10%，生产投资不断下降。巨额的财政赤字和企业的资金不足，使政府不得不向外国举债。最近几年，公共外债不断增加。据统计，1970年外国贷款总额只有39900万美元，而到1979年仅公共外债就达352400万美元，到1984年7月，公共外债增加到726500万美元。加之，外国商业银行的短期贷款增加，利率翻了一番。所以1984年，国家支付外债本息达118700万美元，约占出口收入的37.2%，大大加重了国家的财政负担。

（四）失业率上升。最近几年，哥伦比亚的失业率从1981年的7.1%上升到1982年的9%，成为拉美高失业率的国家之一。此外，半失业率达13.9%。

造成哥伦比亚经济衰退的外部原因，是发达资本主义国家转嫁经济危机。哥伦比亚是发展中国家，工业以生产消费品为主，出口以农矿业初级产品为主，因此，当美国等发达资本主义国家实行提高关税、限制进口等贸易保护主义，任意压低国际市场初级产品价格时，1979—1983年，使哥伦比亚损失68亿美元的出口收入，哥伦比亚蒙受了巨大损失。发达国家转嫁危机，迫使不少拉美国家采取紧缩措施，限制进口，从而使哥伦比亚的出口受到影响。如1982年，委内瑞拉和厄瓜多尔等国宣布货币贬值，取消进口哥伦比亚的产品，使哥伦比亚减少了几亿美元的出口收入。此外，由于国际资本市场的高利率，又使哥伦比亚在1979—1982年间，多

---

① ［哥伦比亚］《时代报》，1985年1月10日。
② ［哥伦比亚］《时代报》，1985年3月11日。
③ 同上。

支出15亿美元。结果为最近两年，哥伦比亚支付进口和偿还外债本息的金额超过了出口收入和政府所获得的国外贷款，这对经济恢复是很不利的。所有这些都是造成经济衰退的外部原因。

从国内来看，主要有三个原因：（一）新自由主义又称货币主义经济理论的后果。从1967年起，哥伦比亚采取了这样一种推动工业发展的模式：即把经济引向世界，通过促进出口和出口产品多样化来积累资金，使财政部门成为经济的领导部门。正如一些哥伦比亚学者所说的，实行这种模式势必削弱国家对经济生活的干预，加深"对不稳定的国际市场的依赖"，"加深社会的不平衡性，对大资产阶级有利"[1]。同时，由于国家对金融活动缺乏适当的控制，导致一部分资金流向投机活动，影响生产投资；由于对外经济管理不严，对走私、非法贸易、贩毒打击不力，损害了民族工业的发展，影响了国家的收入，在社会上引起了严重不安。（二）建设规模过大，财政赤字增加。1979—1982年，政府实施《全国一体化发展计划》，企图通过增加公共工程的建设投资和扩大就业，来解决咖啡收入减少带来的问题。但是，加大投资增加了政府的财政赤字。同时，用于私人部门的投资却大大减少，私人部门不得不举借外债。据统计，1970年哥伦比亚的外国贷款总额为39900万美元，其中外国商业银行提供的贷款所占比例不在而到1983年外国贷款总额竟达231300万美元，商业银行的贷款增加到占42%。利率从1970年的4.2%提高到8.5%。到1984年7月，私人外债近37亿美元，而43.2%的私人外债又集中在五家私人企业。据报道，私人企业一年支付的外债利息约230亿比索，这给民族工业的发展带来巨大困难。（三）兑换控制过严，影响出口和外汇收入。1974年，为减轻通货膨胀的压力，哥伦比亚政府实行稳定计划，在流通领域实行限制流动资金、减缓比索贬值速度、抑制物价上涨的政策。结果，1975—1982年哥伦比亚货币贬值率不足以弥补国内、外通货膨胀造成的差额。这样，就既不能保护民族工业，又不能刺激出口和增加外汇收入，影响了国内生产的发展。

---

[1] ［墨西哥］《对外贸易》1982年6月号，第609页。

二

保守党人贝利萨里奥·贝坦库尔正是在经济衰退的困难时刻,就任哥伦比亚总统的。面对国家经济的严峻形势,贝坦库尔总统采取了果断措施。首先宣布改变经济的指导思想,决定抛弃上两届政府奉行的货币主义政策,重新强调国家对经济生活的指导和推动作用。为此,成立了哥伦比亚历史上第一个由七个经济专家组成的经济顾问班子,专门为政府的经济改革出谋献策。1982年12月,总统领导制订了《1983—1986年全国均衡变化的发展计划》,宣布把尽快恢复生产、整顿财政和促进出口作为政府经济工作的重点,并于1983年开始了新的经济调整进程。政府把逐步解决比索定值过高,鼓励出口和改善金融管理,作为经济调整的中心环节,希望通过恢复公共部门的积蓄能力,加强支持对外部门,鼓励企业投资,发放生产贷款,加快农业部门的发展,建立新的工业发展中心,以期达到在中期内实现国内生产总值年增长率不低于5%的战略目标[①]。

政府采取的调整措施概括起来有如下四个方面。

第一,鼓励出口,限制进口,逐步克服外贸赤字,实现国际收支平衡。为了克服对外部门面临的困难,加强国家的出口能力,政府采取了如下措施:首先,调整兑换率,纠正兑换控制过严的失误。从1982年11月起,哥伦比亚加快了货币贬值,把比索对美元的贬值率,从1982年的18.7%提高到1983年的26%,1984年上升到28%—30%。如果国际上美元比值继续下降,本国货币信誉逐渐恢复,政府计划在短期内把汇率变化恢复到1975年的实际水平(15%)。其次,改革有关进出口制度,鼓励出口,增加外汇收入。1982年,政府先后颁布第2040和第2053号法令,提高对出口商的税收补贴,以补偿国际市场农产品价格下降给出口商带来的损失。1985年3月,政府颁布第768号法令,简化必需原料的进口手续,规定凡进口有利于出口的原料,除提出申请外,只需银行担保即可进口。再次,鼓励政府部门和私人合作支持私人出口商,增加非传统产品出口。针对近几年非传统产品出口额下降的情况,促进出口基金会制订了非

---

① [哥伦比亚]《时代报》1984年5月20日。

传统产品出口的中短期计划，计划提出到 1986 年，实现非传统产品出口额 177000 万美元的目标。为此，全国信用基金增加向小出口企业提供贷款。1984 年 6 月颁布第 1518 号法令，决定实行新的税收补贴证券，对出口本国产品的出口商给予补贴，并可享受免税 20% 的优惠。对扩大向拉美地区出口的哥伦比亚商人，可豁免 20%—35% 的税金。另外，还限制进口。为了防止国际储备继续减少，保持国家的支付能力，1984 年对外贸易协会规定禁止 680 种消费品和国内能生产的原料的进口，并规定实行以货易货的对等贸易。由于实行限制进口，1984 年国家节省约 20 亿美元的外汇支出。

第二，整顿财政，增收节支，解决财政赤字。80 年代初，由于对外经济形势好转，政府对货币控制有所放松，财政金融部门出现定期储蓄多，银行储备金额高，税收在财政收入中所占的比例下降；出现了私人银行热衷于高利贷款，投机活动增加等一系列影响生产投资的严重情况。于是，政府决定整顿财政，改革税收，加强对金融业的控制和调节。政府通过贷款，把不法私人银行收归国有；会同守法银行家，建立"银行民主基金会"，支持公共部门的投资。同时决定降低利率（从 45% 降到 42%），减少银行储备金额，给银行系统以更多的自主权利，增强银行的支付能力。1982 年底，宣布实行税收改革。1983 年颁布法令，堵塞漏税现象，扩大所得税基数，恢复贸易特殊账户，减轻低收入阶层的税收负担，取消对股份公司征收的双重税制，鼓励企业投资；并对销售税进行调整。1983 年仅所得税和附加税的收入就超过 1000 亿比索，比上一年增加了 47.7%[①]，增加了国家收入。与此同时，政府颁布法令，紧缩公共开支，加强对预算的监督。1983 年 2 月颁布条例，限制官方所需货物的进口；6 月冻结国家公职人员人数。并规定，公共部门的工资增长不得超过 10%。1984 年通过第 757 号法令，强调遵守财政纪律，严格控制公共部门的消费，防止浪费公共部门的节余款项。此外，在外国贷款减少的情况下，增加国内贷款，利用国内储备，增加投资。据统计，共和国银行给银行系统提供的信贷、贴现和基金，1984 年增加到 18003300 万比索，比 1983 年增长 29.4%；同年，政府发行的国内储蓄券 2394900 万比索，比上年增加 40.9%；同期银行系统的

[①] 哥伦比亚《时代报》1984 年 7 月 21 日。

投资增加到15855900万比索,增长31.4%。这样,从1983年起,公共财政出现了以内部贷款和储蓄代替外债的趋势。据统计,1983年国内储蓄券和共和国银行给政府的特殊贷款,占政府预算收入的15%①。

第三,刺激生产,引进外资,振兴工业。政府制订了农业发展计划,扩大耕地面积,发放农业低息贷款,提高农产品收购价格,鼓励恢复粮食生产,支持农牧业产品出口;同时,重视建筑业、矿业和交通运输等行业的发展,发挥它们在恢复国民经济和增加就业上的作用。为减轻私人企业短期债务的沉重负担,政府同意银行以转让支付的方式解决债务结算的困难,恢复向私人企业贷款的业务;允许私人企业用本国货币偿还部分到期外债,帮助私人企业恢复生产。由于政府采取了上述措施,出口贸易逐渐恢复。

与此同时,为加速新企业的建设和旧企业的技术改造,增加就业机会,政府采取一系列措施引进外资:取消变外资企业为合资企业的决定;取消对外资在银行、保险业和在波哥大、麦德林及卡利等三大城市投资的限制;取消外资企业再投资的限制;对在边远地区的外国新投资给予减税50%的优惠待遇等。外国投资者已纷纷提出申请,到1984年上半年,外资在工矿、旅游业投资已达40亿美元。政府拟通过多种渠道进一步吸收外资,完成1984—1987年振兴工业生产计划。

第四,把社会目标列入宏观经济发展计划,重视经济目标和社会目标的均衡发展。贝坦库尔认为,影响哥伦比亚社会安定的主要因素是贫穷、落后和愚昧。在1982年总统竞选中,他提出要"使哥伦比亚摆脱目前存在的一切不公正现象,要实现经济和社会改革,促进经济和社会福利共同发展"。他主持政府工作后,把逐渐稳定价格作为实现社会目标,巩固经济发展的必要前提;强调发展建筑业,特别是将实施大众化住宅计划,增加城市基础设施的大工程的投资,改善人民群众的生活条件,作为短期经济发展的战略目标②。在经济调整中,降低了中间阶层的所得税;豁免了80万低收入群众的所得税;提出了1984年建造20万

---

① [哥伦比亚]《时代报》1984年7月23日。
② 哥伦比亚国家计划局:《1983—1986年全国均衡发展计划》,第14页。

套大众化住房的计划；在提高文化方面，实行大规模扫盲，举办函授大学，为更多青年提供高等教育的机会；在公共卫生方面，实行普遍接种牛痘的计划，这得到世界银行和美洲发展银行的支持，并被联合国列为1984年国际事件之一。

三

经过两年多的调整，哥伦比亚的经济形势明显好转，表明政府采取的改革政策已产生了积极效果。据国家统计局的报告，以不变价格计算，1984年国内生产总值的增长率已停止下降，增长率为3％。农业生产有所恢复，1983年增长1.8％，1984年又增长2.3％。制造业结束了连续三年的负增长，1984年增长率为6％。矿化和建筑业都有较快的增长。在对外部门中，进口额有所下降，1983年的进口比上一年减少9％，1984年又减少10％；出口额逐渐恢复，1984年出口额增加7％。

贸易逆差1984年下降到28400万美元。与此同时，政府的财政状况也有所好转，财政赤字从1983年的1134亿比索降到1984年11月底的408亿比索。通货膨胀率显著下降，1978—1982年为25.2％，1984年降至18.28％。最低工资也从1983年的11298比索，提高到1984年的13557比索。

当然，目前哥伦比亚经济仍存在着不少困难。1984年，哥伦比亚外贸逆差未完全改变，国际储备继续减少，1984年年底只有10亿美元。失业率还在增加，从1983年的12.5％上升到1984年的13.4％。要解决这些难题还需做很大努力。1985年，哥伦比亚将继续进行调整。值得注意的是，最近十年，政府加紧石油的勘探和开采，加速矿业、煤炭和电力工程的建设，一些工程相继投产，特别是新的大油田的发现和石油生产的逐渐恢复，以及1985年2月，哥伦比亚与外资合作开发的埃尔塞雷洪北区煤矿部分投产和首次出口煤炭，给出口开辟了新的前景，给经济发展带来了活力。哥伦比亚政府对今后的经济增长，对外经济的恢复和发展，以及控制通货膨胀和实现财政平衡等方面作了乐观的估计；1987年哥伦比亚将恢复石油输出国的地位；1986年埃尔塞雷洪北区煤矿建成，1989年实现年出口煤炭1500万吨的战略目标，1990年包括煤炭在内的非传统产品出口额将从 1984 年的 118400 万美元提高到 330700 万美元；进而达到在中期内实现国内生产总值不低于 5% 的年增长率。

(原载《拉美丛刊》1985 年第 5 期)

哥伦比亚积极引进外国投资

哥伦比亚是拉丁美洲中等发展水平的国家，近几年来，经济有较快发展。70 年代，它的国内生产总值年平均增长率超过 6%，高于拉美地区的平均增长指数。1979 年，国内生产总值为 277 亿美元，按人口平均达 10055 美元。引进外资是战后哥伦比亚政府奉行的一项重要经济政策，到 1979 年登记的外国投资累计达 13 亿多美元。这里仅就外国在哥伦比亚直接投资的发展情况作些初步分析。

一

就总的情况而言，战后外国在哥伦比亚的投资大致可分为三个时期：1966 年以前是外国在哥伦比亚自由投资时期；1967—1977 年是哥伦比亚加强外资管理时期；1978 年以来是积极引进外资时期。

从 50 年代起，哥伦比亚工业开始进入生产中间产品和资本货的发展阶段，迫切需要资金和技术。这就为外资特别是美资提供了投资场所。到 1967 年，外国在哥伦比亚的投资达 55290 万美元，仅美国的 72 家大公司在哥伦比亚就设有 150 家子公司。

1967 年 3 月哥伦比亚颁布的第 444 号法令，是这个国家第一个促进对外贸易、鼓励外国投资、加强外资管理的法令。1970 年 12 月，安第斯条约组织通过《对待外资共同条例》（即第 24 号决议），禁止外国在其成员国的商业、银行和公用事业投资，限制外资股份的比重，并对外资所获利润的处理方式有所限制。作为安第斯集团的成员国，哥伦比亚履行了这项决议。

1978 年 8 月胡利奥·塞萨尔·图尔瓦伊就任哥伦比亚总统，放宽了对外国投资的限制。1979年国家计划局新批准的外国投资为23500万美元；1980年国家计划局又批准141项外国直接投资，投资额达13.9亿美元，比上一年增加了将近五倍。

战后以来，外国在哥伦比亚投资的发展趋势是：

第一，投资额逐步增加，最近两年迅速增长。1953—1966年外资年平均增加1200万美元；1967—1973年平均增加3640万美元；1974—1978年平均增加5280万美元。随着1979—1982年经济发展计划的实施，外国投资迅速增加。1980年，仅国家计划局批准在煤炭工业方面的投资即达124900万美元。

第二，外资投入新兴部门。50年代，60%的外资投在石油业。从60年代起，外资转到工业、金融和商业等现代经济部门。到1979年已有将近50%的外资投放在制造业；另外50%投放在石油、石油化工、金融和运输业。1980年，90%的外资投入了采矿业。

第三，外资来源多边化。战后，美国取代英国而成为哥伦比亚的主要投资国。到1966年美国投资增至57100万美元，约占外国在哥伦比亚投资总额的70%以上。随着哥伦比亚与欧洲经济共同体以及与发展中国家经济关系的发展，目前向哥伦比亚投资的国家和地区已达30多个。截至1980年年底，在哥伦比亚的外资总额中，美国私人投资占58.1%，欧洲各国投资占23.7%，中美洲和加勒比地区投资占10.2%，南美洲各国投资占6.28%。

第四，投资方式逐渐向合资企业转变。50—60年代，外资通过直接建厂或购买哥伦比亚公司的固定资产建立了一批企业，70年代，合资企业逐渐增多，在哥伦比亚的七家外国银行全部变成了混合银行。1970年以来，哥伦比亚政府鼓励本国咖啡出口高认购外国公司的股份，同时鼓励外资同本国资产合作建立合资企业。正在建设中的塞罗马托索镍矿和埃尔塞雷洪煤矿，就是哥伦比亚公司同外国公司共同投资兴办的混合企业。

二

最近几十年，外资在哥伦比亚逐步增加的主要原因有以下方面。

第一，哥伦比亚对外国投资实行了积极利用、加强管理、使外资有利可图的政策。从1967年实行第444号法令以来，政府根据本国情况和安

第斯条约组织第 24 号决议的规定，制定了一系列法令，比较重要的有以下几个。

（一）加强外资的管理。有关法令规定，超过 10 万美元的外国投资必须预先向国家计划局提出申请，经批准后，外国投资者再到共和国银行外汇处注册，以限定投资份额、保证外资企业汇出利润和抽回资本的权利。国家还设立了专利权委员会，负责对进口技术的管理。

（二）做出了外资同本国资本联合经营的规定。本国资本必须按规定份额参与合营企业股份，外资必须在股份、技术、财务和经营管理方面逐渐退居次要地位。合营企业的经营必须有利于就业、出口和采用国产的零部件。1974 年又取消了外国公司在哥伦比亚单方面勘探和开采石油的租让权。

（三）限制外国在金融部门的新投资。1975 年颁布的银行哥伦比亚化法令，规定外国银行必须将 51% 的股份出售给哥伦比亚人，把外国银行变成混合银行。

（四）放宽对外资利润的限制。1977 年，哥伦比亚政府把外资企业每年的利润汇出率从占其直接投资额的 14% 提高到 20%，把每年的利润再投资限额从占其登记资本的 5% 提高到 7%。1978 年年底，政府又决定把储存在共和国银行不能汇出的 55 亿比索外国公司的利润，一半用于本公司的再投资，另一半用来购买哥伦比亚工业发展委员会的债券。1981 年 5 月，议会同意不能汇出的利润可以再投资。

（五）1979 年 5 月，议会通过第 1161 号法令，规定在哥伦比亚连续居住一年以上或持有正式居住证的外国侨民，与本国投资者享有同等待遇。

第二，努力发展对外贸易，提高国际支付能力，增强外国投资的信心。60 年代，哥伦比亚的外贸连年赤字，外汇短缺，政府被迫实行严格限制进口的政策。为改变这种局面，国家在 1967 年成立了促进出口基金会，通过发放出口贷款、实行出口补贴、促进非传统产品出口等措施，积极发展对外贸易。同时，以关税和汇率作为调节对外贸易的重要手段，取得了明显的效果。1975—1979 年，对外贸易年平均增长速度达 29%。自 1976 年以来，外贸连年顺差。1979 年的出口值比上一年增长了 40%。1980 年对外贸易总额增至 92 亿美元，比 1967 年增长了 8 倍。1980 年的国际储备已增至 54 亿美元，比上一年增长了 35%，创历史最高纪录。这就大大提高了哥伦比亚的国际支付能力，在外国投资者面前增强了国际信誉。

第三，政府制定的经济发展规划吸引了外国投资。哥伦比亚发展国民经济的全国一体化计划和1979—1982年三年经济发展计划，提出了一系列调整和发展经济的政策与措施；全国一体化计划规定公共投资10340亿比索，其中的1/3将由国外提供。1980年公布的能源发展计划，又决定加强同外国公司合作勘探和开采石油。同时大力开发煤炭资源，决定投资30亿美元在瓜希腊半岛开发埃尔塞雷洪煤矿。这些发展计划对外资颇具吸引力。

第四，长期以来，哥伦比亚国内政局的相对稳定，也为外国投资创造了必要条件。

三

哥伦比亚积极引进外资，把流入的外国投资纳入发展国民经济的轨道，在一定程度上弥补了国内建设资金的不足；促进了新兴工业部门的建立；增加了工人的就业机会；扩大了工业制成品的出口能力。总之，给国家经济发展带来了好处。但是，外资的渗入，同时也给哥伦比亚经济造成了一些不利影响。

首先，在哥伦比亚的外资企业控制了一些经济部门。到1979年，外资已控制国家经济活动的20%—25%。按部门来说，矿业的75%、其他工业的36%、金融业的30%和商业的10%都掌握在外资手中。

其次，外资在一定范围内损害了哥伦比亚的主权，并直接排挤了民族资本。1974年以前，外国公司曾通过租让权控制着哥伦比亚的石油生产，反而使哥伦比亚每年花费27000多万美元的外汇来购买在本国土地上开采的石油，这就严重地损害了国家的主权。跨国公司的子公司还利用其资本和技术优势，进口母公司的零件，向哥伦比亚市场倾销产品，迫使哥伦比亚的中小企业大量倒闭。1963—1973年，仅制造业企业就从12000多家减少到5400家。

最后，外国公司掠夺哥伦比亚的自然资源，剥削它的廉价劳动力，牟取暴利。据统计，1950—1973年，在哥伦比亚石油业以外的外国净投资为14700万美元，而汇出利润竟达32800万美元。1975—1978年，在哥伦比亚登记的外国投资为 24000 万美元,其中新投资不超过 7000 万美元,其余全部是利润再投资。而同期,外国公司公开汇出的利润和专利使用费则达 22000 多万美元。外国在哥伦比亚石油的投资只有 3 亿多美元,却攫取了约 45 亿美元的利润。

(原载《拉美丛刊》1982 年第 4 期)

哥伦比亚的债务问题与对策

战后初期，哥伦比亚使用国外贷款不多，1961年公共外债只有6.28亿美元，1970年外债总额增长为19.3亿美元，到1978年外债总额达44.2亿美元。总的来看，在拉美债务危机爆发前，由于哥伦比亚对借外债控制较严，外债总额相对较少，而且，在外债的使用上坚持了外债严格用于建设投资，也由于外债结构较为合理，资金主要来自国际金融机构的中、长期贷款，哥伦比亚的外债负担不大，外债形势相对比较稳定。

但此后，哥伦比亚外债形势发生了较大变化：外债增长速度加快。1979—1982年的四年间，国家净外债与出口收入之比从60%增加到150%[①]。私人商业银行的贷款迅速增加，四年间，来自商业银行的贷款增加到占贷款总数的2/3。外债指数恶化。1980年公共外债的偿债率仅为9.7%；1982年上升到32.7%，同年国际收支经常项目逆差28亿美元。从以上事实可以看出，尽管哥伦比亚外债迅速增加的开始时间比其他拉美国家要晚，但却具有类似的性质。当拉美国家经历着债务危机时，哥伦比亚也遇到严重困难，面临潜在的债务危机。

造成哥伦比亚外债这样严峻的形势既有国内原因，也有国际原因。从国内来讲，第一，自1979年咖啡繁荣以来，哥伦比亚为解决能源短缺和实现出口煤炭的战略目标，实施了宏伟的投资计划。政府对能源、矿业、电力、交通运输部门的总投资计划多达10340亿比索，其中1/3的资金要靠外国贷款，从而导致外债的急剧增加。第二，政府实行靠外国贷款支撑

---

① ［哥伦比亚］何塞·安东尼奥·奥坎波、埃德华多·罗拉：《哥伦比亚与外债》，第三世界出版社1988年版，第87页。

的自由进口政策①。为了抑制物价上涨,回收货币,政府把大批进口商品从预先许可制改为自由进口,降低2900多种货物的进口关税,1980年又完全豁免了安第斯成员国600多种商品的进口关税。政府采取借外国贷款的办法消弭国际收支逆差。第三,汇率定值过高,控制过严,影响了哥伦比亚的出口。从1978年起,政府为减轻通货膨胀压力,宣布稳定计划,减缓比索贬值速度,实行抑制物价的政策。由于汇率定值过高,不仅削弱了对非传统产品出口的鼓励,而且导致对外竞争力减弱,损害了出口收入。80年代初,咖啡生产的好势头消失后,靠较高的政府支出和借外债维持综合需求的增长,触发了持续的通货膨胀,实际汇率上升。加上对外部门管理不善,伤害了出口部门的积极性,加深了国际收支的不平衡。

就外部而言,除发达资本主义国家转嫁经济危机,恶化了哥伦比亚出口贸易条件等因素外,拉美其他国家债务危机的冲击,也是导致哥伦比亚国际收支出现巨大逆差的原因之一。由于发达国家转嫁危机,某些拉美国家采取紧缩措施,取消了对哥伦比亚产品的进口,1983年哥伦比亚国际收支经常项目逆差达28.26亿美元,相当于当年出口收入的90%,国内生产总值的8%。这也加剧了哥伦比亚的债务形势。

80年代,在债务危机面前,拉美各国政府都根据各自的情况进行了极其艰苦的经济调整。哥伦比亚政府在经济调整过程中,不仅考虑到当前面临的严峻经济形势,而且也注意到保持今后长期持续稳定的发展。因此,在外债问题上,采取了与拉美大多数国家不同的战略;坚持准时偿还外债;拒绝重新安排外债谈判的建议;继续保持同官方机构和国际多边金融机构的传统信贷关系,争取得到更多的新贷款;力争实现同商业银行关系正常化的战略②。根据国家在不同时期面临的不同问题,哥伦比亚在解决外债问题上,大致分为三个阶段:

第一阶段:1982年8月—1984年6月是政府实行振兴经济、坚持还债阶段。自1980年起哥伦比亚经济出现衰退,1982年经济实际增长率只有0.9%,这是30年代大萧条以来的最低增长率。面对严峻的经济形势,政府决定调整经济,宣布把整顿财政、尽快恢复生产和促进出口作为政府

---

① 埃德加尔·雷维伊斯主编:《拉丁美洲外债与调整进程:经验与前景》,1985年哥伦比亚版,第247页。
② [哥伦比亚]何塞·安东尼奥·奥坎波、埃德华多·罗拉:《哥伦比亚与外债》,第三世界出版社1988年版,第87页。

工作的重点，强调要解决国内金融危机，控制物价上涨，增加投入，促进工农业生产的恢复和发展。与此同时，政府把替代进口作为振兴经济的关键性措施，限制国内能生产的产品进口，适当加快货币贬值速度，增加对出口部门的投资，促进非传统产品出口。鉴于历史的教训，政府坚持履行还债义务，准时偿还到期外债。经过努力，振兴经济收到效果，通货膨胀得到控制，生产开始回升。1983年和1984年，国内生产总值分别增长1.6%和3.4%。

第二阶段：1984年7月—1986年12月是坚持宏观经济调整、实现经济增长阶段。为克服财政和国际收支不平衡，政府制订宏观经济调整计划，把降低财政赤字、控制货币增长和争取获得新的国外贷款作为调整计划的关键。哥伦比亚政府一方面进行税收改革和汇率改革，鼓励储蓄、帮助企业生产投入；另一方面，紧缩公共开支，修订公共投资计划，缩小投资规模，重新安排投资方向。

在外债的处理上，哥伦比亚采取灵活的态度，同外国商业银行进行艰苦的谈判，最终签署了10亿美元的定期贷款协议；向世界银行和美洲开发银行申请中、长期贷款用于公共部门的中期投资计划。1985—1986年争得世界银行先后提供的12.5亿美元的"贸易政策和出口多样化"与"贸易和农业政策"的政策贷款。

经过前一阶段的调整，特别是随着新油田的开发和开始出口煤炭，哥伦比亚经济情况逐渐好转，国际收支得到改善。资金的增加为经济部门增添新的活力，也为国家对外部门的调整创造了条件。政府积极清偿公共部门的短期外债和帮助国家担保的私人企业偿还长期拖欠的债务，从而解决了支付危机。经济调整有力地促进了经济的发展。1986年，哥伦比亚国内生产总值实际增长5.8%，公共部门的财政赤字下降，国际收支经常项目出现4.6亿美元的盈余。国际储备恢复到34.8亿美元。

第三阶段：1987—1990年是积极寻找新的长期贷款、实现经济中速增长阶段。这一阶段是哥伦比亚偿还外债的高峰期，四年间到期公共外债约60亿美元，占公共外债总额的40%左右。因此，能否实现政府预定的目标，资金的筹措是个关键。为此，政府除了增加出口，鼓励国内储蓄、更多地吸引外国在经济各部门的投资外，决定向国际金融机构寻求新贷款。政府先后在东京和伦敦金融市场发行两笔债券，并于1987年5月向国际金融机构提出1987—1990年得到80亿美元中、长期贷款的申请，即在四年内平均每年增加 5 亿美元的贷款计划。政府的贷款要求得到债权国官方机构和多边银行的支持，四年间共得到 52 亿美元的新贷款。哥伦比亚政府由于及时得到所需的资金，顺利地渡过了外债偿还高峰期。

总之，在拉美"失去的十年"里，哥伦比亚通过宏观经济调整，以及在国际多边金融机构的支持下，克服了支付危机，渡过了外债偿还高峰期，不仅偿还了 95 亿美元的外债本息，而且得到 146 亿美元的新贷款，解决了经济发展急需的资金，取得了比较满意的经济增长。

哥伦比亚从国家根本利益出发，努力维护和提高国家资信，积极争取双边和国际多边金融机构的贷款，保证了结构调整的顺利进行。

哥伦比亚利用国外贷款比较慎重。它根据国家的财力和实际需要借债，实行以国内积累资金为主、引进外资为辅的方针；在借用外债时，能合理估计国家的清偿能力，把流入的外资纳入国民经济发展的轨道，把举借的外国贷款用在基础设施建设和生产投资上，发挥其促进国民经济发展的积极作用。

（原载《拉丁美洲研究》1991 年第 4 期）

哥伦比亚解决能源问题的对策

从 1971 年起，哥伦比亚石油生产逐年下降，由一个石油输出国变成输入国，能源成为国家发展的紧迫问题。为此，1980 年 5 月，政府公布了替代石油的能源政策。近年来，哥伦比亚面临的能源问题，政府的新能源政策以及所采取的措施，成为人们关心的问题。

从石油输出国变成输入国

19 世纪下半叶起哥伦比亚开始以煤炭为主要燃料。第一次世界大战后，美国取代了英国地位，在哥伦比亚投资，从事石油的勘探和开采。从 1926 年起，石油成为哥伦比亚仅次于咖啡的第二出口产品，约占出口总值的 20%。自 30 年代起，石油和天然气的消费迅速增加，逐渐成为国家的主要能源。1961 年，哥伦比亚年产石油 5290 万桶。出口 2730 万桶，仅次于委内瑞拉和加拿大，居美洲第三位。1970 年，年产 8000 万桶，出口增加到 3100 万桶。

从 1971 年起，石油生产不断下降，到 1979 年年产仅 4500 多万桶，比 1970 年减少近一半。与此同时，国内能源需求以 60% 的速度迅速增长。能源供求关系日趋紧张。煤炭生产技术落后，年产仅 500 万吨，发电量 182 亿度，由于石油短缺和干旱，发电量下降，造成电力供应极度紧张。从 1980 年 11 月起，全国电力实行定量供应。据报告，1979 年全国需要燃料折合石油 1536.4 万吨，国内仅能生产 1411.8 万吨，不能满足国内需要。为了解决国内燃料短缺，1975 年起国家被迫进口石油，1979 年进口石油 2000 万桶。

造成哥伦比亚能源供应紧张的原因，首先，是能源消费结构不合理。

能源消费过分依赖石油，1980年，石油和天然气共占能源消费的70%以上，而水电和煤炭仅占29%。其次，能源工业，主要是石油工业，长期由外国资本所控制，进行掠夺性开采，忽视石油资源的勘探。已探明的26亿桶石油储藏中，已开采了10亿桶，油源枯竭，产量下降。最后，经济各部门发展比例失调，造成能源供应日趋紧张。汽车工业迅速发展。到1979年，全国使用的汽车达74.4万辆。工业和交通运输所消费的能源急剧增加，约占能源总消费的80%。经济部门发展失调，使能源赶不上经济发展的需要。

展望80年代，能源困难有增无减。据矿业能源部估计，到1990年，全国需要燃料折合石油3245.8万吨，为1979年的两倍多。80年代，仅用于石油进口和勘探的费用将超过200亿美元。为了解决80年代能源需要，1980年，政府公布了新的能源政策，提出了发展能源工业的宏伟计划。

采取的新能源政策

哥伦比亚拥有丰富的能源储藏。据政府公布的材料，煤的探明藏量400亿吨，潜在藏量还有100多亿吨，是拉丁美洲煤炭储量最多的国家。这些煤炭资源大都未经开发。水力资源达11000万千瓦，在拉美仅次于巴西，居第二位。全国有13个含油地带，总面积为4000万公顷，已勘探面积只占25%。此外，还发现有丰富的油母页岩、铀矿和地热资源。

为了摆脱当前能源供应的紧张状况，减少进口石油的外汇支出，促进国家经济发展，政府决定在加强石油资源勘探的同时，积极开采煤炭和天然气，充分利用水力资源，实行替代石油的政策。计划大规模开采煤碳和加速大中型水电工程的建设，以解决石油短缺；积极出口煤炭，增加外汇收入。根据全国能源需要，决定把能源生产总量折合成石油从1980年的1445万吨到1990年提高到3242万吨，以基本满足国内消费需要。在能源生产方面，规定到1990年煤炭占59%，水电占11%，天然气占17%，石油占13%，与1980年能源生产结构相比，石油和天然气所占比例从66%下降到30%，煤炭和水电从34%上升到70%。

为此，政府采取了以下相应措施：

（1）根据本国能源资源分布情况，因地制宜地生产多种能源。从

1975年起，决定大规模开采瓜希拉半岛上的埃尔塞雷洪煤矿。仅该矿北区储藏量就有30亿吨，其中有16亿吨可露天开采，中区藏量达10亿吨以上。1976年，国家首先建立国营煤炭企业哥伦比亚煤炭公司。国家投资2亿美元，建设埃尔塞雷洪中区煤矿，于1982年9月投产。1980年，哥伦比亚煤炭公司同埃克森石油公司的附属公司伊特纳公司共同投资30亿美元，开发埃尔塞雷洪北区煤矿，计划于1986年投产，到1990年，年产1500万吨。共同开采23年，共开采5亿吨煤炭，其中哥伦比亚煤炭公司得到产量的57.5%，伊特纳公司分得42.5%，外国公司仍需缴纳15%的矿区使用费和税金。生产的煤炭主要用于出口，换取外汇。计划从1986年起，每年出口500万吨，1990年出口超过1000万吨，到2000年，实现出口5000万吨煤的战略目标。

此外，政府已着手研究把煤炭转变成液化和气化燃料，解决今后国家能源供应问题。如果这项计划成功实施，将为哥伦比亚煤炭生产开辟更加广阔的前景。

为了解决电力供应紧张状况，国家积极实施1979—1990年12年电力发展计划，决定投资7500亿比索把国家发电能力从1979年的420万千瓦到1990年提高到2400万千瓦。目前正在修建和扩建23个较大工程，计划1983年前完成九座，1988年全部完工；总发电能力达1059万千瓦，加上原有电站，发电量可达483亿度，实现电力完全自给。

最近几年，哥伦比亚在大西洋沿岸找到相当于日产10万桶石油的天然气资源，计划加紧开发和使用天然气。1979年，国家成立"非常规能源委员会"，研究使用太阳能、地热和核能的可能性。现已同意大利两个公司合作勘探铀矿资源，计划到20世纪末，建设第一座核电站。1981年，国家计划局、哥伦比亚石油公司同美洲国家组织研究利用酒精代替汽油的计划，决定建立生产蔗糖和酒精的混合公司，利用东部平原和沿海平原125万公顷土地种植甘蔗和木薯，每年能生产燃料酒精72500万升，相当于目前国内消费汽油的20%。[①]

（2）重视基础设施的兴建，加强电力输送。哥伦比亚全国现有六个大的电力公司，政府准备修建4400多公里长的高压电线，把各电力公司电网联结起来。这有利于大西洋沿岸电力系统的电力供应，使国家电力供

---

① 1981年6月15日，1美元相当于55哥伦比亚比索。

应趋于平衡。

为了适应煤炭出口的需要，政府重视矿区与各工业城市和港口之间交通运输的建设。目前正在瓜希拉半岛北部的波尔特特湾修建港口，修建能存放170万吨煤的码头，安装每小时装1万吨煤的设备，在港湾疏浚4公里长的河道和停泊25万吨船只的泊位，以利于煤炭出口。此外，在北部矿区和港口之间，还建筑一条150公里长的铁路和与之平行的公路，加强矿区与港口的联系。

（3）节能和增产并举。为了缓和能源供应紧张状况，政府一方面继续实行电力配给制，要求各企业制订节能计划，各电力公司逐渐更新设备，改用煤炭作燃料，另一方面，实行不同的收费标准，鼓励居民节约用电。在波哥大，规定在两个月内用电200千瓦以下的用户，每千瓦收费0.6比索，用电在200—400千瓦，每千瓦收费1.13比索；用电在400—600千瓦，按1.27比索收费；用电在600—800千瓦，按1.39比索收费；超过800千瓦，按标准价格1.4比索收费。

为了鼓励石油生产和投资，政府决定提高国内销售价格。1980年，政府两次调整汽油价格，把每加仑油价从24比索增加到44比索，提高83%。

最近几年，石油的普查工作在紧张地进行。全国有28个钻井队。1979年钻井29眼，1980年钻井59眼，1981年增加到103眼。在东部接近委内瑞拉边界的阿劳卡地区，发现了一个大油田。在卡萨纳雷、比查达和梅塔，也发现了藏量丰富的油田。此外，政府实行的油田二次回采计划也已取得成效。据石油情报中心的材料，由于安提奥基亚油田的回采和东部平原新油田开发，1981年底，石油日产达41.6万桶。哥伦比亚石油公司和美国哥伦比亚国际公司正在开采阿劳卡油田，准备在五年内投资12亿美元，打井50眼。建成后，每天最少可生产35000千桶。阿劳卡油田的开发，对实现1985年石油完全自给将起的十分重要的作用。

（4）注意引进外国先进技术。目前哥伦比亚能源开发技术比较落后，如正在生产的700多个煤矿，生产水平较低，技术落后。为改变这种状况，国家积极从发达国家购买先进技术和设备。1981年上半年，从日本、美国、英国、西德和西班牙等国买进电力方面的技术合同就有13个。从意大利购买设备建设贝塔尼亚水电站，从苏联引进水轮机建设乌拉水电站，从英国和加拿大购买矿山机器开采煤矿。与美国伊特纳公司合资经营的埃尔塞雷洪北区煤矿,全部设备和技术都是从美国引进。

(5) 注意资金来源多样化,以国家投资为主,鼓励国内外私人投资。据初步估计,80年代解决能源问题需400亿美元的投资。政府强调重点工程由国家投资,同时注意发挥地方的积极性,鼓励私人投资和引进外资。

在图尔瓦伊政府实施的全国一体化发展计划中,1979—1982年间投资150亿美元,其中能源工程投资68亿多美元,占总投资的45%。据能源部宣布,80年代电力工业建设投资7500亿比索,其中国家投资3750亿比索,电力企业自筹资金2250亿比索,其余1500亿比索由国内筹集资金加以解决。1982年电力发展基金会决定提供150亿比索的贷款,以满足当年电力工程资金的需要。

政府积极鼓励私人投资,实行给投资者以优待的政策,规定对于向电力工业提供了有效物质和资金的企业和个人,在新电厂建成后将优先供电。为加快煤矿建设,解决大西洋沿岸工业燃料困难,哥伦比亚煤炭公司通过成立加勒比煤炭股份公司,解决科尔多瓦省比豪煤矿的建设资金。

积极利用外资是哥伦比亚采取的重要政策之一。目前政府从加拿大和英国得到12亿美元的贷款。1981年同西德签订合同,在孔迪纳马卡和博亚卡地区合资勘探煤矿。

能源工业的前景和问题

综上所述,最近几年哥伦比亚实行替代石油的能源政策,积极发展多种能源,争取能源自给和扩大煤炭出口的战略目标,已引起国内外广泛的关注。

由于政府重视同各方面合作开发能源,燃料生产已取得可喜成绩,能源供应紧张状况有所缓和。1980年,哥伦比亚改变了石油生产逐年下降的局面。70年代石油生产年平均下降6.1%,1980年已稍有回升,比1979年增长1%。1981年,年产5048万桶,比1980年增长6.6%,加上全国大力节能,石油自给率达88%,原计划进口17亿美元的石油,实际上只使用了7亿美元。电力工业也取得明显成绩。据能源部部长诺列加说,1978年8月,国家发电能力359万千瓦,到1982年8月,发电能力达 576 万千瓦，四年间发电能力增加了 216 万千瓦[①]。

政府对外资政策作了相应的调整。紧缩外债，把外国资金用于公共工程建设上，而且注意了资金来源的多样化。国家统一掌握能源开采权，在与外国合资经营中，最大限度扩大国内投资，限制外资股权，维护国家的主权和合法权益；积极吸收外国贷款和投资，把外资纳入经济发展轨道。

但是，还必须看到，哥伦比亚能源供应仍存在不少困难。1981 年，电力供应紧张影响到许多工厂开工和国民经济的发展。总统在 1982 年新年祝词中说，1981 年国内生产总值只增长 2.5%，是 70 年代以来最低的一年，国际收支出现 8 亿美元的赤字。大规模能源工业建设，势必增加国家财政负担，可能引起投资部门比例失调。据报告，国家在电力发展计划的投资中，有 27 亿美元需要依靠外国贷款，这必然使国家外债激增。近几年来，与外国伊特纳公司合资经营开发埃尔塞雷洪北区煤矿，引起国内一场激烈争论，说明哥伦比亚能源工业发展道路并不平坦。这些因素又将会反过来影响能源工业的发展。

（原载《拉美丛刊》1983 年第 1 期）

---

① 1981 年 11 月 15 日［哥伦比亚］《时代报》。

哥伦比亚克服石油危机的对策及其成效

哥伦比亚位于南美洲西北角，原是个石油出口国。从70年代初开始，其石油产量逐年下降，国内石油供需日趋紧张，1976年由石油出口国变成进口国。此后，由于政府积极吸引外资，加快对石油资源的勘探和开发，经过十年的努力，从1986年起，哥伦比亚重新成为一个石油出口国。哥伦比亚解决石油危机的对策及取得的成效或许能给人以启迪。

从石油出口国变成进口国

哥伦比亚的石油生产历史可追溯到20世纪初，当时在东北部的卡塔顿博和巴兰卡维尔梅哈发现了油田。1916年，美国资本开始投向哥伦比亚进行石油勘探开发活动。1921年，他们同哥伦比亚政府签订租让合同，由热带石油公司直接经营，进行为期30年的商业性开采。从1926年起，石油成了哥伦比亚仅次于咖啡的第二大出口产品，约占出口总值的20%。石油和天然气逐渐取代煤炭成为国家的主要能源。

1931年哥伦比亚议会颁布石油法，减少石油租让地数量，对外国投资加以限制。1951年8月正式建立了哥伦比亚石油公司，接收了热带石油公司归还的德马雷斯石油租让地。在这以前，租让制是哥伦比亚利用外资勘探开发石油和天然气的主要形式。国家通过租让制，发现了26亿桶石油储量和54个可进行商业性开采的油田。

为了推动哥伦比亚石油公司的发展，1955年哥伦比亚政府通过第2140号法令宣布，逐年减少租让合同10%—15%，并规定外国公司每年必须投资80万美元以上方能签订新的租让合同。到1962年，全国共有勘探合同42个，租让地面积120.5万公顷，主要分布在马格达雷那下游谷地、太平洋沿岸、加勒比海沿岸、北桑坦德尔、梅塔河盆地等地区。1970年，哥伦比亚年产石油8005万桶，出口原油3100万桶。到1971年，在登记注册的石油业资产中，64%属于外国公司的资本。

从1971年起，哥伦比亚原油产量逐年下降，到1979年，产量降至4561万桶，比1970年减少了43%。与此同时，国内能源消费需求以年均6%的迪度迅速增加，国内出现石油供应紧张局面。1976年，哥伦比亚由石油出口国变成进口国，1979年进口原油2200多万桶。

造成哥伦比亚石油供应紧张的原因有以下几个方面：(1) 国内能源结构消费不合理，过分依赖石油。1980年，石油和天然气占能源消费的70%以上，而水电和煤炭仅占29%。(2) 石油工业长期被外国资本控制，石油资源受到掠夺性开采。国际市场石油价格低，也使政府忽视了石油资源的勘探。到1979年，在已探明的近26亿桶石油储量中，已采出22亿多桶，按当时的产量计算，剩余储量只能开采9年。(3) 经济生活日益现代化，汽车工业迅速发展，造成工业和交通运输业所消费的能源急剧增加。1971年，全国石油消费量为3960万桶，到1979年上升到6800万桶，增长了58%[1]。石油生产不能满足经济发展的需要。

为了改变能源供应的紧张状况，政府公布了新的能源政策，提出了石油工业的新措施。

政府采取的政策和措施

哥伦比亚能源资源十分丰富。全国有13个含油沉积带，总面积71.6万平方公里，到1990年已勘探面积只占27.5%[2]。哥伦比亚是拉美地区煤炭储量最多的国家，据哥伦比亚矿业能源部和国家统计局公布的材料，煤炭蕴藏量估计为400亿—670亿吨，目前已探明165.22亿吨，相当于拉美国家总储量的40%。这些煤炭资源都还未开发。哥伦比亚水力资源有1.1亿千瓦，在拉丁美洲地区仅次于巴西，居第二位[3]。此外，还有丰

---

[1] ［哥伦比亚］吉尔贝尔托·阿兰戈·伦多尼奥：《哥伦比亚经济结构》，诺尔马出版公司1985年第5版，第169页。

[2] 《拉丁美洲丛刊》1983年第1期，第36页；《经济综述》1990年4月30日单行本，第7页。

[3] 《哥伦比亚经济结构》，第160、220页。

富的油母页岩、铀矿和地热资源。

为了缓解能源供应紧张的状况，减少进口石油的外汇支出，促进经济的发展，哥伦比亚政府把能源发展放在国民经济发展的突出地位，决定在加强石油资源勘探开发的同时，积极引进外资开发煤炭和天然气，充分利用水力资源，建立中小型水力发电厂，实行替代石油的能源政策。

在加速石油的勘探和开发，解决石油供应紧张状况方面，政府采取了如下措施：

(一) 加强对石油业的管理

1974年初，政府决定原油产量全部供应国内，以满足经济发展的需要，为了加强哥伦比亚石油公司的经营能力，从石油资源中获取更大的收益，政府决定取消石油租让制。

早在1969年12月，政府曾颁布法令，授权哥伦比亚石油公司直接经营石油勘探开发业务。愿意到哥伦比亚投资的外国石油公司应同哥伦比亚石油公司谈判，签署勘探开发合同。1974年10月28日，政府再次颁布法令宣布，从即日起，国内石油的勘探开发业务由哥伦比亚石油公司全权负责。该公司可以直接进行这项工作，也可以通过不同于租让制的合同制，同国内外私人资本合作经营。法令重申，今后不再签署新的租让制合同，但对还未到期的租让制合同给予保护[①]。

(二) 积极利用外资，加强石油资源的勘探和开发

为解决国内资金不足的困难，哥伦比亚积极鼓励外国投资。1974年颁布的第2310号法令规定，哥伦比亚石油公司可同外国投资者合作经营勘探和开发石油资源。主要做法是：(1) 国家通过哥伦比亚石油公司提供开采石油的土地，哥伦比亚石油公司同外国投资者分担合同所规定的成本和风险。当完成了勘探，能进行商业性开采时，生产的原油必须按政府规定的价格卖给哥伦比亚石油公司。(2) 油田交付开发时，哥伦比亚石油公司将支付合资公司50%的勘探开发费用，可以用美元支付，也可以用石油支付。(3) 经营者按法律规定交纳产量的20%作为矿区使用费（根据1974年的第2310号和1986年的第75号法令规定，9.5%矿区使用

---

① 《哥伦比亚经济结构》，第178页。

费归矿区所在省，2.5%归矿区所在市，8%归国家）。其余产量的一半（40%）归哥伦比亚石油公司，另一半（40%）归参与合作的外资公司。合同期限不超过22年。到1984年年底，哥伦比亚石油公司同32个外国石油公司签订了63个石油勘探合同[①]。

（三）提高国内石油收购价格和销售价格

1975年，国际市场每桶石油售价为20美元，但哥伦比亚石油和天然气价格委员会颁布第46号决议规定，比重API27°的原油每桶以3.5美元的基本价格收购，比重每增加1°，调价0.02美分。过低的石油价格对石油业产生了不利的影响。为了加快石油的勘探与开采，1976年政府颁布第50号决议规定，凡在国内加工并供国内消费的原油，无论产自租让地，还是产自合资企业的合同区块，都按卡塔赫纳到岸的进口原油价格支付。这一措施对鼓励外国投资、促进石油生产起到了积极的作用。1980年8月，政府颁布第58号决议，对根据国内销售价格指数和汇率变化逐年调整原油收购价格作了规定[②]。与此同时，政府不断调整汽油销售价格，把每加仑从24比索提高到44比索，提价83%。调整国内原油的收购价格和汽油的销售价格，促进了原油生产并在一定程度上抑制了原油消费量的过快增长。

（四）增加石油业的投资

在1979—1982年的哥伦比亚《全国一体化发展计划》中，能源工业是投资的重点，约占总投资的45%，其中石油工业投资为620亿比索（约14.6亿美元）[③]。在1983—1986年的《全国均衡变化发展计划》中，政府提出建立确保国家直接进行勘探工作的投资机制；在合同制中，保证哥伦比亚石油公司参与投资的监督工作；重申维持对增产原油具有鼓励作用的石油价格结构；要求加紧石油的勘探开发工作，努力提高炼油能力。哥伦比亚石油公司在80年代的投资计划中规定，1981—1985年投资25亿美元，1986—1989年投资17亿美元，争取于I985年实现原油自给。据报道，1977—1989年，哥伦比亚用于石油勘探的投资为21.75亿美元，

---

① 《哥伦比亚经济结构》，第178—179页。
② ［哥伦比亚］《经济综述》杂志，1990年4月30日单行本，第11—12页。
③ ［哥伦比亚］《拉丁美洲时代》杂志，月刊1981年1月号。

其中哥伦比亚石油公司投资 4.12 亿美元，外国公司投资 17.63 亿美元①。

（五）加强石油工业的基础设施建设

70 年代末，哥伦比亚只有几条输油管道，主要服务于原油出口。从 1979 年起，政府开始重视管道设施的建设。首先修建了从马格达雷那河萨尔加尔港到维耶塔的输油管，日输油能力 7 万桶，保证了首都地区的能源供应。随

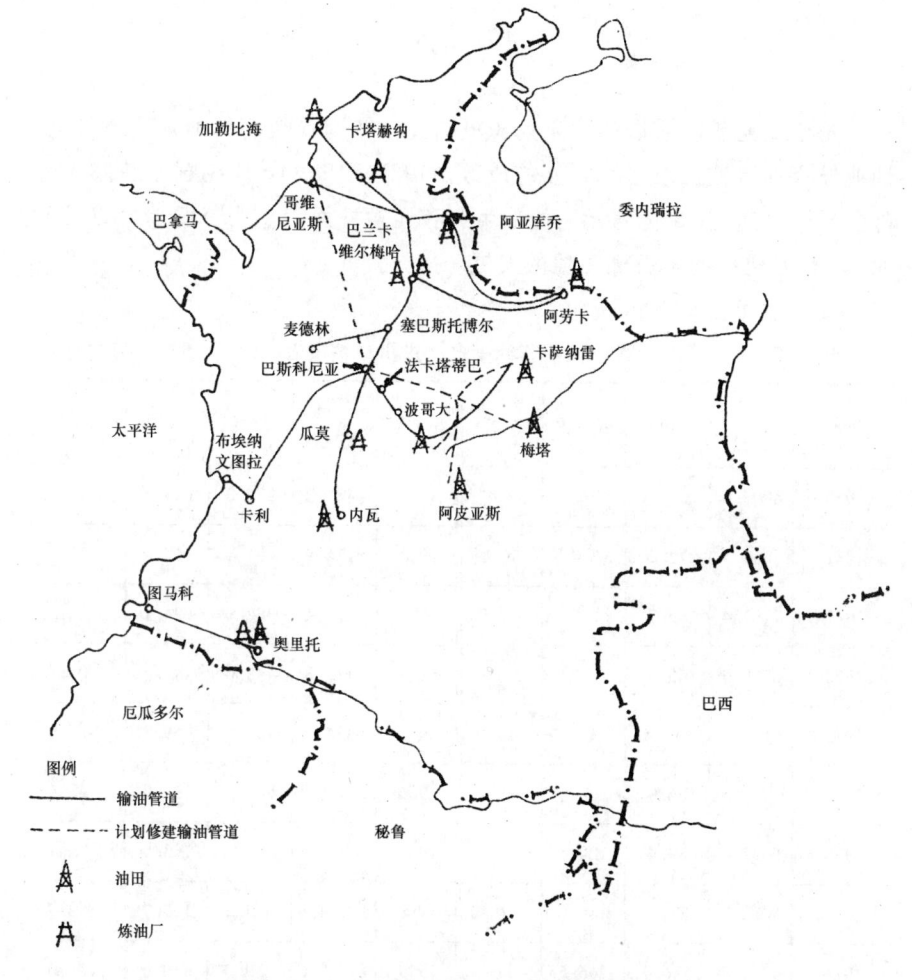

哥伦比亚主要油田、炼油厂、输油管道分布图

---

① ［哥伦比亚］《经济综述》杂志，1990 年 4 月 30 日单行本，第 9 页。

后积极铺设从阿劳卡到巴兰卡维尔梅哈的输油管道，改造并扩建了另外三条管道，扩建了哥维尼亚斯和法卡塔蒂巴的原油和汽油存储设施。到1984年，全国各种输油管道总长已达7533公里。此后，政府又积极修建巴斯科尼亚到哥维尼亚斯、卡萨纳雷地区、梅塔省和阿皮亚伊油田的输油管。这些输油管道的建成，可大大增加这三个地区的原油产量。除此之外，政府还正在扩建卡塔赫纳的马奖纳尔炼油厂，努力解决国内汽油自给的问题（参见附图）。

成 效

哥伦比亚政府采取的一系列积极措施，特别是鼓励外国石油公司向石油业投资的措施，取得了明显的成效。1981—1989年，在石油勘探方面，外国投资已达到15亿美元，加上生产和运输方面，总投资已超过20亿美元[①]，有力地推动了石油工业的发展。

表5　　　　　　　　哥伦比亚石油生产、进出口情况表　　　（单位：万美元）

年份	产量（万桶）	出口值	进口值	结算	年份	产量（万桶）	出口值	进口值	结算
1970	8005.0				1981	4885.2	270.2	685.4	-415.2
1971	7863.5	72.2	3.4	68.8	1982	5176.9	291.4	664.4	-373.0
1972	7167.4	63.7	1.2	62.5	1983	5424.4	382.9	624.1	-241.2
1973	6708.9	65.0	0.7	64.3	1984	6115.3	445.0	444.7	0.3
1974	6138.7	119.4	3.4	116.0	1985	6435.2	409.9	459.2	-39.3
1975	5725.9	86.9	26.3	60.6	1986	11071.4	582.2	133.8	448.4
1976	5337.6	89.4	120.7	-31.3	1987	14059.4	1316.6	103.0	1213.6
1977	5022.2	108.6	186.6	-78.0	1988	13714.6	988.2	155.7	832.5
1978	4774.2	126.9	246.5	-119.6	1989	14759.6	939.0	210.0	729.0

① ［哥伦比亚］《经济综述》杂志，1989年11月13日单行本，第4页。

| 1979 | 4529.8 | 150.5 | 565.9 | -415.4 | 1990 | 16043.1 | 1361.0 | 299.0 | 1062.0 |
| 1980 | 4594.4 | 241.3 | 701.1 | -459.8 | 1991 | 15532.9 | | | |

资源来源：共和国银行、哥伦比亚石油公司。

（一）探明储量大幅度提高

从1976年起，哥伦比亚的石油普查工作加紧进行。全国有28个钻井队从事勘探工作。到1989年，共钻井765口，其中在原租让地钻井48口，哥伦比亚石油公司钻井138口，合资公司钻井489口[①]。从1979年起，在东部亚诺斯平原的勘查工作有了重要的发现。1983年，外国石油公司在东部接近委内瑞拉边界的阿劳卡地区的北克拉沃发现一个大油田，探明储量在10亿桶以上。在卡萨纳雷、比查达、梅塔省和南部的普图马约地区也发现了储量丰富的油田。到1989年，在已发现的116个油田中，有7个储量分别在2亿桶以上的大油田，有13个储量在6000万桶到2亿桶的中型油田，另外91个储量低于6000万桶的小油田[②]。累计石油探明储量从1979年的25.64亿桶增加到1989年的50.98亿桶，同期的剩余可采储量从3.79亿桶提高到21.96亿桶，增长了516.7%[③]。

1991年以来，哥伦比亚的石油勘探不断传来喜讯。例如，1991年美国西方石油公司在库西亚纳地域发现一个大油气田；1991年年底在托利马省、1992年5月在苏克雷省均发现天然气田。另据1992年10月底的消息，英国石油公司在哥伦比亚东部发现了库西亚纳（Cusiana）和库皮亚瓜（Cupiagua）大油田，原油储量可能有20亿桶。这是近年来西半球的最大发现。这两个油田的投产将使哥伦比亚的石油出口量增加1倍，根据初步计划，1995年上述两油田的日产量将达到15万桶，这样，哥伦比亚的石油总产量就可接近60万桶/日。

目前，在哥伦比亚已勘探的27.5%的含油沉积带中，哥伦比亚石油公司的勘探面积占13%，外国石油公司的勘探面积达14.5%。

---

① ［哥伦比亚］《经济综述》杂志，1990年4月30日单行本，第13页。
② ［哥伦比亚］《经济综述》杂志，1990年2月26日单行本，第10页。
③ ［哥伦比亚］《经济综述》杂志，1990年4月30日单行本，第9页。

（二）石油生产有了较快的恢复和发展

如前所述，70 年代由于石油产量逐年减少，国内供应也紧张，1976 年净进口石油价值 3130 万美元。1980 年随着石油田的发现，石油产量停止下降，从 1981 年起，逐步有所回升，平均日产原油从 1982 年的 14.17 万桶上升到 1988 年的 37.9 万桶。1986 年年产 1.1 亿桶，实现了原油自给有余。到 1989 年，年产原油 1.4763 亿桶，其中 62% 是由合资公司生产的，16% 是由租让地生产的，22% 是哥伦比亚石油公司生产的。1991 年，哥伦比亚平均日产原油 42.6 万桶，日出口原油近 30 万桶（见表 5）。

（三）石油重新成为国家出口贸易的重要支柱

在 1976—1986 年间，哥伦比亚虽有少量石油出口，但进口大于出口。随着石油产量的逐渐恢复，1986 年哥伦比亚恢复了石油净出口国的地位。1989 年石油出口净收入达 7.29 亿美元。1990 年石油出口值达 13.61 亿美元，仅次于咖啡的出口值，占出口总值的 14.4%。1986—1990 年，石油出口在哥伦比亚外贸结算中占据重要地位（55%）[1]。在改变咖啡单一出口结构、实现出口产品多样化方面发挥了重要作用。

（四）石油工业的振兴推动了国民经济的发展

据统计，80 年代前 6 年，哥伦比亚进口石油耗去外汇 15.28 亿美元，而恢复石油出口后，1986—1990 年国家出口石油净收入达 42.85 亿美元[2]。石油出口收入的增加为经济增添了新的活力。1986—1990 年，哥伦比亚国内生产总值年平均增长 4.5%。1990 年，出口额增长 10%，进口额增长 12%，外贸结算盈余 19 亿美元，国际收支经常项目顺差 5.5 亿美元，国际储备恢复到 45 亿美元。1987—1990 年，由于资金较宽余，政府用于社会计划的资金达 17.5 亿美元。此外，石油工业的发展也推动了边远地区的开发。如 1983 年阿劳卡地区发现大油田后，该地区得到的矿区使用费从当年的 2.43 亿比索增加到 1988 年的 136 亿比索，对阿劳卡地区的发展提供了财政支持。

---

[1] ［哥伦比亚］《经济综述》杂志，1991 年 7 月 29 日单行本，第 5 页。
[2] ［哥伦比亚］《经济综述》杂志，1991 年 7 月 29 日单行本，第 10—11 页。

问题与前景

尽管80年代哥伦比亚的石油生产逐渐恢复，并取得了积极的成果，但仍面临如下一些问题：

（一）外国投资呈下降趋势。1989年颁布的第2782号法令规定，今后凡与哥伦比亚石油公司签订合同的外国石油公司，在发现储量超过6000万桶的油田后，必须提高哥伦比亚石油公司的产量分成比例。尽管在这以前，有8个外国公司正在进行合同的谈判，但自这一法令颁布后，未签订一个新的勘探开发合同。为此，有关人士呼吁修改该法令以阻止外国投资的下降。

（二）近几年游击队（主要是哥伦比亚民族解放军）破坏输油管道的事件时有发生。游击队认为，同外国投资公司合作开发石油资源损害了国家主权，他们以破坏输油管的活动阻止国家同外资合作，给国家的石油生产和出口造成困难。据报道，哥伦比亚日输油能力25万桶，由于遭到民族解放军的破坏，1990年平均日输油21.1万桶，1991年又降为18.8万桶。输油管的破坏每年给国家约带来7.85亿美元的损失。

（三）国内炼油能力不足，国家仍需进口汽油。随着经济的发展，国内汽车数量明显增加。目前，哥伦比亚日消费汽油11万桶，国内只能生产8万多桶。1990年平均日进口汽油2.74万桶。每桶27.51美元，共耗去外汇2.75亿美元。

（四）国内汽油销售价格仍然过低。虽然汽油销售价格几经调整，但哥伦比亚仍是世界上汽油销售价格最低的国家之一，每加仑为57美分。国内油价过低不利于石油工业的发展。

哥伦比亚在利用外资发展本国石油工业方面已取得了可喜的成绩，有关人士指出，鉴于国内资金不足和技术落后，今后不仅在勘探方面需要外资的更多参与，而且在石油的开采、运输等全部活动都需要外国石油公司的参加。

为了保证能源（包括原油、汽油、天然气和液化石油气等）全部自给，政府正准备在库西亚纳修建一个炼油厂，同时扩建中部输油管道，把东部卡萨纳雷和梅塔省的油田同巴兰卡维尔梅哈炼油厂连接起来，并加快铺设巴斯科尼亚到科维尼亚斯港的输油管道工程，早日完成卡塔赫纳炼油厂的扩建工程。此外，还要修建一条连接波哥大和库西亚纳的天然气管道，以保证首都和中部地区的天然气供应。

当前，哥伦比亚仍有72.5%的含油沉积地带尚未勘探，通过合同制吸收外资加强石油勘探开发的工作将会继续下去。在哥伦比亚政府的经济现代化计划中，石油业仍是发展的重点。政府计划在1994年实现出口原油24.49亿美元的目标，扣除进口汽油的支出，净收入拟达12.28亿美元。可以预计，石油业在哥伦比亚国民经济中将发挥越来越重要的作用。

（原载《国际石油经济》1993年第1期）

哥伦比亚开发库西亚纳油田的战略思考

如果说1983年在阿劳卡地区的北克沃克发现的卡诺利蒙油田，为哥伦比亚恢复石油出口国地位奠定了基础的话，那么1992年10月在卡萨纳雷省发现的库西亚纳大油田，则为哥伦比亚石油工业的发展开辟了新的前景。库西亚纳油田的开发，使哥伦比亚成为仅次于委内瑞拉和墨西哥的拉美第三大石油出口国。石油工业成为推动哥伦比亚社会经济发展的新动力。

库西亚纳油田的勘探和开发

哥伦比亚石油资源丰富，全国有18个含油沉积带，总面积103.6万平方公里。库西亚纳位于卡萨纳雷省西部的东科迪勒拉山脚和奥里诺科盆地交界的陶拉梅纳市附近，西南距首都圣菲波哥大约150公里。90年代初，英国石油勘探公司、美国得克萨斯州的特里顿石油和天然气公司和法国的托塔尔石油公司公开投标，在东科迪勒拉山脚进行勘探。1992年10月，在陶拉梅纳附近4.8公里处，发现了库西亚纳和库皮亚瓜两个低硫原油田（统称库西亚纳大油田）。这两个油田的覆盖面积为1.3万平方公里，初步核实的储油量为21亿桶（其中库西亚纳油田储量为16亿桶，7桶约合1吨），可能储量为39亿桶。[①] 1994年8月，在库西亚纳油田附近又发现40亿立方米的天然气气田。[②] 之后，哥伦比亚石油公司与外国公司合作，陆续在中部和东部发现一些油气田。1996年9月，在东北部地区又发现了科波罗油田，储量约7亿桶。目前，哥伦比亚已探明的石油储

---

① ［哥伦比亚］《经济和金融战略》杂志1993年6月号，第7页。
② ［美国］《纽约时报》1995年5月30日。

量达40亿桶，天然气2167亿立方米。据哥伦比亚政府高级官员的估计，随着东部亚诺斯平原新油田的发现，到21世纪初，哥伦比亚的石油储量可望达到100亿桶，日出口石油可达100万桶。

随着库西亚纳油田的发现，英国石油勘探公司等3家外国公司又同哥伦比亚石油公司签订合同，共同开发库西亚纳大油田。合同规定，双方共同投资54.29亿美元，解决原油的开采和运输问题。其中37.52亿美元用于原油生产，包括打井25眼及进口原油和天然气生产设备，71%的工程在1997年完成；用于原油运输的投资为16.77亿美元，全部工程在1996年以前完成。1994年2月，库西亚纳油田正式投产。这是目前哥伦比亚最大的一个油田。开工时其日产量为9000桶，1995年年底达到18.5万桶。1997年全面投产，日产量达60万桶。加上其他油田，哥伦比亚日产原油可达107.6万桶。其中79.6万桶供出口，主要向美国出口。按照这种速度生产，库西亚纳油田合同可开采到2005年。根据库西亚纳油田的生产计划和1992年原油价格计算，库西亚纳油田出口创汇收入可从1994年的5.6亿美元增至1997年的30亿美元，其在哥伦比亚国内生产总值中的比重可从0.5%提高到5%。[1] 到2000年，石油出口额将占哥伦比亚出口总额的40%；随着石油出口收入的增加，哥伦比亚的国际储备将增加到200亿美元。[2]

开发库西亚纳油田的成本和效益

根据哥伦比亚政府规定，外国石油公司在哥伦比亚进行勘探和开发活动，事先必须与哥伦比亚石油公司（国家企业）签订产量分成合同，双方各承担成本的50%（包括不成功的勘探成本）。按照合同，在库西亚纳油田投产初期，投资双方可各自获得产量的一半；随着外国投资者成本的逐渐收回，国家石油公司所得的产量部分可逐渐增加，但最多不得超过总产量的75%。根据合同的初步估计，1993—2005年期间，库西亚纳油田的原油收入为231.69亿美元，扣除成本和支出，净利润为172.70亿美元。根据规定，国家征收矿区使用费和总产量的20%，外国合伙公司还

---

[1] ［哥伦比亚］《经济和金融战略》杂志1993年6月号，第11、4页。
[2] 同上。

必须交纳所得税 22 亿美元，原油出口税 5.70 亿美元，利润汇出税 5 亿美元，资本货进口关税 7500 万美元。外国合伙公司应支付矿区使用费和各种税收共计 51 亿美元。哥伦比亚可从库西亚纳油田开发中获得实际收入 138.07 亿美元，约占油田总收入的 80%。其中，中央政府可得 70.75 亿美元（包括所得税、利润汇出税和进口关税 29.30 亿美元，能源税 11.45 亿美元，哥伦比亚石油公司上缴利润 30 亿美元），地方政府可得 55.65 亿美元（包括矿区使用费 34.80 亿美元，中央政府转让的所得税 20.85 亿美元），哥伦比亚石油公司所得分成产量收入 41.68 亿美元，扣除上缴中央政府的 30 亿美元，实际所得 11.68 亿美元。

库西亚纳油田的开发，使哥伦比亚成为拉美石油生产大国，石油业重新成为哥伦比亚出口贸易的重要支柱产业。石油工业将有力地推动哥伦比亚经济和社会的发展。

调整石油政策，吸引外国投资

库西亚纳油田的开发及其展现的美好前景，在相当长的一段时间内，引起了哥伦比亚社会各界的极大兴趣，并成为政府部门和社会各阶层讨论的话题。国家计划局和高等教育与发展基金会专门举行研讨会，国民议会、各政党、大学、社团、工会等也在谈论库西亚纳油田，纷纷提出了利用开发库西亚纳油田来促进经济和社会发展的主张。国内外能源专家指出，由于库西亚纳油田的开发，哥伦比亚政府既面临着机遇，也面临着挑战。举国上下普遍认为，政府必须制订全国经济和社会发展计划，确定国家长期的能源开发目标、开发重点工程和优先行动计划，以及在经济发展、社会进步和生态环境保护等方面应该采取的总战略和总方针。与此同时，也提出了三个问题：第一，哥伦比亚政府能否创造条件，确保哥伦比亚石油公司与外国合作伙伴的长期合作；第二，石油出口收入的增加，能否防止"荷兰病"的出现；第三，哥伦比亚政府能否把石油出口收入用于社会发展计划，以克服贫困和改善人民的生活条件。

应当指出，国内有关库西亚纳油田的大讨论，对政府的战略决策是十分有利的。针对讨论中提出的第一个问题，1994 年 8 月上任的桑佩尔政府，提出把开发国家石油资源作为经济发展计划的优先项目。在 1995—1998 年全国社会、经济和生态发展计划（亦称"社会跃进计划"）中，能源部门将投资7.9万多亿比索，并规定71.7%的资金须借助国外私人资本。① 这表明，政府将继续执行其与外国私人公司合作开发石油资源的方针。

前几年外国石油公司一直不愿意到哥伦比亚投资和勘探石油，其原因是哥伦比亚税收过高，如1989年颁布的第2782号法令规定，凡与哥伦比亚石油公司签订合同的外国公司，在油田产量超过6000万桶时，必须提高哥伦比亚石油公司的产量分成比重。也就是说，从开采之日起，累计产量达6000万桶时，除支付矿区使用费外，产量的50%归合伙公司；其后，产量每增加3000万桶，合伙公司所得将减少5%；当累计产量达1.5亿桶时，合伙公司只能得到产量的30%，而哥伦比亚石油公司的产量分成将从50%提高到70%。因此，1992年7月，在哥伦比亚能源矿业部邀请150家公司参加石油勘探地段的招标活动中，只有3家公司投标，绝大部分外国公司对哥伦比亚的石油开发状况表现出失望情绪。它们的结论是，哥伦比亚在国际上不具备吸引外国风险投资的竞争力。

为了提高哥伦比亚在石油勘探和开发上的竞争力，保证库西亚纳油田开发工程的正常运转，增强对新的石油储量勘探的吸引力，哥伦比亚政府决定对石油合同政策进行新的调整。

（一）实行把国际公认的R参数引进新的合同的规定。这项规定根据投资、开发成本和石油价格的不同情况，确定国家和外国合伙公司之间的产量分成比重，其公式：

$$R = \frac{合伙公司的累计收入}{合伙公司的累计投资 + 累计开发成本}$$

当R小于1时，合伙公司所得收益是扣除矿区使用费之后的产量的50%。随着合伙公司逐渐收回其投资和成本，R的值将逐渐增大。当合伙公司的累计收入逐渐超过累计投资和开发成本时，合伙公司所得产量的比重逐渐减少；当R大于2时，合伙公司所得产量的比重为25%。②

使用国际公认的R参数，国家和合伙公司之间所得的产量分成比重，被认为是比较公正与合理的。目前，有8个合同采用这种分配方式。

---

① ［哥伦比亚］《石油通讯》杂志1995年第58期，第12页。
② ［哥伦比亚］《孔西格诺》杂志1994年第4期，第40页。

（二）为鼓励外国公司勘探新油田，1995年政府又先后采取3项新措施：（1）无论勘探的是旱井，还是有商业开采价值的油田，外国公司的勘探成本的50%可从哥伦比亚政府得到补偿。（2）同意就边际油田的开采进行再谈判。由于哥伦比亚石油公司既不参加投资，也不参与提供开工的费用，它的收益将按比重减少。（3）考虑到先前签订的合同将要到期，而该油田仍有开采价值，双方可通过延长开采期的办法进行再谈判。这种谈判可在维持原条件下进行，确定新的投资办法和产量分成方式。其原则是：根据特定计划的财政状况，参与风险程度和合伙人的合理收益来确定。不过，这种谈判最迟应在相应合同到期前5年进行。

（三）作为推动私人资本参与共同勘探能源战略的组成部分，1995年8月哥伦比亚石油公司董事会决定，同意将国家划给该公司勘探的33万平方千米的土地（亚诺斯平原、上马格达莱纳盆地和普图马约地区）与外国合伙人实行分享风险合同制。①

（四）哥伦比亚议会决定取消自1992年起由于游击队破坏输油管道而征收的一种特殊税，即"战争税"。按原规定，每生产1桶原油，石油公司应缴纳1美元的"战争税"。如果每桶原油按18美元计算，每桶原油的"战争税"就占1/18。这对石油公司来说是一项很沉重的税收负担。②

由于采取了上述措施，哥伦比亚吸引了众多的外国投资者，出现了全国有史以来最大的石油投资热。目前，在哥伦比亚经营石油业务的18家较大的外国公司中，美国就有11家。参与哥伦比亚石油投资的美国特里顿石油和天然气公司总裁托马斯·芬克满怀信心地说："到本世纪末，美国所需石油的10%可以从哥伦比亚进口。"③ 另外，哥伦比亚还向外国公司提供开发其他能源的机会。美国休斯敦安龙天然气公司下属的森特拉加斯公司在哥伦比亚铺设的一条长575千米的天然气输送管道，于1996年5月全部竣工并投入使用。这项工程耗资2.17亿美元，可以解决哥伦比亚35个城市居民的天然气供应问题。此外，美国的弗卢尔·丹尼尔公司已同哥伦比亚签订一项投资额为3.1亿美元的合同，铺设另一条长约346

---

① ［哥伦比亚］《石油通讯》杂志1995年第64期，第8—9页。
② 同上。
③ ［美国］《纽约时报》，1995年3月20日。

千米的天然气管道。

积极增加社会投资，推动地区经济发展

人们通常认为，在初级产品出口繁荣时期，如果国内消费增加，非商品化货物相对价格上涨，资金和劳动转向正在繁荣的部门，这势必影响到实际兑换率，打击工业和农业等商品化货物部门，产生那种被称为"荷兰病"的现象，使国民经济遭到破坏。在各阶层讨论中曾提出，随着石油出口收入的增加，国家能否防止"荷兰病"的出现呢？一些经济学家指出，并不是所有的出口繁荣都打击工农业生产的发展，它取决于繁荣部门同其他经济部门的联系。如果同生产联系紧密，货币就会贬值，工农业生产部门的资金和劳动就会向繁荣部门转移。但是，出口繁荣对经济稳定的影响要看它的起因和本性：初级产品的国际价格上涨产生的繁荣要比自然资源的发现和开采带来的繁荣更不稳定，因为自然资源的生产和出口给经济的压力要比初级产品价格上涨给经济的压力小得多。而其最终结果在很大程度上取决于对繁荣部门的管理所制定的经济战略，制定和执行正确的经济战略可以避免或缩小这种影响。因此，经济学家们普遍认为，国家应当加强宏观经济管理，通过库西亚纳油田的开发，来加快国内生产和技术的改造，消除贫困，使哥伦比亚社会朝现代化方向发展。

随着库西亚纳油田的开发，哥伦比亚原油的出口将迅速增加，日出口量可从1995年的39.1万桶增加到1997年的79.7万桶，国家的出口收入将大大增加。为此，哥伦比亚决定成立石油稳定基金，加强对外汇的管理，其目的不仅要减轻"荷兰病"的影响，而且要节省资金，进行适当投资，造福于后代。于是，政府积极创造稳定的宏观经济环境，严格控制公共支出，限制政府支出的规模，继续实行谨慎的外债政策，努力争取财政平衡，坚持谨慎管理货币的传统，保持有竞争力的实际兑换率。与此同时，政府明确投资目标，把资金投放到有较高经济社会效益的部门，并鼓励私人投资者提高生产能力。

近几年来，国家逐步地和有选择地在基础设施部门和人才培养方面进行投资，为国家今后的发展创造更为有利的条件。政府实施的1995—1998年的"社会跃进计划"中，用于基础设施的投资有了较大的增加，

从 1994 年的占国内生产总值的 0.9% 提高到 1998 年的 1.67%。[1] 社会部门是政府的投资重点。该计划认为,经济发展的好处应该属于全体哥伦比亚人,国家有责任满足全社会的基本需要。因此,用于社会发展的公共支出的比重大大提高。计划规定,公共部门用于社会计划的资金从 1991—1994 年占国内生产总值的 10.13%,提高到 1995—1998 年的 13.28%,用于社会部门的国家预算从 1994 年占国内生产总值的 4.8%,提高到 1998 年的 7.2%。[2] 为了加强人才的培养,教育被视为哥伦比亚当今乃至今后的发展中心。计划中规定,1998 年国家在教育文化方面的公共支出将占国内生产总值的 4.9%,比 1993 年增长 1.81 个百分点,其中 76% 用于发展初、中级教育。[3]

库西亚纳油田的开发,有力地推动了卡萨纳雷省的社会经济发展。卡萨纳雷省是哥伦比亚的一个农牧业生产地区。从东科迪勒拉山流经这里的河流,使其形成一片辽阔而肥沃的平原。就其所处的地理位置来看,它完全可以成为圣菲波哥大的粮仓和向委内瑞拉出口的基地。尽管政府考虑到地区间的均衡发展,设立全国矿区使用费基金,库西亚纳油田开发所得的矿区使开发石油的所得收入的相当一部分(约 20.85 亿美元)也将由中央政府转让给卡萨纳雷省政府支配。这笔资金对于该省的经济发展、道路的修筑、饮用水工程的改造、卫生条件的改善、基础教育的发展和就业的安排等将起到重要作用。1995 年 2 月,耗资 3 亿美元的库西亚纳原油加工厂已开始投产。随着 1994 年该油田附近 40 亿立方米天然气资源的发现,政府已投资 30 亿美元实施一项天然气管道铺设计划,到 1997 年便可将天然气输送到首都圣菲波哥大。计划到 2003 年,全国有 330 万户居民可用上天然气。

(原载《拉丁美洲研究》1999 年第 1 期)

---

[1] [哥伦比亚]《1994~1998 年全国发展计划:社会跃进计划》,第 68 页。
[2] 同上书,第 58 页。
[3] 同上书,第 82 页。

私有化浪潮冲击下的哥伦比亚

80年代以来，为了纠正宏观经济政策的失误，拉美国家新一代领导人实行了经济改革和对外更加开放的战略，旨在推动经济结构调整和转变传统经济运行机制。他们把国有企业私有化作为振兴经济的重要手段。1990年8月，加维里亚就任哥伦比亚总统后，决定对亏损的国有企业实行私有化，但考虑到哥伦比亚国有企业的特点，在实行私有化过程中采取了一些有别于其他拉美国家的做法。

哥伦比亚的国有企业主要是1940年以后发展起来的。当时政府实行混合经济体制，把国家投资建立的企业变成公私联营的股份公司，并为私人提供贷款，鼓励私人办企业，其目的是扶持私人资本的发展。政府则负责兴建和扩建基础设施，经营需要大量投资或收益极低的公共服务部门。对亏损和濒临破产的私人企业，国家予以收购并投入新的资金，待其转为盈利时重新卖给私人经营。因此，国有企业在哥伦比亚经济中的比重不大，仅占社会总产值的10%—12%，而且多数集中在公共服务领域。到70年代末，哥伦比亚国家一级的国有企业有162家，其中生产性企业32家、公共管理和服务性企业87家、金融企业21家、社会保险机构8家。地方国营机构有651家。

但是，长期以来，政府用于国有企业亏损补贴和资助私人企业的开支很大，成为政府沉重的财务负担。国有企业亏损严重的一个重要原因是，国家只考虑对某一产品或行业的控制和垄断，很少考虑企业的经营效果。例如，哥伦比亚的电力企业掌握在地方政府手里，企业的经理往往按党派标准任命，而不考虑其管理经验如何。政府规定的电价很低，电力需要却不断增加，企业无力增加投资，只能求助于外国贷款，造成电力部门外债迅速增加。据统计，电力部门外债从1980年的8.6亿美元猛增到1990年的57亿美元，增长了近7倍；1990年电力部门的外债约占国家公共外债的将近一半。电力企业已成为亏损最严重的企业，严重制约着国民经济的发展。因此，哥伦比亚政府认为，国家直接经营生产企业或垄断产品分配的做法必须改变，决定对亏损企业实行私有化，取消保护，鼓励竞争，让企业在竞争中求得效益和发展。

在制定私有化政策时，政府明确规定，私有化的目的是提高经济效益，在具备竞争条件的地方，全部国有企业均可私有化。目前已初步确定：首先在铁路、港口、电讯、电力和银行等效益较差的企业实行私有化，然后逐步扩展到工业发展委员会下属的企业、旅游饭店、各省的烧酒专卖业、社会福利公司等所有国有企业，鉴于哥伦比亚国内资本市场不发达的现状，政府强调必须从本国的实际情况出发，不能照搬西方国家私有化的经验。为此，政府十分重视国有企业私有化对提高资金积累的作用，提出把国有企业全部股票公开出售，促进交易所的发展。为避免出现垄断，政府强调必须为私人部门创造竞争条件，在经济开放过程中，国家应建立有效的宏观调节机制，避免经济扭曲和收入过分集中。为此，哥伦比亚的私有化采取了如下几种做法：

（一）实行铁路和港口私有化，并将其作为解决国际贸易货运能力差问题的突破口。一方面，政府撤销了原国有铁路企业，把它的一部分职能转给公私混合的股份公司，利用私人的管理经验提高经营效率；另一方面，政府向私人出租铁路设施和码头，租赁人只支付一定租金，取得使用权，并承担商业风险，政府则承担投资责任。

（二）向本国公民出售国有企业股票，并在价格上对企业职工给予优惠。具体做法是：（1）向工人出售股票时，每购买3股股票，就赠送一支股票；（2）售给工人的股票，按公开出售的价格给予一定折扣；（3）为购买股票的工人发放一定数额的贷款，条件是股票在2—3年内不得转让。

哥伦比亚政府在实施私有化计划时，非常注意出售企业的定价问题。政府认为，当前哥伦比亚财政收支不平衡并不严重，没有必要以最高价格处置国有企业，否则可能意味着给购买者以某种许诺，不利于竞争；同时，如果为得到高价出售收入而将股票卖给私人财团，易导致垄断，对社会极为不利。因此，政府坚持不采用能得到最高价格收入的拍卖制度，而是通过交易所公开出售股票。

（三）政府根据城市交通管理实施道路税收豁免权利、让私人汽车主以收取较低费用向公众提供客运服务的经验，认为对一些公用服务部门实行私有化，需要建立一种新的调节机制，以保证私人企业既关心成本和效益，又能为社会提供有效服务。因此，政府决定通过同私人部门签订某种税收豁免权协议的方式，把政府经营的公共服务业转让给私人。

（四）允许将一些官方银行向外国投资者出售。目前，哥伦比亚有83％的银行资产和70％的金融公司的资产由国家掌握。由于官方银行收益低，政府又迫切需要外国投资，就决定把债务危机时实行国有化的银行向外国人出售，并通过了相应的第2195号法令。1991年已将工人银行、国际银行、德坎达马银行分别出售给委内瑞拉和美国的金融集团；1992年将出售哥伦比亚银行，并设想在5年内完成官方银行私有化的计划。但政府考虑到农业在哥伦比亚经济中的特殊地位，明确规定农业银行不得私有化。

（五）加强对私有化的管理。加维里亚总统建议由主张私有化的几位部长和高级官员组成私有化指导小组，负责私有化计划的实施。为排除公共企业经理对私有化的抵制，政府首先撤掉原企业经理，代之以主张改革的人。另外，针对电力工业面临的严重困难，政府组成全国能源委员会作为实施电力企业私有化计划的实体，以有效地开展具体工作。

笔者认为，80年代以来拉美国家出现的私有化浪潮，是社会经济发展到一定阶段后发生的现象，是当代资本主义生产关系变动的一个重要迹象和新的趋势，也是当前拉美地区进行宏观经济调整的一个重要组成部分。它的预期目标是使政府从具体的企业经营管理中摆脱出来，以便形成更加灵活的市场机制。国有企业私有化有利于改善国家的财政状况，也为私人资本提供了投资机会。就哥伦比亚的情况来说，私有化的主要目的是减轻国家负担，刺激竞争，提高经济效益，促进经济发展。在实施私有化过程中，政府的态度是积极的，做法也是慎重的。但是，哥伦比亚的私有化进程才刚刚开始，社会效果还不明显。国内各阶层对私有化的看法并不一致，私有化在哥伦比亚会产生什么样的社会后果尚难预料。

（原载《拉丁美洲研究》1992年第4期）

哥伦比亚加快改革开放步伐

随着世界经济国际化和地区经济集团化的发展，国家间在经济领域的竞争更加激烈。为适应世界形势的这种新变化，1990年3月，哥伦比亚政府提出了一个为期5年的"经济国际化和生产资料现代化计划"，开始进入了经济开发计划的实施阶段。促使政府采取改革开放方针的因素有三个。一是政府对80年代后两年低于4%的国内生产总值增长率不满意。其原因是，80年代哥伦比亚城市失业率高于10%，据专家估计，如果经济增长率不能超过5%，失业情况就无法改变。二是国内面临通货膨胀加剧的形势。80年代，通货膨胀率在25%—30%摆动，1990年年底达到32.4%。三是国民经济发展缺乏活力。对工业过多的保护限制了进口，使投资削弱，产品缺乏竞争力。对此，政府认为，要想减少失业、抑制通货膨胀、增强经济活力，国家必须把经济置于国际竞争的环境之中，支持对外部门的发展，促进经济的国际化，增加外资在国内生产总值中的比重。

最初，政府考虑到一些部门，如汽车、畜牧业、金属机械业必须经过大力调整才能进入国际市场，参与竞争，决定把经济开放计划的实施限定在5年之内，逐步取消对本国产品的保护。一方面，政府改变了过去限制进口的做法，采取更加灵活的进口制度，以增加自由进口的数额。但是，国内有关商品和劳务部门出于自身利益的考虑，不希望政府过多地降低关税和开放市场，因此，1990年进口依然处于停顿状态，国家对外贸易结算出现19.44亿美元的顺差。另一方面，政府为促进出口，加快货币贬值速度，试图在实行改革开放之前采取措施，保护本国经济不受损害。为了抑制通货膨胀，政府采取紧急措施，并强令共和国银行实行金融市场开放；在兑换率未发生重大变化的情况下，共和国银行兑换了大量合法和非法进入国家的外汇。金融当局通过自由兑换，得到大量流动资金，给经济部门注入了新的资金，但同时也导致宏观经济形势复杂化。为了鼓励在逃资金回流，1990年，政府给予回流资金以免税待遇。而这部分回流资金大多投向金融领域，具有投机性质，因此，国家经济形势并没有得到好转。

1990年8月，加维里亚就任总统后，面对宏观经济的复杂形势，努力调整和完善国家经济现代化战略，加快改革开放步伐，并采取了一系列措施。

1. 大力贯彻贸易自由化方针，积极促进本国经济的国际化。经议会通过的《外贸商标法》（1991年第1号法令）规定，哥伦比亚对外贸易遵循的总原则是：开展货物和劳务的自由贸易，提倡自由竞争和首创精神，提高效益，支持一体化进程，推动经济现代化。主要做法包括：（1）放松对进口的限制，除少数几种农产品和危及国家安全的货物外，其他商品的进口不再需要申请进口许可证。（2）降低关税和进口附加税，政府计划把各类进口商品的平均关税从1990年年底的16.5%降至1994年的7%，同期的平均进口附加税从13%降至8%。（3）决定建立外贸部，统一管理外贸业务，加强对进出口贸易的领导；决定成立外贸最高委员会，负责制定进出口贸易政策和关税政策。

2. 改革金融体制，鼓励国内外资本投资。1990年第45号法令规定储蓄利率自由，鼓励金融部门竞争，为国家经济发展积累资金；对1990年9月以前存入国外的私人资金给予保护；大幅度消减投资税，确保适量资金流入私人企业；更新具有竞争优势部门的生产设备，使之实现专业化和现代化。1991年国家对1967年颁布的兑换条例（第444号法令）进行了修改，决定建立外汇市场，由政府直接管理，中央银行不再直接参与外汇交易；将促进出口基金会改组成隶属外贸部的外贸银行，并由其承担促进出口的业务；恢复兑换证制度，以控制出口保留定额制的影响。1991年社会经济委员会通过的第94号决议（新的外国投资条例），取消了对外国投资的各种限制，允许外资自由进出，并给予国内外投资者以同等的优惠待遇。

3. 加强地区一体化活动，积极参与国际大市场。随着积极参与国际经济战略的实施，哥伦比亚加快了经济一体化进程。1992—1994年对外贸易计划指出，深入开展地区一体化是哥伦比亚发展对外经济贸易的优先目标。哥伦比亚同拉美其他国家建立自由贸易区的谈判的原则是：地理邻近；有较强的经济互补性；对外开放，宏观经济比较稳定；有现代化的生产设施，等等。对中美洲和加勒比地区一些经济发展水平虽不高，但在政策取向上比较一致的国家，哥伦比亚也采取积极合作的态度。政府的方针是：逐步推行开放的西半球的地区主义，积极参与国际经济。为此，加维里亚总统多次出访拉美国家，磋商双边贸易、投资和地区合作事宜。

首先，促进安第斯小地区自由贸易区的建立。在加快小地区一体化的前提下，哥伦比亚、委内瑞拉两国加快了履行关于相互开放的许诺，国家元首、企业界、行会组织经常会晤。1992年1月30日，两国最先建立了自由贸易区。同年年中，两国取消了例外货单，并使90%的产品豁免关税。两国还采取了共同对外关税，规定对中间产品和资本货分别征收20%和15%的关税，对原料和初级产品分别征收10%和5%的关税。两国实行自由贸易后，双边贸易增长很快，贸易额从1990年的不到4亿美元增至1993年的10亿美元。为了更加协调地完善和巩固小地区一体化进程，哥伦比亚政府决定：取消对小地区出口贸易的财政补贴；改善海关服务，在海上、陆路和航空基础设施方面加强合作；参加科技领域的西蒙·玻利瓦尔计划合作，推动教育、科技活动的开展；同拉美其他国家（包括智利、三国集团内的另外两个成员国以及中美洲和加勒比地区国家）进行自由贸易谈判。经过充分协商和共同努力，1992年9月30日，哥、委、厄、玻等4国建立了自由贸易区。1993年12月底，4国对外实行共同关税。1994年5月，安第斯集团5国最后做出决定，从1995年1月1日起，正式建立安第斯自由贸易区。

其次，努力发展同智利的经济互补合作。在制订1992—1994年的外贸计划时，外贸最高委员会拟定了同智利进行双边谈判的目标，认为智利经济稳定，同哥伦比亚存在经济互补潜力，双边合作有利于产生规模经济和专业化效益。1993年12月，哥伦比亚和智利两国在拉美一体化协会范围内完成了经济互补协议的谈判，12月6日，两国总统签署协议，从而为加强贸易和鼓励投资开辟了更加广阔的经济空间。协议确定的第一份清单自1994年1月1日起实行零关税，包括双方根据拉美一体化协会协定谈判的产品（约占智利向哥伦比亚出口的40%）。第二份清单规定1997年实行零关税的产品，从1994年1月1日起，智利将关税从11%降至

8.5%，哥伦比亚将关税从 20% 减至 15%。第三份清单不超过 100 种产品，包括到 1999 年全部免税的产品。

最后，促进三国集团自由贸易谈判。1991 年 12 月，根据外贸最高委员会批准的逐步性、有选择性、不对称性和协调性原则，三国集团开始有关自由贸易谈判。经过两年半的谈判，于 1994 年 6 月 13 日哥、委、墨 3 国总统在卡塔赫纳签署了关于建立自由贸易区的协定。考虑到墨西哥的发展水平较高，墨西哥对哥伦比亚的 40% 的出口将实行免税，哥对墨的出口将减免 50% 的关税；墨西哥决定逐步减免委内瑞拉出口产品的关税（每年减税 10%），10 年内减免全部关税。所有在墨西哥或在哥、委获得补贴的农产品都被排除在协议之外，而对石化和纺织产品将给予区别对待。协议不仅涉及商品进出口问题，而且涉及劳务、投资和知识产权等问题。这个协定是开放性的，拉美和加勒比地区其他国家均可参加。

4. 重视发展同美国等西方国家的关系。美国是哥伦比亚重要的贸易伙伴。它吸收哥伦比亚出口的 1/3，供应其进口的 35%—40%。根据这种情况，哥伦比亚政府采取了同美国发展贸易关系的 3 项措施。（1）支持美国提出的在西半球建立自由贸易区的倡议，在 1990 年的贸易和投资的双边框架协议下保持对话和协商。（2）1992 年年中，根据安第斯倡议，哥伦比亚产品在进入美国市场时获得豁免关税。哥政府正在争取把这一非相互性优惠的期限延长为 10 年。（3）在关贸总协定的谈判中，争取使哥产品更安全地进入美国市场。另外，1990 年 10 月，哥伦比亚得到欧共体所给予的为期 4 年的特殊合作计划的好处。根据这一计划，哥伦比亚向欧共体出口的几乎全部产品将享受关税优惠待遇。

哥伦比亚实施的宏观经济调整计划和积极参与国际经济的开放政策，对其经济的转轨具有重要意义。经济开放在哥伦比亚已是无可争辩的事实。由于加维里亚总统全力以赴地推行国际化方针，近 3 年来，以强有力的保护主义为特征的哥伦比亚经济模式已向积极参与国际经济的开放模式转变。经济模式的转变，使哥伦比亚在经济方面取得了许多重大的成就。

国民经济实现持续增长。国内生产总值增长率从 1991 年的 2.1% 上升到 1992 年的 3.5%，1993 年又上升到 5.2%，预期 1994 年可达到 5%。出口额从 1990 年的 70.79 亿美元增至 1993 年的 76.16 亿美元，1994 年可达到 83.93 亿美元。进口额从 1990 年的 51.80 亿美元可增加到 1994 年的 104.12 亿美元。目前，哥伦比亚传统产品咖啡的出口已不占主导地位，从 1970 年占出口总额的 50% 以上降至 1993 年的 15.2%。同期非传统产品的出口额从占出口总额的 34% 增至 52.9%。

最近几年，哥伦比亚实施的经济自由化政策已吸引了一大批外国公司的投资。据哥伦比亚投资公司称，流入哥伦比亚的外国直接投资从 1991 年的 4.30 亿美元增至 1993 年的 10 亿美元，1994 年可望达到 21.10 亿美元，约占哥伦比亚国内生产总值的 4%。哥伦比亚已与英国石油公司就开采东部库西亚纳和库皮亚瓜新油田计划签署了协议。这个新油田投产后，将使哥伦比亚的石油产量到 1997 年翻一番，达到 90 万桶。哥伦比亚得到的短期贷款从 1991 年的 4.41 亿美元增至 1993 年的 10.71 亿美元。同期的劳务收入从 16.70 亿美元增至 25.5 亿美元。近 4 年，哥伦比亚的外债从 170 亿美元减至 150 亿美元，而国际储备则从 1990 年的 45.01 亿美元增至 1993 年的 76.75 亿美元，据估计 1994 年可达到 83.89 亿美元。

参与地区一体化进程已使哥伦比亚在国际贸易中处于非常有利的地位。3 年前，哥伦比亚未与任何国家签订自由贸易协定，但到 1994 年 8 月，它已与 24 个国家（包括安第斯集团国家、智利、墨西哥、中美洲和加勒比国家）签订了自由贸易协定。这样，哥伦比亚的生产不仅要面向国内市场，而且要面向整个拉美地区市场。哥伦比亚与拉美国家的贸易额约占国家贸易总额的 25%—30%，非传统产品的 1/3 向拉美市场出口。另外，根据哥伦比亚与美国和欧共体的合作计划，哥伦比亚商品可享受免税进入这两个大市场的待遇。目前，50% 的世界市场都向哥伦比亚开放，这对哥伦比亚扩大国际贸易是非常有利的。

哥伦比亚的改革开放虽然取得了可喜的成就，但也存在一些消极因素，如国家忽视了主要经济项目咖啡的生产，忽视了对农牧业的保险和信贷，对基础设施建设没有给予足够的重视，等等。此外，哥伦比亚商业在近 10 年成为最强劲的产业，不仅在销售额上，而且在就业中都起到决定性作用。商品经济的发展，使哥伦比亚贫富之间收入的差距日益扩大，最高收入与最低收入之间的差距从 80 年代中期的 20 倍扩大到目前的 38 倍。据国家统计局的资料，1991 年，月收入在 500 万比索以上的约有 2 万人，占就业人口的不到 0.3%，而月收入只有 13 万比索的约有 520 万人，占就业人口的 70%。随着开放进程的加快，到 20 世纪末，国家仍然会面临艰巨的调整任务，包括促进出口政策的制定、海关改革、国家职能转变和国家现代化等问题。

（原载《拉丁美洲研究》1994 年第 6 期）

哥伦比亚经济政治在调整改革中求发展

1991年是哥伦比亚加维里亚政府积极进行调整和改革的一年。政府在经济上积极实施经济现代化战略，实行开放政策；政治上推行参与性民主，支持修改宪法，同游击队和平对话，推进和平进程，以适应建设新哥伦比亚的需要。

哥伦比亚素以经济管理严谨著称于拉丁美洲。80年代前期，哥伦比亚的财政和对外部门遇到困难，但从1985年以来，政府对宏观经济进行调整，积极引进外资，大力发展能源工业和出口部门，促进国家的生产结构和出口结构多样化。同时，努力调整定值过高的汇率，增收节支，减少财政赤字，采取谨慎的外债政策，保证国家重要部门的投资，促进国民经济的发展。1986—1990年，国内生产总值年平均增长率达4.5%。1990年为4.2%，出口额增长16%，进口额增长12%，外贸结算盈余19亿美元，国际收支经常项目顺差5.5亿美元，国际储备恢复到45亿美元。

最近几年，世界经济全球化迅速发展，区域集团化趋势加强，国际上的竞争和斗争更加激烈。面对严峻的国际环境和国内因暴力活动增加等因素而造成的不稳定局势，1990年2月，巴尔科政府提出一项为期5年的《经济国际化和生产资料现代化计划》。其要旨是哥伦比亚坚持走和平与发展的道路，对内加强民主，对外实行开放，在民主和社会正义的基础上，争取实现经济持续稳定的增长。1990年8月，加维里亚总统就任后，采取了一系列改革措施，进一步完善哥伦比亚经济现代化战略。

一 大力贯彻贸易自由化方针，积极促进经济国际化

首先，改革外贸管理体制。经议会讨论通过的《外贸商标法》（即1991年第1号法令）规定，哥伦比亚外贸政策遵循的总原则是：发展货物和劳务自由贸易，提倡自由竞争和首创精神，提高效益，推动经济现代化；支持国际一体化进程。主要措施有：（一）放松进口许可管理体制。法令规定，除对少数几种农产品和危害国家安全的货物进口实行严格限制外，其他商品进口不再需要申请进口许可证，以促进本国工业同外国商品的竞争。（二）降低关税和进口附加税。政府计划1990年12月各类货物的平均关税为16.5%，到1994年拟降至7%，同期的平均进口附加税从13%降到8%[①]。（三）实行外汇自由兑换。哥伦比亚政府允许外汇自由市场存在，由货币委员会对外汇实行管理，只要国际储备总额不低于支付3个月进口额，外汇自由政策就不变。（四）改革外贸机构。政府决定建立外贸部，统一管理外贸业务，以加强进出口贸易的领导。政府还决定成立外贸最高委员会，负责制订进出口政策和关税政策；并将促进进出口基金会改建成外贸部属下的外贸银行，承担促进出口贸易的业务工作。

其次，开放自由贸易，面向国际市场。1991年12月安第斯集团第6次成员国首脑会议决定，从1992年1月1日起正式建立安第斯自由贸易区，各成员国货物自由流通，豁免关税，也没有进口管制，实行共同的对外关税。哥伦比亚与中美洲和加勒比地区的经贸合作也得到加强，同墨西哥、智利和美国的自由贸易谈判进展顺利。美国答应对哥伦比亚实行关贸总协定规定的补偿条件。欧共体决定给哥伦比亚为期4年的贸易最惠国待遇，使它成为拉美第一个享受此待遇的国家。

二 改革金融体制，鼓励国内外投资，促进竞争，增强金融部门的效能

主要措施有：（一）对国内储蓄实行自由利率，以鼓励储蓄，促进金

---

① ［哥伦比亚］《经济趋势》杂志1991年4月号。

融部门竞争,为国家发展积累资金。(二)鼓励投资。法令规定,对1990年9月以前哥伦比亚人保存在国外的资金给予保护;大幅度削减投资税;金融政策将确保适量资金及时地流入私人企业,以改进具有竞争优势部门的生产设备,使之实现现代化和专业化。(三)取消对外国投资的限制,简化复杂手续,积极吸引外资。1991年第1号法令规定,允许外资自由进出,国内外投资者享有同等的优惠待遇;取消了变外资企业为混合企业的规定;到1996年原外资企业的所得税和销售税从1990年的20%降到12%;对于新的投资,上述两种税收从投资时起即为12%;政府积极鼓励外资向农牧业部门投资。此外,政府为改善投资环境,采取坚决措施,消除暴力和贩毒活动。

三 放慢经济增长速度,把反通货膨胀作为经济调整重点之一

1990年哥伦比亚通货膨胀率为32.4%,是近20年来最高的。1991年政府继续执行紧缩货币和财政的政策,适当控制支出,减少财政赤字;在出口收入和国际储备增加的情况下,对货币实行有效管理。虽然这些紧缩财政措施会给经济带来暂时的收缩,但它将保证经济改革的顺利进行,有利于国民经济的稳定发展。

四 推进国内和平进程,修改宪法,为改革开放创造和平安定的国内环境

最近10年,拉美民主化进程迅速发展,而哥伦比亚游击队活动加剧,贩毒走私猖獗,城市刑事犯罪增多,暴力问题是国家面临的一个十分突出的问题,它危及国家的稳定,引起社会严重不安。对此,加维里亚政府做出了一定的努力。

(一)加强同游击队的对话,使和平进程取得新进展。加维里亚总统上任后,改变了上届政府要游击队单方面停火的政策,开始了与游击队无条件对话,继1990年与"4·19"运动签署了和平协议之后,1991年1～5月,政府与劳工革命党、哥伦比亚人民解放军等组织,也先后达成了和平协议。与此同时,政府还同其他游击队代表会晤,商讨国内和平进程,

努力为达成和平协议创造条件。

（二）打击毒品走私和刑事犯罪活动。1991年哥伦比亚扫毒斗争取得突破性进展。政府对贩毒集团采取了新的斗争策略，宣布贩毒分子只要向政府自首，司法当局将对他们从轻处理，并不把他们引渡到美国或其他国家。上述政策收到好的效果。1991年哥伦比亚共缉获62吨可卡因，逮捕贩毒分子、刑事犯罪分子2481人，麦德林卡特尔的首犯斯科瓦尔和奥乔亚兄弟先后向政府投降。

（三）支持修改宪法。长期以来，哥伦比亚政权为两个传统政党所垄断，其他阶层和广大群众被排斥在政治生活之外。哥伦比亚宪法是1886年制定的。一个多世纪以来，立法机构对宪法进行过多次修改，但根本原则没有变。加维里亚总统执政后，为适应新形势发展的需要，顺应民众强烈要求，支持修改宪法，加强参与性民主。1990年12月9日通过选举，产生70名立宪代表，其中有1990年参加政治生活的"4·19民主同盟"的19名代表。1991年2月5日，全国制宪大会在加维里亚总统的主持下正式开幕，并于7月5日通过了哥伦比亚新宪法。同1886年宪法相比，新宪法有较大的变化：选民享有更多的权利，有权投不信任票，包括省长、市长在内的地方长官都由选民选举产生；确定增设副总统，各地区参议员人数由地方确定，恢复议会的首创权力，减少行政首脑的权力；突出了共和国银行在管理货币、兑换和信贷政策中的自主权。此外，宪法规定增加地方教育和卫生等服务设施的拨款和投入。应该肯定，新宪法的颁布，特别是通过选民选举产生制宪代表制，为那些从未参与决策的社会阶层参与政治提供了机会，扩大了人民群众参与政治的民主权利。这不仅适应了拉美民主化进程的发展，而且加强了哥伦比亚民主法制建设，对实现国内和平和稳定发展具有深远意义。

总之，自加维里亚总统就任以来，政府努力推行改革开放，政治、经济和社会发展都取得了新的成绩。据初步统计，1991年，哥伦比亚国内生产总值增长率为2.5%，出口额近75亿美元，进口额约60亿美元，外贸结算顺差约14.5亿美元，国际收支经常项目顺差4000万美元。当年外国贷款的现金支付约20亿美元，相当于国家还债数额。外国投资有所增加。据报道，年通货膨胀率为30%，略低于1990年。90年代是哥伦比亚经济改革和战略调整的重要时期。有关部门对哥伦比亚90年代的经济发展作乐观估计。笔者认为,90年代前期,哥伦比亚经济将保持80年代后半期的发展趋势;90年代后半期,随着改革的深化,哥伦比亚经济可能有更快的增长,国内生产总值年增长率可望达到5%—6%。

(原载《拉丁美洲研究》1992年第2期)

20世纪90年代哥伦比亚进行的外贸改革

一 对外贸易的发展概况

对外贸易在哥伦比亚经济中占有特别重要的地位。从19世纪中叶起，哥伦比亚就开始出口农产品，到20世纪初，咖啡成为传统出口产品，为国家积累了发展资金。但是，哥伦比亚经济深受国际市场咖啡价格波动的影响。由于咖啡价格下跌，20世纪60年代前期国家出现外汇危机，迫使政府进行经济调整。1967年3月政府颁布第444号法令，积极鼓励非传统产品出口，发展出口贸易。1969年，哥伦比亚参加安第斯条约组织，努力开展小地区国家间的经贸合作。政府发展对外贸易的方针是：在增加传统产品咖啡出口的同时，大力促进非传统产品的出口，实现出口产品多样化，尽快改变咖啡单一出口结构和依赖美国市场的局面，为国民经济发展积累资金。为此，采取了如下政策和措施。

（一）建立完善的外贸体制

除了原有的对外贸易协会负责管理进出口贸易外，1967年设立促进出口基金会，建立了出口保险制度，改组出口信贷制度等，促进出口基金会定期制订出口信贷计划和出口行动计划，指导出口部门的生产，负责向商品农业、中小企业和出口工业提供长期低息贷款。与此同时，政府还积极组织商品到国外展销，重视发展同第三世界国家的经济贸易关系，开拓新的市场。

（二）调整汇率，促进出口

1967年以前，哥伦比亚实行固定汇率，对产品出口起消极作用。为推动非传统产品出口，1967年起实行浮动汇率，实行比索对美元的微小贬值。哥伦比亚是拉丁美洲地区第一个采取小幅度调整汇率政策的国家。之后，政府有计划地加快比索对美元的贬值，以提高出口产品的竞争能力。

（三）实行出口补贴

哥伦比亚出口补贴有两种：巴列霍计划（Plan Vallejo）和税收补贴证（certificado de abono tributario）。巴列霍计划是1957年为出口多样化所采取的一项措施，它为原料、半成品和机器进口豁免关税，促进制造业发展，增加制成品出口。税收补贴证是根据第444号法令所采取的一项措施，目的也是促进非传统产品出口。它规定：出口商可凭已出口产品证书领取出口值15%的补贴金，用于支付税款。1974年做了调整，把出口值的15%补贴金额改为0.1%、5%、9%和12%四种。1982年面对外部条件的恶化，政府提高对出口商的税收补贴，以补偿国际市场初级产品价格下跌给出口商带来的损失。1983年哥伦比亚加入《关贸总协定》。1983年底国民议会颁布《对外贸易框架法》，取消了税收补贴证，以退税证制（certificado de reembolso tributario）代之。

（四）建立专门贸易公司，方便中小企业加工产品出口

哥伦比亚的制造业以中小企业为主，1979年政府颁布法令促进中小出口公司联合，推动它们制造的产品出口。之后，政府开始建立免税区，鼓励出口商加工出口产品。

在政府的推动下，20世纪70年代对外贸易得到迅速发展，年平均增长率达17.6%。从1976年起对外贸易连年顺差。1981年国际储备达56.3亿美元。由于80年代初外部条件恶化，出口收入减少，而进口继续上升，外贸结算出现逆差，1982年贸易逆差达23.8亿美元，国际储备迅速下降。为了平衡国际收支，保护国际储备，促进经济发展，政府调整外贸政策，实行奖出限入，加快比索贬值，增加非传统产品出口，并禁止680种商品进口。经过几年的努力，1986年咖啡和非传统产品出口增加，对外贸易又实现了顺差。

二　20世纪90年代进行的外贸改革

随着经济开放政策的实施，哥伦比亚对外贸易政策做了较大的调整。1991年第1号法令（即《外贸商标法》）的颁布，标志着哥伦比亚对外贸易进入一个新的发展阶段。《外贸商标法》规定，哥伦比亚对外开放遵循的总原则是：发展货物和劳务的自由贸易，提倡自由竞争和首创精神，努力提高经济效益，支持拉美地区一体化进程，推动国家的现代化。为发展对外贸易，政府采取了如下政策和措施。

（一）大力贯彻贸易自由化方针，促进本国经济国际化

主要做法是：①放松对进口的限制，除少数几种农产品和危及国家安全的货物外，其他商品的进口不再需要申请进口许可证。②降低关税和进口附加税，把各类进口商品的平均关税从1990年年底的16.5%降到1994年的7%，同期的平均进口附加税从13%降到8%。③建立外贸部，统一管理外贸业务，加强对进出口贸易的领导；成立外贸最高委员会，负责制定进出口贸易政策和关税政策。由于实行开放政策，哥伦比亚的平均关税已从1989年的44%降到1997年的12%。目前，安第斯共同体实行共同对外关税，除了少数产品的例外，哥伦比亚的共同对外关税税率有5%、10%、15%和20%四种。另外，哥伦比亚是《关贸总协定》的签字国和世界贸易组织的成员国，在世界贸易组织内享有商品通行权、赔偿权和反倾销权。此外，政府还积极参与世界贸易组织内关于解决贸易争端问题以及有关货物和劳务贸易相关问题的讨论。

（二）加强拉美地区一体化合作，积极参与国际大市场

随着参与国际经济战略的实施，政府积极推动安第斯自由贸易区的建立。为加快小地区一体化进程，1992年1月，哥、委两国首先建立自由贸易区。1992年9月，哥、委、厄、玻等四国建立自由贸易区。1994年5月建立了包括玻、哥、厄、秘、委等五个安第斯国家的自由贸易区，五国货物交接实行零关税。1995年2月五国采取共同对外关税，安第斯关税同盟宣告成立。1993年哥、智两国在拉美一体化协会范围内签署自由贸易协定，1999年两国间几乎全部商品实行关税减免，1994年墨、哥、

委签署了三国自由贸易协定。根据协定，三国实行关税优惠，到 2004 年减免全部关税。1994 年，哥伦比亚与加勒比共同体签署贸易优惠协定，1997 年哥伦比亚单方面给加勒比共同体国家关税优惠。1998 年，加勒比共同体四个较发达的国家对哥伦比亚出口产品减少或取消关税。此外，哥伦比亚支持巴西提出的建立南美洲自由贸易区的建议，并积极参加建立美洲自由贸易区的谈判。

（三）积极调整出口政策

随着贸易自由化的实施，哥伦比亚的出口政策也发生了很大变化。政府放弃了先前的部门促进和补贴贷款方式，根据新的发展模式和多边合作方式，促进出口政策突出表现在为出口商提供市场信息和商务机会。在出口投资方面，保证更多使用利息较优惠的资金。促进出口基金会负责促进出口活动，它的主要任务是提供市场信息和商务机会，帮助出口商参加国际交易会和博览会，组织同类部门的生产者到国际市场考察新的商务机会。另外，它在国外设立分会，开拓新的市场，为出口商寻找更多的发展机会。而哥伦比亚外贸银行负责为出口业务提供资金，根据市场的利率和出口的不同阶段，对出口工业、运输和国际贸易提供贷款。它根据对原产国风险的评估，既对哥伦比亚的出口商提供贷款，也向购买哥伦比亚产品的外国商人提供贷款。在短期内，政府希望外贸银行增加对与外贸相关的基础设施建设的贷款，向中小出口工业发放贷款，使之成为出口部门的重要成员。为了减少出口风险，政府建立了出口贷款安全保险，由哥伦比亚出口保险公司负责。先前促进出口政策中仍然保留的唯一措施是出口退税证制。这是一种为出口者退还他应缴纳一定百分比税金的制度，偿还税金的百分比根据产品和市场的不同而有所区别。从发展的趋势看，这一措施仍将会继续使用下去。

（四）成立免税区（Zona Franca），促进出口

为增加出口产品的竞争力，吸引更多的外国企业到哥伦比亚投资，1991 年颁布第 7 号法令和第 2131 号法规，同意成立私有或公私合营产业及服务业的免税区，其宗旨是"吸引更多的外资，努力扩大出口"。免税区作为哥伦比亚独立的关税区，对进口用于出口的原料、零配件、半成品免征关税和增值税，生产的货物面向出口，享受豁免所得税。在免税区内

可建立生产中心、分配中心、销售中心和旅游中心,在免税区落户的企业分为生产型、服务型和贸易型三种。生产型企业可以进口或在当地采购原材料,经过制造、组装加工等程序后,成品销往国外。服务型企业为区内或境外企业提供科技、信息、金融等领域的服务。贸易型企业可以提供服务,或在区内租赁、购买仓库,用于仓储、包装、再包装、分销进口或采购来的产品,以便向第三国再出口。

目前,在巴兰基利亚、圣菲波哥大、卡利、卡塔赫纳、库库塔、麦德林和圣马尔塔等市建有12个免税区[1]。免税区吸引了大批国内外的投资者,有力地推动了哥伦比亚的出口,已成为哥伦比亚面向世界的窗口。比如,圣菲波哥大的免税区地处首都的西南部,位于工业和制造业集中地区,距全国最大航空港——埃尔·多拉多国际机场仅2公里,交通运输十分方便。区内干净整洁,绿化程度高,环境幽雅。圣菲波哥大免税区管理股份公司对区内的运作,实行独立严格的管理,严禁区内生产的产品以任何非法形式进入国内市场,由于哥伦比亚是世界贸易组织以及多个地区组织成员,与其他成员国签有多项多边或双边关税减让协定,哥伦比亚原产地的商品在向上述国家出口时,可享受不同程度的关税优惠。因此,吸引了越来越多国外企业来哥伦比亚投资办厂或开展对第三国贸易。

(五) 改组哥伦比亚企业,鼓励企业参与国际竞争

面对全球化的竞争,哥伦比亚面临着机遇和挑战。政府认为,为使哥伦比亚经济能融入国际经济体系,参与经济全球化进程,不仅要有效地提高企业在国际市场中的竞争能力,而且要不断把国外的产品和技术引进到国内,重新改组哥伦比亚的企业。为了参与国际竞争,企业积极进行设备更新和技术改造。据1993年高等教育与发展基金会(Fedesarrollo)对400家企业进行的调查,22%—42%的企业把更新设备作为增加国际竞争能力的中心战略,21%—28%的企业在扩大生产规模,37%—60%的企业采用新技术,30%—47%的企业积极采取措施保证产品质量,作为增强国际竞争力的手段[2]。20世纪90年代末,哥伦比亚经济处于低速增长期,政府坚持把出口作为经济增长的动力。政府在发展计划中指出,不但要扩

---

[1] 哥伦比亚驻华使馆提供的资料:《哥伦比亚:深藏拉丁美洲最好的宝藏》。
[2] Revista de Colombia, Coyuntura Economica, 2000, Septiembre, pp. 132 – 133.

大出口，增加出口的供给能力和多样化产品，而且要造就一批国际型的大老板。为此，政府积极鼓励企业提高劳动生产率和产品竞争力，帮助企业提高人力资源的素质，深化金融体系，扩大国家的技术基础和基础设施，特别应加强统一的现代化基础设施，扩大道路交通网络，恢复铁路运输能力，推动国家机场和海港基础设施现代化建设[①]。

三 进出口贸易及其结构

20世纪90年代政府实行经济开放政策，深入进行结构改革，大大激发了对外贸易的活力。1988年哥伦比亚的出口只占国内生产总值的15%，1997年上升到21.8%，同期进口从占国内生产总值的14.5%上升到32.2%。1997年，哥伦比亚的出口率比拉丁美洲国家的平均出口率高出近2个百分点，而哥伦比亚的进口率比拉丁美洲国家的平均进口率高出1倍，比安第斯地区任何其他国家的都高。21世纪初，哥伦比亚的对外贸易保持稳步增长势头，取得了巨大的成绩，但是，经常项目赤字不断增大。在2002—2007年间，货物出口总额增加了一倍多，由120亿美元增加到300亿美元，其中高附加值的产业所占比重也有所提高。据共和国银行的报告，2008年的商品和劳务出口额为425.88亿美元，同比增长31.8%；进口商品和劳务总额为447.26亿美元，同比增长19.5%。

必须指出，哥伦比亚的出口产品结构发生了明显变化，1967年传统产品出口占总出口的70%以上，非传统产品出口只占总出口的26.8%。之后实行出口产品多样化方针，非传统产品出口不断增加，1974年非传统产品出口值第一次超过咖啡的出口值。随着工业逐步发展，制成品出口有所增加。传统产品咖啡出口从20世纪80年代初占总出口的40%降到1999年的11.4%。1999年，包括咖啡、石油、煤、镍、黄金和绿宝石在内的传统产品占出口总值的55.8%，非传统产品出口占总出口的44.2%，其中工业制成品占出口总值的32.7%。尽管哥伦比亚出口在拉美地区所占比重从1988年的4.6%下降到1997年的4%，但是哥伦比亚在拉美仍是第六大工业制品出口国。在安第斯共同体中，哥伦比亚是制成品出口最多的国家，几乎是安第斯地区国家平均值的2倍。哥伦比亚、墨西哥和巴

---

① DNPC, Cambio Para Construir La Paz 1998~2002 Bases, pp. 244–245.

西是拉美地区国家制成品出口比例最高的3个国家。哥伦比亚的出口商品主要有：原油和油制品、咖啡、煤炭、棉花、香蕉、鲜花、化工产品、木材制品、纺织品、食糖等。近十年来，化工产品的出口有了较快的增长，而纺织品出口却呈现下降趋势。到2007年，哥伦比亚的传统出口产品（石油、咖啡、镍、塑料制品、钢铁制品、香料等）的出口额为142.07亿美元，占出口总额的47.4%；非传统出口产品（化工产品、纺织品、机械设备、鲜花、烟草等）的出口额为157.85亿美元，约占出口总额的52.6%。2008年，由于石油和煤炭出口价格上涨，传统产品出口值增加了57.87亿美元。另外，安第斯地区国家对纺织品、化工产品、皮革和皮革制品的需求增加，非传统产品出口增加了19.27亿美元。

由于哥伦比亚工业基础比较薄弱，科学技术不发达，经济发展所需的各种设备和技术仍靠从国外进口。从20世纪70年代起，消费品进口大大减少，资本货和中间产品以及工业所需原料的进口明显增加。其中工农业使用的机器、交通运输设备和工业原料占进口值的80%以上。近20年来，商品农业发展较快，传统农业呈现衰退，粮食生产不能自给，每年必须进口部分粮食。为应对外国进口产品的竞争，工业的投资迅速增加，从1993年起，大量进口机器和资本货，哥伦比亚的进口持续增长。从1994年起，哥伦比亚成为安第斯共同体的第一大进口国。1997年，哥伦比亚进口达144.09亿美元，其中消费品进口占19.2%，中间产品占42.2%，资本货占38.6%。近十年，因消费需求旺盛和投资的拉动，耐用消费品、交通设备和资本货的进口增长幅度较快。主要进口商品包括机械设备、通信设备、车辆零配件、化学设备等。2007年，中间产品进口141.73亿美元，占43%；资本货进口119.31亿美元，占36.2%；消费品进口68.97亿美元，占20.8%。

四　国际收支状况

由于哥伦比亚实行对外开放政策，从1993年起哥伦比亚的进口持续增长，而哥伦比亚的主要出口产品价格下跌，从1996年起由于哥、美关系紧张以及委内瑞拉经济不景气，也影响着哥伦比亚的出口特别是非传统产品的出口。因此，哥伦比亚的外贸结算赤字不断增加。由于受到亚洲金融危机的影响，引进的外资有所减少；国际市场初级产品价格下跌，1998

年哥伦比亚出口收入下降，国际收支经常项目赤字高达52.7亿美元，而外来资金减少导致国际储备下降到84.8亿美元。从1999年起，由于经济出现衰退，哥伦比亚政府对兑换率进行调整，对出口十分有利，传统产品原油和非传统产品的出口均有较快增长，与此同时，哥伦比亚政府大力压缩进口，积极改善同美国的关系，贸易结算有所好转，国际收支经常账户赤字有所减少，1999年赤字为9.78亿美元，约占国内生产总值的1.4%；国际储备减少到81亿美元。2001年，哥伦比亚的国际储备恢复到101.91亿美元[①]。进入21世纪以来，对外贸易保持稳步增长，因进口保持快速增长，经常项目赤字不断扩大。经常项目赤字占GDP的比重由2003年的1.2%上升到2007年的3.4%。由于经济增长强劲，国内安全形势好转和比索的升值，哥伦比亚吸引了大量外资。2007年资本和金融账户实现盈余103.47亿美元。2007年，哥伦比亚总的国际储备达到209.55亿美元，比上一年增加55.15亿美元。2008年受美国金融危机的冲击，比索贬值幅度较大，资本和金融账户的盈余与2007年相比减少了7.96亿美元，国际储备达240.41亿美元，比上一年增长了14.7%。哥伦比亚的国际储备能够满足7—8个月的进口付汇需要。(参见表6)

表6　　　　　　　　哥伦比亚的国际收支　　　　（单位：百万美元）

	2006年	2007年	2008年
经常项目（A+B+C）	2983	5837	6765
收入	35119	41714	50173
支出	38102	47551	56938
A. 货物和劳务结算	1797	3203	2139
收入	28558	34213	42588
支出	30355	37416	44726
1. 货物	322	596	990
收入	25181	30577	38546
支出	24859	31173	37556
2. 劳务	2119	2607	3129
收入	3377	3636	4042

---

① 《共和国银行杂志》2002年7月号，第271页。

(续表)

	2006 年	2007 年	2008 年
支出	5496	6243	7171
B. 要素所得	5929	7865	10138
收入	1525	1860	1685
支出	7454	9725	11823
C. 转让	4743	5231	5512
收入	5037	5642	5900
支出	293	411	389
资本项目（A+B）	2890	10347	9551
A. 长期资本流动	7183	11466	9965
1. 资产	1097	912	2157
哥伦比亚在国外的投资	1098	912	2157
贷款和其他资产	0	0	0
2. 债务	8328	12398	12124
3. 其他资本流动	47	20	2
B. 短期资本流动	4293	1120	414
1. 资产	4019	3186	46
2. 债务	274	2066	460
错误与遗漏	115	204	149
国联储备变动	23	4714	2638
总的国际储备	15440	20955	24041

资料来源：2009 年 3 月《共和国银行董事会向国民议会的报告》，第 87—88 页。

此外，哥伦比亚的进出口市场也趋于多元化。1950 年，哥伦比亚向美国出口占总出口的 82%，从美国进口占总进口的 70%。随着二战后西欧各国经济的恢复，哥伦比亚同西欧的贸易得到发展，同美国的贸易呈下降趋势。20 世纪 70 年代，政府积极开展小地区经济合作，发展同安第斯地区国家以及拉美一体化协会成员国的贸易，加强同发展中国家的经济往来，贸易额逐渐扩大。80 年代初，由于发达国家实行贸易保护主义政策，哥伦比亚同拉美国家、日本和东欧国家等的贸易显著增加，1986 年，哥伦比亚向欧共体出口占总出口 39.7%，居第 1 位，向美国出口占总出口的 29.8%，居第 2 位。由于哥伦比亚政府积极参与地区一体化进程，使哥伦比亚在国际贸易中处于非常有利的地位。1994年8月，哥伦比亚已与24个拉美国家（包括安第斯集团国家、智利、墨西哥、中美洲和加勒比地区国家）签订了自由贸易协定。另外，根据哥伦比亚同美国和欧共体的合作计划，哥伦比亚的商品可享受免税进入这两大市场的待遇。目前，50%的世界市场都向哥伦比亚开放，这对哥伦比亚扩大国际贸易是非常有利的。1997年，美国是哥伦比亚最大的出口市场，占哥伦比亚总出口的38%；欧盟是第2大市场，占总出口的23%；安第斯共同体占总出口的18%。就进口来说，哥伦比亚从美国进口占总进口的35.3%，从欧盟进口占总进口的17%，从安第斯共同体进口占总进口的14%，从南方共同体市场进口占总进口的4%。哥伦比亚向许多国家和地区出口货物和劳务。2007年，美国仍是哥伦比亚最大的出口市场，占哥伦比亚出口总量的30.4%，安第斯地区国家占出口总量的21.4%（其中委内瑞拉占12.3%，厄瓜多尔占5.4%，秘鲁占3.7%），欧盟占14%。就进口来说，哥伦比亚从美国进口占总进口的28.6%，欧盟占13%，巴西占8.6%，墨西哥占8.5%，中国占7.3%（参见表7、表8）。

表7　　　　　　　　　哥伦比亚进出口货物结构　　　　（单位：百万美元）

	2003年	2004年	2005年	2006年	2007年
1. 出口商品（FOB）	13129	16731	21191	24391	29992
石油和石化产品	3383	4227	5559	6328	7318
煤炭	1422	1859	2598	2913	3495
咖啡	809	956	1471	1461	1714
镍	416	637	738	1107	1680
其他	7099	9952	13165	12582	15785
2. 出口国家（%）					
美国	46.8	42.2	41.8	36.6	30.4
委内瑞拉	5.3	9.7	9.9	11.6	12.3
厄瓜多尔	5.9	6.1	6.3	5.6	5.4
秘鲁	3.0	3.3	3.4	3.7	3.7
3. 进口商品（CIF）	13890	16748	21204	26162	32897
中间产品	6445	8042	9520	11533	14172
资本货	4768	5534	7702	9340	11931

（续表）

	2003 年	2004 年	2005 年	2006 年	2007 年
消费品	2676	3172	3982	5289	6897
4. 进口国家（%）					
美国	30.7	30.5	28.5	28.2	28.6
巴西	5.5	5.8	6.5	9.0	8.6
墨西哥	5.4	6.2	8.3	9.0	8.5
中国	4.9	6.3	7.6	6.3	7.3

资料来源：共和国银行，转引自 Economist Intelligence Unit COLOMBIA Country Profile 2008。

表 8　　　　　　　　　哥伦比亚的进出口结构　　　　　　　（单位：%）

	1995 年	1996 年	1997 年	1998 年	1999 年	2000 年
出口到						
美国	34.1	40.5	37.9	38.3	50.3	50.0
委内瑞拉	9.5	7.5	8.6	10.5	7.9	9.9
德国	7.4	5.8	6.3	6.3	4.2	3.2
秘鲁	5.7	5.9	4.7	3.4	3.1	
厄瓜多尔	4.3	4.0	4.7	5.4	2.8	3.5
比利时			2.9	2.9	2.3	
日本	3.7	3.3	3.1	2.5	2.1	
进口自						
美国	39.1	36.2	35.3	32.1	37.4	33.7
委内瑞拉	9.8	9.2	10.4	9.0	8.2	8.2
日本	7.5	6.6	6.2	6.7	4.9	4.6
德国	5.9	5.7	4.9	5.3	4.7	
墨西哥	3.3	3.6	3.9	4.3	4.4	4.7
巴西	2.8	3.0	3.3	3.2	4.0	
法国	2.4	2.5	3.2	3.2	3.7	

资料来源：哥伦比亚国家统计局，EIU Country Profile 2001 Colombia，第 53、38 页。

（原载徐宝华《哥伦比亚（列国志）》，社会科学文献出版社 2010 年版。）

哥伦比亚经济形势相对稳定的原因

十几年来，哥伦比亚虽然没有出现像巴西那样的"经济奇迹"和智利的"经济复兴样板"，也没有像委内瑞拉和墨西哥那样从出口石油中得到繁荣。但是，它以令人满意的速度在持续增长。据统计，70年代，哥伦比亚国内生产总值年平均增长率为6%，超过拉丁美洲地区经济增长平均数的0.5%。国内生产总值从1970年的71.03亿美元，提高到1980年的327.39亿美元。人均国内生产总值从1970年的346美元提高到1980年的1190美元，十年间增长两倍半[1]。1981年国内生产总值达350亿美元，在拉美仅次于巴西、墨西哥、阿根廷和委内瑞拉，居第五位。人均国内生产总值1200美元[2]，超过世界银行规定的中等收入国家的标准。与此同时，民族工业有了较快的发展。70年代平均增长率达10%。1981年工矿、建筑业在国内生产总值中占25%，农牧业的比重有所下降，占22.9%[3]。目前，哥伦比亚已发展成为一个农—工业国家。

值得注意的是，1976—1981年，在资本主义经济衰退的情况下，哥伦比亚国内生产总值年平均增长5.1%，增长速度在拉美仅次于巴拉圭（10%）、墨西哥（7.7%）和智利（6.7%），居第四位。由于出口贸易迅速增长，国际储备逐年增加，1981年达56.51亿美元，创历史最高纪录。最近两年，西方发达国家正经历着一次30年代以来最深刻的经济危机，拉美地区1982年经济出现倒退，国内生产总值下降了0.9%，通货膨胀

---

[1] 见《联合国统计年鉴》1979—1980；《联合国统计月报》1981年7月号。转引自《世界经济》1982年10月号。

[2] 见［墨西哥］《对外贸易》杂志1982年6月号，第612页。

[3] 同上。

率达84％，整个地区外债总额达2700亿美元，大多数国家的国际收支出现巨额逆差，货币大幅度贬值，迫使政府削减开支，推迟各项工业计划。相比之下，哥伦比亚情况相对稳定，1982年国内生产总值仍增长1.5％，通货膨胀率控制在24％，国际储备约48亿美元，据美洲开发银行估计，外债只有90亿美元，外债还本付息约占出口收入的18％[①]，没有出现兑换危机，被美洲开发银行官员称为"拉丁美洲的一片绿洲"，已引起人们的注意。

那么，哥伦比亚为什么在资本主义经济危机的情况下能够保持经济相对稳定的增长呢？有经验的专家认为，这与60年代以来哥伦比亚实行代议制民主制度，采取把市场调节和国家干预相结合的发展模式，执行严格的、谨慎的经济政策分不开。概括起来，有五个原因。

（一）从60年代起，面对经济发展中存在的问题，政府进行一系列必要的调整。众所周知，哥伦比亚是个长期依赖单一种植咖啡的农业国，咖啡出口是国家外汇收入的主要来源。第二次世界大战以后，咖啡的出口占出口总收入的70％以上。从1959年起，国际市场咖啡价格猛跌，从1854年的每磅80美分降到1961年的40美分，导致哥伦比亚在60年代出现外汇枯竭，国际收支严重恶化。结果，国内财政混乱，货币贬值，通货膨胀，产量下降，职工实际收入减少；加上人口无控制地增加，破产农民大量流入城市，失业增加，社会动荡不安。70年代在资本主义经济衰退的影响下，1974年哥伦比亚经济也出现衰退。由于石油生产逐年下降和国内燃料消费迅速增加，1975年哥伦比亚由石油出口国变为进口国。1976年，巴西咖啡遭到霜冻，国际市场咖啡短缺引起价格暴涨，哥伦比亚出现"咖啡繁荣"，使国家出口收入急剧增加，引起通货膨胀率上涨。1979年又出现能源供应危机。这一系列问题迫使哥伦比亚政府对经济不断进行调整。

这次调整是从卡洛斯·耶拉斯政府（1966—1970年）开始的，经过米萨埃尔·帕斯特拉纳政府（1970—1974年）、洛佩斯·米切尔森政府（1974—1978年）和图尔瓦伊·阿亚拉政府（1978—1982年）得到巩固和发展。调整的总目标是：积极发展对外经济，努力稳定国内外价格，通过出口积累资金，推动国民经济的更快发展，从而减轻人口迅速增加带来

---

① ［哥伦比亚］《时代报》1982年11月7日。

的沉重负担，增加社会就业，缓和社会矛盾。根据这一总的目标，政府采取了市场调节和国家干预相结合的经济发展模式，把促进出口作为经济发展的动力。为了加强国家对经济生活的干预，1968年修改了宪法，授予总统广泛的权力，国家的一切经济决定权集中在总统手中。政府制订的各种经济计划和各项经济政策都得到国民议会的批准和确认，由政府颁布法令加以实施。十几年来，政府围绕着解决60年代外汇短缺和1974年的经济衰退等问题，采取了一系列措施。

为了解决外汇短缺所造成的财政赤字，1967年3月，政府颁布了第444号法令（即《兑换条例》），对国家的对外经济作战略性调整，决定从1967年起开始实行新的兑换政策，设立促进出口基金会组织，鼓励非传统产品，特别是工业制成品出口，限制进口，加强对外资的管理，解决外汇问题，以求改变国家国际收支不利的局面。1969年，哥伦比亚加入安第斯条约组织，把它作为发展对外经济贸易关系的支柱，积极加强同小地区成员国的经济合作和贸易往来。70年代初，为了解决国内失业问题，1972年，政府倡议建立以不变价格计算的储蓄和贷款制度，鼓励私人通过储蓄向城市建筑业投资，增加社会就业。

1974年，面对国内经济衰退，政府进行财政改革和税收改革，并以优惠利率鼓励储蓄，减少财政赤字。由于"咖啡繁荣"，国内货币流通量大大增加而引起严重的通货膨胀，政府对外国的公共和私人贷款实行严格限制，积极开展反通货膨胀的斗争。1979年又通过国民议会的干预和调节，加强计划性，使经济发展更加稳妥，努力避免出现波动。同时，加强能源、交通等薄弱环节的建设，提出发展矿业和能源工业的宏伟计划，解决能源供应危机。

由此可见，近20年来，哥伦比亚政府对经济发展中遇到的困难，及时地通过颁布法令在政策上加以调整，增强了国民经济克服困难的能力，使之更能适应不断变化的外部情况，从而避免了出现大的波动，保证了社会经济以比较满意的速度向前发展。

（二）调整经济结构，改变依赖单一出口咖啡的局面，促使工农业生产多样化。咖啡是哥伦比亚的传统产品，其产量和出口量仅次于巴西，占世界第二位。长期以来，国际市场咖啡价格被以美国为首的咖啡进口国的垄断集团所操纵，它们任意压低价格，人为地制造所谓"供过于求"的假象，使咖啡生产国蒙受巨大的损失。对哥伦比亚来说，国际市场每磅跌价一美分，每年就要损失800万—900万美元。依赖咖啡的单一出口，使哥伦比亚经济处于极不稳定的状态之中。因此，发展多种经济，克服依赖咖啡单一经营，是哥伦比亚坚持的一项重要方针。

为了促进农业生产多样化，政府鼓励无地农民垦殖荒地，给农民提供生产贷款，培养农业技术人员，推广良种，促进商品农业的发展。1968年，发放农业贷款48亿比索，比1964年的26亿比索增加将近一倍。1970年，仅农业银行的贷款就占当年农业生产支出的30%。从1976年起，又实行农村一体化计划，进一步推动农业生产全面发展。为此，政府发放的农牧业贷款连年增加。据农业部长称，农牧业财政基金会批准的贷款，1978年为120亿比索，1981年增加到277.03亿比索，1982年达397.8亿比索。目前，商品农作物的种植面积已占农业种植面积的70%。在大城市郊区、沿海平原、南部平原和新开垦的东部平原，逐渐采取了先进的耕作技术，已成为哥伦比亚重要的经济作物区，为工业和出口提供大量的原料和粮食。一些作物如棉花、香蕉、鲜花、蔗糖、烟草、水稻等，产量有显著增长，在非传统出口产品中占有重要地位。

政府为了实现出口产品多样化，还积极支持民族工业的发展。巴列霍计划就是为实现这一目标所采取的一项措施。政府规定：本国工业生产必需的原料和机器设备可以自由进口，豁免关税；而对其他日用工业品的进口实行许可证制度，必须预先取得许可，才能进口，以保护民族工业的健康发展。与此同时，国家以认购股份和长期贷款等方式，给私人企业提供资金，参与企业的经营活动。工业发展委员会执行资助私人企业的方针，为盈利企业提供设备，给新建企业长期贷款。政府把造纸、化学、钢材、冶金和机械制造等列为优先发展项目，促进本国工业产品出口。

在政府的支持下，出口工业得到了发展。1970—1974年间，制造业产品出口值从9380万美元增加到5.261亿美元，年平均增长率为100%。工业品出口值在工业总产值中所占的比重也在提高，从1970年的3.4%上升到1974年的9.1%。在一些加工部门，出口所占的比重还要大，如纺织品占24%，服装占30%，制鞋业占40%，化学制成品占13%，家具占49.5%，机械占15%[①]。到1979年，工业制成品出口值达8.8亿美元，占当年出口总值的25%。发展能源工业，实施出口煤炭的战略目标，是哥伦比亚改变咖啡单一出口的又一重大措施。哥伦比亚煤矿资源丰富，已探明的煤藏量为400亿吨，潜在藏量估计有100多亿吨。1980年宣布把出口煤炭列为经济发展战略目标，争取1985年后每年出口500万吨煤炭，1990年增加到1000万吨，到2000年，实现出口煤炭5000万—6000万吨的战略目标。哥伦比亚出产优质煤，含硫黄和石灰比率低，在国际市场上享有盛誉。煤炭出口的增加，对改变咖啡单一出口的状况，以及今后经济发展必将起到重要作用。

（三）推行促进出口的战略方针，不断扩大出口，努力实现出口产品多样化。1967年颁布的第444号法令，是哥伦比亚发展对外经济贸易关系的一项战略措施。从那时起，无论是政府官员还是经济界人士，都十分重视发展对外贸易。在各届政府制订的经济发展计划中，都把促进出口放在首要地位。为此，政府采取了一系列措施。第一，设立促进出口基金会，专门负责非传统产品出口。它们定期制订出口信贷计划，向农牧业主、中小企业和出口工业提供长期低息贷款。有的贷款额高达投资额的80%—100%。最近几年，贷款额逐年增加，1978年为227.9亿万比索，1981年增加到424.8亿比索，1978—1981年间，共贷款1258.04亿比索。第二，实行浮动汇率。1967年以前，哥伦比亚实行固定汇率。以后改为浮动汇率，对本国货币比索逐步微小贬值，推动出口。1970年，安第斯小地区实行统一汇率，对哥伦比亚产品出口十分有利。最近几年，政府有计划地加快比索对美元的贬值，其目的是增加出口产品的竞争能力。第三，实行税收补贴，鼓励制造业产品出口。最初规定：出口商可凭已出口产品证明，领取出口值的15%的补贴金。1974年因财政困难而进行调整。之后改为1‰、5%、9%和12%四种补贴。目前，得到出口补贴的商品达5000种。第四，积极开拓新市场。70年代，政府积极加强安第斯小地区的经济合作，同发展中国家发展经济贸易关系。最近几年又组织出口产品到国外展销。1979年曾到18个国家展出产品，参加36个国际博览会。1981年又组织多次国外巡回展出。在平等互利、互通有无的原则下同发展中国家加强经济交流，对打破发达国家的贸易保护和歧视性规定起着积

[①] 马里奥·阿鲁布拉等：《今日哥伦比亚》，21世纪出版社1980年版，第250页。

极作用。第五，建立专门贸易公司，方便中小企业加工产品出口。哥伦比亚工业以中小企业为主，它们约占企业总数的85%，工业产值的25%。1979年颁布的第67号法令，鼓励中小出口公司联合，推动它们出口制造业产品。

由于措施得当，也由于国际市场对哥伦比亚发生有利的影响，70年代哥伦比亚对外贸易年平均增长率达19.3%，超过同期世界贸易年平均增长率的0.6%。1975—1979年，哥伦比亚的"咖啡繁荣"使出口贸易迅速增加，对外贸易年平均增长率29%，1979年出口比1978年增长40%，其增速为拉美和世界所罕见。到1980年，对外贸易额达92.4亿美元，比1967年的10.068亿美元，增加了8倍多。

由于奉行出口多样化政策，出口商品构成发生显著变化。1974年非传统产品第一次超过咖啡，占出口总收入的55%。之后"咖啡繁荣"使咖啡在出口中占的比重有所增加，到1979年，咖啡占出口收入的55%，非传统产品占40%。贸易对象国趋于多边化。1979年，向美国出口只占34.6%，欧洲经济共同体占31.6%，安第斯成员国18%，向东欧和其他拉美国家出口显著增加。目前，哥伦比亚已同115个国家和地区发展经济贸易关系，基本上扭转了依赖美国市场的局面。

出口贸易的迅速发展，大大增加了哥伦比亚的外汇收入。从1976年起，贸易连年顺差，加上旅游、劳务出口等收入，国际收支出现盈余，国际储备逐年增加，从1970年的1.5亿美元增加到1980年的54亿美元。国际支付能力的加强，不仅为国内积累了发展资金，加速了基础设施建设的投资，而且大大提高了国家的信誉，增强国家克服外部困难的能力。[①]

（四）对外资实行积极引进而又严格控制的政策，把流入的外资纳入国民经济发展的轨道。同许多发展中国家一样，哥伦比亚积极引进了外资和技术，解决国内资金不足和技术落后的问题。但是，哥伦比亚吸取了过去用外汇购买外国公司在哥伦比亚开采的石油的教训，根据本国的具体情况，对外资采取慎重的方针。表现在：

第一，加强对外国直接投资的管理，把它放在国家兑换政策的控制之下。从1967年起，政府通过共和国银行外汇兑换处负责对外国投资的登记和管理。规定凡超过十万美元的外国投资必须预先向国家计划局提出申

---

① ［哥伦比亚］《时代报》1982年8月16日。

请，经批准后，再到外汇兑换处登记，按规定投资份额投资，并保证外资企业汇出利润和抽回资本的权利。对外资投资方式（包括资本货、原料、外汇和利润再投资）加以限制，避免外资可能对经济产生不利影响。

1973 年实施安第斯条约组织第 24 号决议的限制规定，鼓励外资同本国资本联合经营，规定合营企业必须有利于出口、社会就业和采用国产零部件，外资必须在股份、技术、财务和经营管理方面退居次要地位。取消外国公司单方面勘探和开采哥伦比亚石油的权利。1975 年颁布第 55 号法令，迫使外国银行变成混合银行，规定外国银行必须把 51% 的股份卖给哥伦比亚人，实行外国银行"哥伦比亚化"。

第二，引导外资向急需资金的重点工程项目投资。为了弥补建设资金的困难，70 年代鼓励外资向采矿业投资，从 1974 年起，国家计划局负责批准外资申请书时，贯彻了三条基本原则：鼓励外资工业从波哥大、卡利和麦德林三大城市分散出去；外国投资必须有利于增加出口；减少污染。之后，随着国家经济发展的需要，1977 年 1 月宣布外资企业每年汇出利润限额从占其直接投资的 14% 提高到 20%，把每年利润再投资限额从占其登记资本的 5% 提高到 7%。1981 年议会又通过决议，同意不能汇出的利润可以再投资。最近几年，大力发展矿业和能源业，对外资颇有吸引力。申请投资的外资从 1979 年的 2.358 亿美元猛增到 1980 年的 13 亿美元，其中 90% 投在采矿业上。1980 年 10 月动工的埃尔塞雷洪北区煤矿就是哥伦比亚煤炭公司同美国埃克森的子公司国际资源公司合资经营的大型露天煤矿，双方共同投资 30 亿美元，1986 年建成全部投产，到 1990 年年产扩大到 1500 万吨，全部出口。合同规定开采 23 年，共开采 5 亿吨煤炭，其中哥伦比亚可得产量的 57.5%，外国公司可得 42.5%，外国公司仍需交纳 15% 的矿区使用费和税金。合同到期后，整个矿山仍归哥伦比亚所有。

第三，开展对外加工贸易。这是哥伦比亚利用外资的一种新形式。为了打破发达国家的关税壁垒，哥伦比亚政府决定开辟六个自由区，鼓励本国企业为外商加工产品，这对增加就业，发挥工业生产潜力和培养技术人员，扩大出口，提高国际竞争能力都有好处。

第四，有节制地举借外债。为了扩大进口能力，增加国内投资，哥伦比亚政府也举借外债。但是，哥伦比亚严格根据国家财力进行建设，从本国实际需要和可能借债。70 年代初，哥伦比亚公共外债数额不大，只有

13亿美元。1974年国内经济衰退，政府颁布"经济紧急法"，实行财政改革，增加税收，紧缩开支，以优惠利率鼓励储蓄存款，尽量减少对外资的依赖。从1975年起，在国际金融市场存在大量游资的情况下，哥伦比亚政府对外国贷款（包括公共和私人贷款）实行严格限制，因此，外国贷款在政府的总收入中占的比例有所下降，根据共和国银行的材料，从1974年的6.2%下降到1977年的2%。随着出口贸易的迅速发展，国际支付能力的加强，最近几年外国贷款明显增加。到1981年底，公共外债近53亿美元。从官方公布的数字清楚地看到，政府把借债数额严格控制在国际社会公认的外债还本付息与商品、劳务出口的比率20%的安全线以内。据美洲发展银行估计，1982年哥伦比亚外债只有90亿美元，公共外债70多亿美元。因此，哥伦比亚不存在外债清偿危机。

（五）国内政治局势相对稳定和实行控制人口增长的政策，对经济发展十分有利。经过1948—1957年的十年暴力时期之后，1957年，哥伦比亚结束了军人独裁统治，两大政党自由党和保守党终于达成建立"民族阵线"协议，规定从1958年起，十六年内两党轮流担任总统职务，平分政府和各级议会的席位，恢复代议制民主制度，从此结束了自由党和保守党长期争斗的历史。1974年"民族阵线"结束后，自由党执政八年。这期间自由党政府基本上沿袭了"民族阵线"时期的做法，照顾两大政党的利益，使国家政局相对稳定。实行代议制民主制度，为国家和平发展和经济持续增长创造了良好的国内条件。

另外，政府大力推行节育措施，控制人口增加。60年代初，哥伦比亚人口增长率为3.1%，出生率高达4.1%，是世界上人口增长最快的国家之一。人口爆炸性增长，增加了国家的负担。为了控制人口的自然增长，1965年成立了计划生育委员会，大力宣传和推广计划生育，并在全国建立3000多个计划生育宣传站，负责分发避孕药物，做节育手术。1970年起，又在育龄妇女中广泛推行节育措施。最近15年，人口出生率迅速下降。1980年人口增长率减为1.9%，现在哥伦比亚是世界上主张晚育的国家之一。

然而，在发展过程中，哥伦比亚仍存在一些问题有待解决。首先是发展的不平衡性。由于重视新兴工业和出口工业，对原来的食品、纺织、服装等部门重视不够，这些以中小企业为主的部门，技术比较落后，普遍缺乏生产资金。国家第二部类产品生产越来越多，第一部类产品生产发展缓慢；沿海和交通发达的地区得到发展，内地边远地区经济落后，形成部门之间、地区之间严重不协调。其次，随着对外开放政策的实施，对外经济管理也出现一些问题。贩毒和走私像人体内的毒瘤一样，严重地腐蚀着国家的肌体。廉价走私商品充斥市场，使纺织、服装、卷烟和家用电器等工业处于困境，既影响国家的收入和经济发展，又毒害人们的思想。一些行政官员、警察和商人勾结，贿赂、滥用职权和贪污现象盛行，在社会上已引起了严重不安。再次，80年代以来，资本主义经济危机、发达国家的贸易保护主义，使哥伦比亚出口收入锐减，外资顺差变成逆差，政府不得不减少进口，特别是委内瑞拉和厄瓜多尔宣布取消对哥伦比亚出口产品的进口，给哥伦比亚的出口和经济发展以巨大影响，国内生产总值增长率逐年下降。据高等教育与发展基金会公布的数字，1982年政府的财政赤字达1147亿比索，严重地影响到工业投资，增加了社会的不安定性。最后，扩大了国内贫富之间的差距，国家财富越来越集中到少数人手里。在国民收入中，劳动收入从1970年的46.5%下降到1979年的41.9%，国内的贫苦人民只得到10%的国民收入，而20%的富人却得到国民收入的65%。工资差别扩大，最高工资为最低工资的20倍。

  面对这些问题，1982年8月7日上任的保守党人贝利萨里奥·贝坦库尔总统表示，新政府将对经济进行新的调整，它的工作重点是刺激生产、整顿财政和促进出口三个方面。新政府强调国家在经济生活中的指导和推动作用，提出了"全国均衡发展"的战略，将采取增加投资、扩大社会就业，提高农产品收购价格，保护工业和降低利率的政策，促进生产发展。新总统重申要把哥伦比亚建设成为一个新的、伟大、公正的国家。看来，80年代，哥伦比亚经济仍将经受新的考验。

（原载《拉美丛刊》1983年第4期）

哥伦比亚经济持续稳定发展的启示

　　哥伦比亚在拉美地区素以经济管理谨慎著称。近 30 年来，其经济持续增长，宏观经济相对稳定。这主要表现在以下几方面。

　　一、经济平稳增长，实力不断增强。据统计，1970—1994 年，哥伦比亚经济增长 183%，年均增长率为 4.4%，高于拉美地区的平均经济增长率。1993—1995 年，哥伦比亚经济年均增长 5.5%，是拉美地区经济增长率较高的国家之一。按 1975 年不变价格计算，1995 年的国内生产总值为 1970 年的 3 倍。1994 年的国内生产总值为 592.58 亿美元，已超过委内瑞拉，跃居拉美第 4 位。1970—1994 年人均国内生产总值增长 75%，年均增长率为 2.4%，在拉美地区仅次于厄瓜多尔（2.7%），相当于巴西（2.4%），高于智利（2.1%）、墨西哥（1.5%）、乌拉圭（1.1%）、阿根廷（0.3%）和委内瑞拉（-0.8%）。1994 年人均国内生产总值为 1670 美元。

　　二、经济形势相对稳定。虽然哥伦比亚经济在发展过程中遇到许多困难，但未出现大起大落的现象。70 年代，政府实行积极引进和合理利用外资的政策，根据实际需要和可能举借外债。外资的引进促进了本国经济的发展；经济的发展又提高了自身的偿债能力。80 年代，哥伦比亚是拉美地区唯一没有进行延期付债谈判和惟一能够按期还本付息的国家。80 年代末，不少拉美国家的通胀率高达三位数，甚至四位数，而哥伦比亚的通胀率则保持在 25%—30%，同其他拉美国家形成鲜明对比。

　　三、进出口能力得到加强，经济结构更加合理。由于国家鼓励出口和实行开放政策，近 10 年来对外贸易得到有力推动。目前，哥伦比亚的出口系数（出口额与国内生产总值的百分比）为 14%，比 70 年代增加 4 个百分点；进口系数为 17%。当然，这同发达国家和其他一些拉美国家相比还是比较低的。

随着经济的增长，哥伦比亚的物资生产和劳务更加多样化和现代化。近25年，一些技术部门得到加强，各经济部门在国内生产总值中的比重发生重大变化：1970—1994年，农业从占25.69%下降到13.99%，矿业从2.0%上升到4.5%，建筑业从4.0%上升到6.2%，第三产业从47.1%上升到57.1%。1994年，国家总投资为2133亿比索（按1975年不变价格计算），占国内生产总值的25%，比70年代增加5个百分点。

四、最近25年，哥伦比亚的社会指标也发生了积极变化。60年代末，哥伦比亚是世界上收入分配最不公平的国家之一。10%的富人得到45.5%的国民收入，比最穷的10%的人高出37倍。40%的贫困人口失去参与分配国民收入的权利。从60年代末开始，收入分配状况发生变化，劳工参与国民收入分配的比重在增加。近25年，劳工收入分配状况大大改善。10%的国民收入从10%的富人转到其他阶层，中间阶层参与分配的比重在增加，40%的贫困阶层在缩小，极端贫困的人数从60年代末的60%下降到1993年的27%，这在世界各国是罕见的。1973—1993年，基本需求得不到满足的城市贫困家庭从58.3%降至20.6%，乡村贫困家庭从87.9%降至58.9%。最近10年，哥伦比亚的收入分配状况继续改善。城市绝对贫困家庭从1985年占城市总户数的13%下降到1993年的6%；同期，农村绝对贫困家庭从占总户数的44%下降到31%。

尽管哥伦比亚经济增长比较快，但是经济的进步并未反映在大多数人生活水平的改善上；就业问题也是当前人们关注的问题。针对这种情况，政府正在实施以解决社会问题为重点的社会跃进计划，以推动经济持续稳定的发展。

哥伦比亚经济持续稳定的发展，给人们提供了有益的启示。

（一）客观地分析国际国内政治经济形势和矛盾，是制定正确的发展战略的基础。

二次大战后初期，哥伦比亚经济仍以咖啡单一生产和出口为主。为了克服单一经济的脆弱性，改变国家落后面貌，发展独立的民族经济，哥伦比亚实行替代进口工业化战略。然而，政府并未提出明确的战略目标。当时哥伦比亚正处于咖啡出口繁荣时期。政府利用出口咖啡换取的外汇收入，向工业投资，使制造业有了较快的发展。但是，哥伦比亚经济增长受到进口能力的约束。尤其50年代后期起，由于国际市场咖啡价格突然下跌和出口收入锐减，到60年代初，哥伦比亚的国际收支状况严重恶化。支付危机、通货膨胀和大量失业是60年代哥伦比亚发展的三大障碍。面对这些问题，哥伦比亚政府吸取拉美各国经济发展的经验教训，利用60年代有利的国际环境，并根据本国的实际，对其经济进行了全面的战略调整。

60年代中期，哥伦比亚实行的"促进出口和出口多样化发展战略"则是自觉的和有针对性的。1967年3月，《兑换条例》的实施标志着哥伦比亚进行战略性调整的开始，其经济进入一个新的发展阶段。这次战略调整从根本上说就是把战略重点由"进口替代"转向"促进出口"。其总的目标是：克服经济畸形发展，促进经济多样化，逐步扩大非传统产品特别是本国制成品出口，增加资金积累，推动民族工业和国民经济的发展，减轻人口迅速增长带来的沉重负担，增加社会就业，缓和社会矛盾。从以后的经济发展来看，这一发展战略是正确的。

随着世界经济国际化和地区经济集团化的发展，国家间在经济领域的竞争更加激烈。为适应这种新的变化，1990年3月，哥伦比亚政府制订了"经济国际化和生产资料现代化计划"。根据这一计划，哥伦比亚开始进入经济改革开放的新阶段。经济改革进程既考验了哥伦比亚的承受能力，也使生产结构暴露出许多弱点。为克服这些弱点，政府决定加快开放进程，实施宏伟的国际化竞争战略。国家将致力于公共部门和私人部门在技术、生产、贸易和基础设施等方面的协调发展，使其更广泛、更深入地参与国际竞争，更有效地利用生产资源，增强经济活力。这一发展模式，把国家的有效干预与市场调节结合起来。它要求把经济开放取得的成果，在四个方面加以推广：在社会发展方面，把开放的成果普及全体哥伦比亚人中去；在竞争方面，加强国家、企业主与工人的联系和合作，为建立牢固的经济国际化的基础共同努力；在生态等方面，建立持续发展的基础；在制度化方面，加强政治权力分散化，推行1991年宪法所倡导的在经济、政治和生态等方面的参与机制。哥伦比亚的这种国际竞争战略，既考虑到主客观条件，规定资源的配置和使用，把经济开放和参与国际竞争作为战略的中心环节，又依国内外政治、经济、社会和生态等方面的情况，调动国家、企业主和劳动者三方的积极性，把经济发展同改善人民生活结合起来。

(二) 针对本国存在的矛盾和问题, 不断进行调整和改革, 推动经济和社会向前发展。

最近 30 年, 哥伦比亚在经济发展道路上先后遇到一些困难, 如 60 年代的支付危机、70 年代前期的财政困难和后期的能源危机、80 年代初的支付困难、90 年代初的经济衰退等。针对经济发展中的这些矛盾和问题, 从 60 年代起, 哥伦比亚政府进行了一系列的调整和改革。其中较大的调整有, 60 年代中期的战略性调整, 1974 年的财政改革, 80 年代前期的应急性调整, 90 年代初的结构性调整。这些调整和改革有以下几个特点。

第一, 积极发展对外经济关系, 促进开放。1967 年 3 月颁布的第 444 号法令 (即兑换条例), 是哥伦比亚第一个关于促进非传统产品出口、发展对外贸易、鼓励外国投资、加强对外资管理的法令。政府发展对外贸易的方针是: 促进非传统产品出口, 尽快改变咖啡单一出口和依赖美国市场的局面, 为经济发展积累资金。随着世界经济国际化的发展, 1990 年, 巴尔科政府开始实行的经济开放政策, 在加维里亚政府执政期间得到进一步发展。近几年, 哥伦比亚加快了改革开放的步伐, 大力贯彻贸易自由化方针, 大幅度降低关税, 放松对进口的限制, 加强地区一体化活动, 促进本国经济的国际化。当前, 以强有力的保护主义为特征的哥伦比亚经济模式已向积极参与国际经济的开放模式转变。

第二, 增强国际市场的竞争意识。哥伦比亚政府认为, 把发展对外贸易作为经济发展的动力, 单靠有利的行情是不够的, 还必须组织好生产, 降低生产成本, 提高产品的国际竞争力。1991 年的制宪大会把 "经济自由竞争" 写进了新宪法。同时, 为解决熟练劳动力缺乏、科技力量不足和基础设施不完善等问题, 政府实施了国际化的竞争战略, 制订了宏伟的社会跃进计划, 以实现经济持续稳定增长和改善大多数人生活水平的中心目标。政府已经认识到, 竞争优势的取得, 有赖于先进技术的引进、人员素质的提高、企业活力的增强、基础设施的发展和企业经营活动环境的改善。总之, 竞争优势不是单个企业活动的结果, 而是经济部门整体活动的结果。针对这种情况, 政府采取了一系列政策措施, 如鼓励投资、促进出口、促进技术的转让和革新、促进生产环节和部门之间的协调发展, 等等。这些政策措施的实施, 不仅提高了生产率和经济效益, 而且为实现经济从开放向真正的国际化竞争战略的过渡奠定了基础。

第三, 重视发挥私人部门的积极性。在哥伦比亚的经济总体中, 国营企业所占的比重不大。这与其他拉美国家的情况有所不同。考虑到生产水平较低、商品经济不发达和市场发育不完善这一实际情况，哥伦比亚政府采取混合经济体制，大力扶持私人资本的发展。为提高本国产品的竞争力，早在70年代，政府就把一些重要的工业企业变成公私合营的股份公司，把经营管理权交给私人，使企业成为独立经营、自负盈亏的经济实体。与此同时，政府向私人提供贷款，鼓励私人办企业。而对于某些亏损企业和濒于破产的企业，则实行国有化。这些企业经过国家投资恢复生产后，将重新卖给私人经营。90年代，随着改革开放的深入，哥伦比亚吸取亚洲"四小龙"的公共部门和私人部门共同参与国际经济进程的经验，吸取墨西哥的政府、企业家和工人签署社会契约的经验，建立了一种私人部门参与基础设施投资的新机制，采取了国家和私人共管过去由国家垄断的服务部门的新形式。这表明，哥伦比亚在参与国际竞争中又向前迈出一大步。

第四，强调公民参与性。在哥伦比亚，自由党和保守党两大传统政党长期控制着国家政权，广大人民群众被排斥在国家政治生活之外。这是哥伦比亚暴力频繁、游击队活跃的重要原因之一。自80年代起，政府同游击队进行了多次政治对话，希望它们放下武器，回到正常的政治生活中来，以实现国内和平。进入90年代后，为适应形势的发展，顺应民众的参政要求，政府支持修改宪法，加强参与性民主，进行全面的政治改革。从1990年起，政府先后同"4·19"运动、劳工革命党、人民解放军等组织达成和平协议，使它们回到国家政治生活中来。1991年，哥伦比亚颁布了新宪法。这部宪法不仅使选民享有更多的民主权利，而且使那些从未参与过决策的社会阶层获得了参与政治的机会。此外，国家加强了政治分权，进行了包括司法系统改革、计划机制改革、公共服务体系改革和中央银行管理体系改革在内的政治体制改革。这些改革为公民参与管理开辟了多种渠道，确保了公民的经济权利和社会权利。新宪法把政治体制改革的成果以法律形式确定下来，对于加强哥伦比亚的民主和法制建设，对于实现国内和平和稳定发展具有深远意义。

（三）稳定发展是政府长期追求的目标，严格的管理是实现持续稳定发展的重要手段。

第一，政局稳定、政策连贯，是经济稳定发展的前提。1957年罗哈斯军事独裁统治结束后，自由党和保守党达成建立"民主阵线"协议，恢复了代议制民主，并决定从1958年起16年内两党轮流担任总统，平分公共职务。从此，哥伦比亚进入了政治稳定时期。1974年"民族阵线"结束后，根据宪法第120条，在大选中得票占第二位的政党有权参加政府。两党基本上沿袭"民族阵线"的做法，组成联合政府。各届政府重视任用有权威的政治家和经济学家，革新政治，进行经济改革，执行连贯的政策。

第二，加强宏观经济调控，促进国民经济正常运行。为保证发展计划的实施，实现经济增长，减少通货膨胀，哥伦比亚政府十分重视宏观经济的平衡。政府通过专门机构，对宏观经济进行调控。国家计划局为政府拟订全国经济发展计划，并负责审定和控制外国直接投资。政府委托货币委员会对国际汇兑、信贷、利率、金融经纪人的作用等进行总调节，以使兑换政策、货币政策和金融政策同国家的发展计划相一致。随着经济的发展、各项经济机制和手段的完善，1991年宪法重申，国家对经济实行总的领导，负责自然资源的开发、土地的使用、物资的生产和分配，以及对公共和私人部门的干预，以保证经济更加合理有序地发展。国家还将以特殊方式，对人力资源的配置和人们的基本生活需求进行干预。为降低通胀率，1991年国家把有关中央银行实行独立自主的内容列入了新宪法。1991—1994年，中央银行采取稳定战略，把通胀率从32%降到21%。上述情况表明，哥伦比亚能充分利用经济手段进行有效的干预，完善市场机制，促进经济的正常运行。

第三，重视财政收支平衡。哥伦比亚经济的相对稳定，归功于政府良好的财政管理，而税收又在其中起了极为重要的作用。国家的财政收支是国民经济各种活动的综合反映，国民经济的综合平衡主要通过财政收支来实现。政府的理财艺术主要表现在它求助于税收的能力上。税收是政府财政收入的主要来源，但税收并不能经常维护政府的财政稳定。如70年代初，政府财政状况明显恶化，1973年的税收改革加剧了税收的下降趋势。1974年的税收改革堵塞了逃税现象。1976—1978年，政府财政出现盈余。但从1979年起，由于投资过大，加上对货币控制过松，一部分资金流向非经济领域，1979—1984年财政状况恶化，1984年财政赤字占国内生产总值的4.4%。1983年和1984年的税收改革，减少了财政赤字。1986年，由于扩大所得税的基数，整顿销售税，改革地方税，政府财政出现盈余。哥伦比亚的税收结构发生深刻变化。1970年所得税占47%，销售税占

10%，关税占21%，其他税占22%。到1986年，所得税占34%，销售税占29%，关税占22%，其他税占16%。近几年，政府财政出现赤字。一方面，1991年宪法规定中央政府权力分散化，中央政府向地方（省、市）机构转让所得税收入的50%；另一方面，政府公共支出迅速增加，从1990年占国内生产总值的11%增至1995年的16.6%。目前，公共支出已占国内生产总值的30%，比80年代初高出7个百分点。哥伦比亚议会正在讨论税收合理化法令草案，以便使税收制度更加透明、公正、合法和有效，保证发展计划所需要的资金。哥伦比亚的税收在国内生产总值中所占的比重在上升，1970年只占8.9%，1994年达到12.5%。各种税收占财政收入的82.9%。尽管有人认为，哥伦比亚的税收管理手段相对落后，但是，近25年其税收体制有利于经济稳定也是国际社会所公认的事实。

第四，积极促进出口，实行谨慎的外资政策。从60年代中期起，哥伦比亚政府执行大力促进出口、为国家经济发展积累资金的方针。无论是政府官员还是私人出口商，都表现出强烈的出口意识，积极推动出口贸易的发展。随着出口贸易的迅速发展，国际储备大大增加，从1970年的1.5亿美元增加到1994年的84亿美元。与此同时，政府实行积极引进和加强管理的外资政策，根据国家的实际需要和可能举借外债，1970—1994年，哥伦比亚的外债增加6倍，即从31亿美元增加到207亿美元。1970年，外债占国内生产总值的43.1%，1994年降至31.4%；同期，外债从占出口额的301.9%降至163.9%。这表明哥伦比亚举借外债是有节制的。80年代末以前，外国直接投资受到限制。进入90年代，随着哥伦比亚开放政策的实行，外国直接投资迅速增加，1990年只有5亿多美元，1995年达到34.4亿多美元。尽管近3年国际收支经常项目赤字占国内生产总值的5%，但哥伦比亚的国际储备是充裕的，债务政策是谨慎的，加之1991年起国家又实行灵活的兑换率，因此，对外部门的前景仍然看好。

（四）经济增长与社会发展相结合，社会公正与团结一致相结合，是经济增长和社会稳定的重要保证。

在过去25年中，哥伦比亚经济尽管增长较快，但经济增长并未反映在大多数居民生活水平的提高上。各届政府虽然在发展计划中提出把均衡发展和消除贫困的问题放在突出地位，并在增加就业、控制通货膨胀、增加教育投资、兴建住宅、改善贫困阶层居住条件等方面作了一些努力，但是，由于社会发展目标不明确，社会政策不具体，措施不够落实，分配不公、贫困化和失业等问题仍未得到很好解决。据统计，80 年代初，最高工资为最低工资的 20 倍，90 年代初扩大到 38 倍。城乡收入的差距在拉大。1990—1993 年，农村人口的收入降低了 5%，而城市人口的收入增加了 18%。1994 年七个主要城市的平均失业率为 8%，虽然比 1990 年降低了 2.6 个百分点，但仍然比较高。

当前哥伦比亚政府实施的经济、社会和生态发展计划是为了巩固已取得的经济成果，保证有活力的经济增长，实现和平与公正的社会。这一发展计划的经济目标、社会目标和生态目标构成了一个不可分割的整体。正如计划所强调的，如果它不以改善所有哥伦比亚人的生活水平为出发点，经济增长速度的提高是不可能的；如果以掠夺性地破坏生态环境和以牺牲下一代哥伦比亚人的生活条件为代价，增长也是没有意义的。因此，政府特别强调：公正和团结是社会经济政策的基本目标；经济增长不仅取决于社会资本的积累，而且取决于个人投资；经济活力和竞争优势不是市场自发活动的产物，而是调动整个社会力量共同努力的结果。为此，政府在社会发展的一些专门领域，提出了更具体的目标，并采取了一些新的措施。

一把实现社会公正，使所有人都能享受经济发展的成果，作为社会跃进计划的主要目标之一。该计划指出：''集体的富裕和人的能力是社会最重要的财富，是竞争优势的基础''；''当把经济发展所取得的大部分成果投向人的发展领域时，政府既保障了公民的福利，也改善了国家的生产能力''；''公正不但可以缩小财富和收入的差距，而且可以减少人与人之间、男人与女人之间的不平等''。政府决定将社会投资在国内生产总值中所占的比重从 1994 年的 10% 提高到 1998 年的 13%，以使青年、妇女、印第安人和最贫困阶层在教育、文化、社会保险、居住卫生和劳动就业等方面的状况不断得到改善。

二把解决失业问题作为社会发展计划的中心任务。失业问题是目前哥伦比亚面临的突出问题之一。解决失业问题已成为政府的当务之急。为此，政府决定实行健康的宏观经济政策，保持国家宏观经济稳定；推行竞争战略，通过科学技术政策，加强职业教育，提高职工素质；增加基础设施投资，推动企业发展；实施积极的就业政策，保证经济更快地增长。政府提出要在 1995—1998 年期间创造 150 万个就业机会，以改善就业不足的状况。与此同时，为造就参与国际经济所需要的人才，政府决定把教育作为经济、政治和社会发展的基本中心，把普及基础教育、提高教学质量,视为教育战线的主要任务。为此,政府计划到1998年将把用于教育和文化事业的经费提高到占国内生产总值的4.88%,比1993年提高1.8个百分点。

三把签署社会契约作为社会经济发展的新举措。1994年12月,哥伦比亚政府、企业主和工人三方的代表首次签署了社会契约。契约规定:1995年通胀率应下降4%,为18%,这是公共服务和家庭菜篮子货物价格上涨的上限;工资将增长20%,以便使劳动者在最近几年因受通货膨胀影响而下降了的购买力得到恢复;最低月工资为148美元。过去最低工资标准往往是由政府单方面决定的,而今则由政府、企业主和工人三方共同商定。另外,政府还将通过社会团结网向社会贫困阶层提供具体援助,1000万贫困者可从中受益。目前,政府已为300万极端贫困的穷人建立了社会团结网。

(原载《拉丁美洲研究》1996年第6期)

三

哥伦比亚的农业和农村发展问题

哥伦比亚土地关系的一些特点

在哥伦比亚，农牧业是国民经济的基础。全国有可耕地3500多万公顷，占其领土总面积的30%。西部、北部的沿海平原和安第斯山区气候温和湿润，适于各种农作物的生长，对发展农牧业生产极为有利。全国劳动力的半数人口从事农牧业生产。近几年来，农牧业产值在国民经济中的比重虽有所下降，但仍居首位。1977年，农牧业占国民生产总值的24.7%，提供外汇收入的80%以上。哥伦比亚咖啡产量仅次于巴西，占世界第二位，其软咖啡质量著称于世。稻米和豌豆产量在拉美居第二位，高粱居第三位，棉花、大麦、菜豆、土豆、烟草以及畜牧业在拉美居第四位。全国有牛2800多万头。

但是，起源于殖民地时期大授地制的大庄园制在农村长期占统治地位，严重地阻碍着国民经济的发展。1961年，政府宣布土改法，决定进行土改，但进展很慢，到1973年，只将389600公顷的土地分配给19000多户农民，随着农村资本主义的发展，传统农牧业的发展受到冲击，居住在穷乡僻壤的贫苦农民的生活状况日益恶化，全国粮食不能自给，约10%依靠进口。现就哥伦比亚目前土地结构、农业资本主义的发展状况以及农民的生活情况作一初步分析。

一

土地高度集中在大庄园主手里。据1960年官方统计：占经营单位3.5%的大庄园主占有全国可耕地的66.1%，而占经营单位76.5%的小土地占有者只占可耕地的8.8%（见表9）。由于土改不敢触动大庄园主的根本利益，大庄园主变本加厉地大肆兼并土地，大批农民纷纷破产。据官方公布的显然缩小的数字，1960—1970 年，全国破产农户有 317000 多户。其中，占地 10 公顷以下的贫苦农民，十年间减少了 65800 多户，数量减少最多的是占地不足 2 公顷的农民。1960 年，占地 10 公顷的咖啡农，占咖啡农总户数的 96%；到 1970 年，却减少到 69%。也就是说，有 10 万小咖啡农失去了土地。这十年间，被赶出土地的租佃农和分成农有 24 万户。相反，大庄园主占有的土地扩大了 300 多万公顷。据 1971 年统计，占地 500 公顷以上的大庄园主只占经营单位的 0.7%，却占全国可耕地的 41%；而占地 2500 公顷以上的大地主，约占全国可耕地面积的 1/5（见表 10 和表 11）。

表 9　　　　　　　　　　1960 土地占有情况

经营单位类型	数目（户）	占经营单位的百分比（%）	面积（公顷）	占可耕地面积的百分比（%）
占地不足 10 公顷的农户	925700	76.53	2403700	8.79
占地 10—50 公顷的农户	201000	16.62	4210800	15.40
占地 50—100 公顷的农户	40000	3.30	2680500	9.81
占地 100—500 公顷的农户	36000	2.98	6990500	25.56
占地 500 公顷以上的农户	6900	0.57	11052300	40.44
合计	1209600	100.00	27337800	100.00

表 10　　　　　哥伦比亚 1960 至 1971 年土地占有情况变化

经营单位类型	1960 年		1970—1971 年		变化	
	数目	面积	数目	面积	数目	面积
占地 5 公顷以下	756600	1239000	700200	1145500	=56400	=93100
占地 5—10 公顷	169100	1164700	159700	1088300	=9400	=76000
占地 10—50 公顷	201000	4210800	217900	4653200	16900	442400
占地 50—100 公顷	40000	2680500	47700	3197700	7700	517200

（续表）

经营单位类型	1960 年		1970—1971 年		变化	
占地 100—500 公顷	36000	6990500	42900	8253000	6900	1262500
占地 500—1000 公顷	4100	2730700	4900	3229500	800	498800
占地 1000—2500 公顷	2000	2808200	2400	3394700	400	586500
占地 2500 公顷以上	800	5513400	1100	6030900	300	517500
合计	1209600	27337800	1176800	30993200	-32800	3655,400

这是 1960 年和 1971 年占地情况统计数字。1971 年的统计不包括瓜伊拉和乔科省，也不包括四个州和四个特别区。

1971 年统计时，全国还有 100 多万户无地农民。

表 11　　　　　　　　　　1971 土地占有情况

经营单位类型	数目（户）	占经营单位的百分比（%）	面积（公顷）	占可耕地面积的百分比（%）
占地不足 10 公顷的农户	859884	73.10	2234283	7.20
占地 10—50 公顷的农户	217900	18.50	4653200	15.00
占地 50—100 公顷的农户	47700	4.10	3197700	10.30
占地 100—500 公顷的农户	42897	3.60	8253032	26.60
占地 500 公顷以上的农户	8394	0.70	12665054	40.90
合计	1176831	100.00	31003190	100.00

最近几年，大庄园主兼并土地，一般是通过赶走垦殖农的办法来实现的。例如，1978 年 8 月卸任的前总统洛佩斯·米切尔森的家族，在梅塔省卡塞那雷地区利用特权赶走了在那里耕作十几年的 120 多户垦殖农，霸占了 35000 多公顷的土地作为私人牧场。全国有名的大地主、大牧场主拉腊家族，在卡克塔垦殖区用牲口毁坏垦殖农种植的作物，霸占去 10 万多公顷的土地，建立了拉兰迪奥大庄园。据农民贷款使用者协会 1974 年的

材料，在哥伦比亚，为数不多的大庄园主，农业资产阶级垄断了全国约80％的土地，而占地不足10公顷的贫苦农民，占经营单位约70％，仅占全国可耕地的7％。此外，全国无地农民有100万户，总人数达500万人。

土地高度集中在大庄园主手里，是70年代哥伦比亚爆发轰轰烈烈农民夺地斗争的根本原因。

二

农业资本主义有了相当发展。近二十年来，哥伦比亚历届政府在经济方面主张保护和合理开发自然资源，鼓励国内外私人投资，力图改变依靠咖啡生产的单一经济结构并提倡出口多样化的经济政策。农业资本主义的发展促使农业生产结构发生了很大变化。从1950年到1966年短短十几年中，农业播种面积扩大了100多万公顷。目前，全国拥有24300多台拖拉机和71300多台不同类型的农业机械。全国机耕面积有120万公顷，约占农业用地面积的20％。机械化程度较高的地区多是那些缺乏劳力和便于使用机械的平原地区。考卡山谷、托利马和安提奥基亚等三省，拥有全国拖拉机总数的一半。一部分庄园主采用先进的农业技术，使用雇佣劳动，从事工业原料和商品粮食的生产，效率显著提高。据1971年统计，十八种主要农产品的60％的产值是由现代资本主义农业提供的。据1974年公布的材料，实行资本主义经营的农场和种植园有52300多个，占全国经营单位的4.4％，拥有59万多公顷土地，占农业用地的8.8％。它们拥有全国水浇地的70％，使用全国拖拉机总数的68％。在考卡山谷、孔迪纳马卡和托利马等省，资本主义农场周围存在大量的小土地占有者。农业资本家租借给农民小块土地，把农民作为固定劳力束缚在土地上，变他们为占有小块土地的雇工，以维持农村的廉价劳动力，从中牟取巨额利润。据估计，全国受雇农业工人约100万，其中70％是农忙季节外出打短工的佃农和小农，固定的农业工人只有30多万，占全国农业劳动力的14％左右。

哥伦比亚农业资本主义发展大致有如下几种情况：

第一，大庄园主兼农业资本家采取资本主义方式，经营自己的庄园或农业资本家租种大庄园主的土地，从事商品生产，使大庄园逐渐变成资本主义种植园。在哥伦比亚,有很多大庄园主家族,既是大地主、大牧场主,又是出口商和资本家,他们既经营工业,又经营农业。例如,埃斯皮诺萨家族,是大西洋省的大烟草出口商之一,它在苏克雷、玻利瓦尔、马格达雷那等省大量投资,种植烟草,经营烟草出口。又如考卡山谷省的卡斯塞多家族,以剥夺和低价收买土地的办法,经营甘蔗、棉花和稻谷的生产。它已发展成该省的大糖业主。安提奥基亚省,资本家租种大庄园主的土地,种植棉花。在苏克雷和安提奥基亚等省,种植棉花的土地大部分是从园主那里租来的。仅就棉花、甘蔗、芝麻、香蕉、大豆等八种商品作物统计,二十年间,这种从大庄园主手中租来的土地就增加了57万多公顷。

第二,依靠国家或私人机构的大量贷款,使大庄园慢慢地变成资本主义大农牧业企业。

为了提供更多的原料满足工业发展和出口的需要,最近二十年,政府通过农业银行、农牧业财政基金会等机构,给从事商品生产的农业经营单位以大量贷款。这一政策促进地处平原的一部分庄园主重视商品农业的发展。他们在庄园里兴建起了一些现代化农业设施,采用先进的耕作技术。1968年,国家和私人机构为农牧业提供的贷款达48亿比索;而1976年,仅农牧业财政基金会提供的贷款即达31亿比索。但是,政府和私人贷款大部分落到大土地所有者手里。1968年,占经营单位74%的小农户,仅得到农业信贷局22%的贷款;而占经营单位2.3%的大庄园主却得到了40%的贷款。

结果,经济作物生产在发展,而粮食生产却逐渐衰退。据统计,1950—1972年间,经济作物以8.2%的速度增长,而粮食作物的年增长速度只有1%。1975年、1976年,哥伦比亚先后遭受水灾和持续十个月的大旱,粮食作物受到严重影响,造成严重粮荒。相反,咖啡和某些供出口的作物,由于具有较好的生产设施,获得了好收成。

第三,在不适于组织大生产的咖啡种植区,通过分成制和价格垄断的办法,把以家庭劳动为基础的小生产逐步纳入资本主义商品生产的轨道。在哥伦比亚,咖啡种植在海拔1000—2000米的安第斯山脉的坡地上,难以使用机械,而咖啡的种植和收摘又需要大量劳动力。在这种情况下,咖啡业主便利用政府颁布的"分成制法",把原来的租佃农和分成农变成小土地所有者,让他们种植咖啡,然后采取分成办法要他缴纳地租,最后又以全国咖啡业主联合会规定的价格,把咖啡出售给全国咖啡业主联合会或私人咖啡出口商。他们以这种方式维持哥伦比亚传统产品咖啡的生产和出口。

第四，最近几年，政府颁布了实行农村一体化发展计划，逐步改变了分配土地给农民的办法，而以贷款和实行协作的办法把农民组织在合作社或村社企业里。政府将430多万公顷水利条件较好的土地定为垦殖地，派出顾问，为缺乏资金的农民提供贷款、住宅、学校，修筑道路、桥梁、水利工程，兴建社会福利设施，鼓励农民垦殖土地，以达到提高农业生产和把农民固定在这些土地上的目的。据透露，美国政府曾给哥伦比亚政府的农村一体化发展计划提供了160亿比索的贷款。到1978年，全国参加村社企业的农民达10万人。事实上，村社企业处于政府的绝对控制之下，企业农民靠得到微薄的工资维持生活。村社企业实际上是政府对农民实行剥削和奴役的一种变相的雇佣劳动制。

综上可以看出，哥伦比亚农业资本主义的发展带有浓厚的依附色彩，不仅仍保留着大量的封建和半封建的生产关系，而且加深了哥伦比亚经济对出口的依赖。

三

地主阶级对广大农民实行封建和半封建的剥削和奴役。从大庄园主对农民剥削的实际情况看，哥伦比亚土地关系中主要存在两种剥削形式：一种是前资本主义的剥削，即小农向庄园主缴纳劳役地租或实物地租；另一种是资本主义的剥削。这两种形式又往往交织在一起，但以前一种为主。虽然农业资本主义有了相当的发展，但在交通不便、地势不平、不适于机器耕作的安第斯山区，封建大庄园制仍占主导地位。有些哥伦比亚经济学家估计，70%的大庄园仍是旧式的封建庄园。这类庄园中10%的土地是牧场或荒闲土地；其余土地一部分出租，一部分由其代理人经营。在旧式庄园里，盛行租佃制和对分制，地主收取实物地租、劳役地租、货币地租，或三种地租同时实行。

哥伦比亚有100万户无地农民，人数达500多万，他们为了生存被迫去当雇工，或去租种庄园主的土地。还有70多万户居住在安第斯山区的贫苦农民，他们在自己的贫瘠的小块土地上耕作，不能维持一家人的生活，不得不租种庄园主的一部分土地，或出卖部分劳力。据统计，1971年，全国有佃农368000多户，占农业经营单位的31%（见附表12）。

实物地租主要表现在租佃农和分成农上。全国租佃农和分成农占佃户总数的45.2%。在咖啡和烟草种植区，分成农的比例高达60%—80%。按照"合同"，分成农一般要将收成的1/3或1/2缴纳地租。在利萨拉尔达等省，农民租种一公顷土地，每年约缴1000比索的地租。劳役地租常见于比维恩特制、特拉黑制和垦殖农制。工役制农民在佃农中的比例也很高。1971年，全国垦殖农有47900多户，占佃户总数的30%，主要集中于畜牧区。他们租种地主大片生荒地进行垦殖，但当土地适宜于耕作时，地主就把他们赶走。比维恩特制和特拉黑制等工役农有7万多户。在咖啡种植区，比维恩特工役农占21%。在通常的情况下，他们租种一公顷土地，每年要给地主无偿劳动30天。特拉黑制主要在西部和安第斯山区一带，农民为了租种一小块土地，每月得给庄园主白干八天的活。在考卡山谷、考卡和大西洋沿岸等以经济作物为主的地区，地主多以收取货币地租的形式剥削农民（见表12）。

表12　　　　　　　　　　　1971土地经营情况

经营单位类型	数目（户）	占经营单位的百分比（%）	面积（公顷）	占可耕地面积的百分比（%）
土地所有者	808800	68.72	23121900	74.60
租佃农	68400	5.81	825400	2.66
垦殖农	47900	4.07	2933200	9.47
分成农	98100	8.34	804600	2.60
各种形式匠工役农	70500	6.00	1395500	4.50
其他佃农	83100	7.06	1912700	6.17
合计	1176800	100.00	30993000	100.00

此外，哥伦比亚的雇工、各种租佃农、小自耕农以及中等土地所有者，还遭受中间商的剥削。中间商以低价收购农产品并放高利贷，从中牟取暴利。如在稻谷产地，他们以每磅一个半（即1.5）比索的价格收购稻谷，经加工脱粒后，以每磅六比索的价格在市场上出售。又如咖啡农以每磅九比索的价格，把咖啡出售给全国咖啡业主联合会或其他私人出口商；而咖啡出口商却以每磅十八比索的高价出口。

由上可见，哥伦比亚农民身受大庄园主和资产阶级的残酷剥削和掠夺，濒于破产的境地。大批失去土地的农民被迫背井离乡，流入大城市。大庄园制严重地阻碍了哥伦比亚国民经济的发展。

（原载《拉美情况》1979 年第 49 期）

哥伦比亚农民的夺地斗争

70年代以来，哥伦比亚爆发了规模较大的农民运动。哥伦比亚农民在全国农民贷款使用者协会（简称"农协"）的领导下，或者自发地开展了轰轰烈烈的夺地斗争，冲击了帝国主义和寡头势力统治的社会基础大庄园制，显示了哥伦比亚农民革命运动的巨大力量。

一

由"农协"领导的夺地斗争最早发生在1971年2月，从北部的苏克雷、玻利瓦尔、科尔多瓦等省，波及西部的乌伊拉、山谷省、金蒂奥等十七个省和地区（全国共二十二个省、四个地区、四个特区）。年底，农民的夺地斗争进入高潮，仅10月到11月间，就发生473起夺地事件。各地"农协"组织了"夺地委员会"，制订夺地计划，动员农民在夺地斗争中互相声援，并在夺取和分配庄园主的土地后，帮助他们解决种子、生产工具和生产资金等一系列问题。

1972年，庄园主和政府的反动军警对农民运动进行了残酷镇压，仅在苏克雷、玻利瓦尔等七个省就有454个农民被关进监狱，农民的夺地斗争趋向低沉。但是农民并没有屈服。1973年农民的夺地斗争又开展起来，全国九个省发生了夺地斗争。面对这种新的形势，"农协"于1974年1月召开第十次全国领导委员会会议，决定在有条件的地方"持续发动群众开展夺地斗争"，使农民的夺地斗争出现新的高涨。在苏克雷省，仅在2月21日"农民节"那一天，就有12个庄园被农民所占领。仅3月4日，在苏克雷及邻近的科尔多瓦省又有15个庄园被占领。在马格达莱纳、科尔多瓦、塞萨尔、瓜伊拉、安提奥基亚、乌伊拉、考卡、普图马约等省和地区，农民对庄园主开展了反夺地斗争，300 多次成功地把庄园主夺走的土地重新夺回来。在波哥大、库库塔、辛塞莱霍、蒙特里亚、帕斯托和马格达莱纳等地。愤怒的农民还占领了政府"土改委员会"的办公室和一些省的农业部门，要求把土地直接交给农民。自发的农民夺地斗争也遍及各地。在比较偏僻的西部安第斯山区，印第安人也首次参加了夺地斗争。

1974 年 8 月，洛佩斯政府上台后，迫于农民运动的强大压力，一方面许诺把一部分庄园主土地分给农民，妄图麻痹农民的斗志；另一方面对夺地农民进行残酷镇压。加上"农协"在 1974 年 9 月"三大"以后的内部分歧，使夺地斗争转入低潮。但农民的斗争并没有停止。1975 年 3 月，苏克雷省奥维哈和弗洛尔地区农民夺占了"阿雷纳尔"等四个庄园；桑坦德尔省埃斯佩兰萨地区的农民占领了罗哈斯·皮尼亚将军的"希望"庄园。5 月，大西洋省、苏克雷和托利马等省又出现农民夺地高潮。12 月 17 日，昆迪纳马卡省的农民占领了农业部长的办公室，要求政府实行真正的土地改革，发放农贷。1976 年，夺地斗争虽然不如过去高涨，但有些省的农业工人在"农协"的领导下，纷纷起来组织农业工人协会，提出八小时工作制、签订集体劳动合同和社会保险等一系列要求。农民和农业工人在斗争中互相支持，互相配合，农运斗争的锋芒指向政府"土改委员会"推行的"假土改"。在金蒂奥省，农民从当局手中夺回了省"农协"的领导权。在博亚卡、金蒂奥、考卡山谷等地，农民为正在罢工的拉帕依拉等地工人筹集粮食、充分显示了在夺地斗争中农民的觉悟普遍提高，出现农民同城市工人在斗争中互相配合的趋势。

二

哥伦比亚农村土地高度集中在大庄园主手里，这是爆发农民夺地斗争的根本原因。据 1970 年官方统计，73.1% 的农户只占有全国 7.2% 的土地，而 26.9% 的大、中土地所有者却占有 92.% 的土地，其中 14000 个大庄园主垄断了全国 80% 以上的耕地。无地农民达一百多万户、五百多万人，占全国总人口 1/5 强，约占农业人口 40%。他们有的被迫当短工和农业工人，有的被束缚在垦殖农、对分农、分成农和家务农等封建剥削关系中，缴纳繁重的实物地租、劳役地租和货币地租，受尽地主、把头和政府当局的经济剥削和人身压迫，生活极度悲惨。

自 1961 年政府实行所谓土改以来，无地少地农民的状况不但没有改变，土地集中的情况反而加速发展。近十年来大庄园主的耕地面积增加了 370 多万公顷，而中小农户则大量破产，据哥"国家统计局"大大缩小的数字，从 1960—1970 年，全国就有 31.7 万户农民破产。其结果是占地 10 公顷以下的农户，十年间减少了 20.8 万户，其中占地不到 2 公顷的小农户，约减少 4.3 万户。1973 年，全国破产农民达 40 万。在资本主义世界经济危机的冲击下，无地少地农民生活极端贫困，他们被迫走上斗争的道路。

哥伦比亚的农民夺地斗争，近几年主要是在"农协"领导下进行的。"农协"是 1970 年在耶拉斯政府资助下成立的一个官办机构。政府的目的是为了把农民运动纳入自己的轨道，控制和利用农民组织，以便进行假土改。

马列主义联盟和哥共（马列）利用"农协"的合法地位在基层组织中进行工作，革命独立工人运动提出把主要力量放到农村去的口号，哥共（修）、托派和其他各种背景的政治派别也在"农协"中活动。因此，在"农协"成立后，其内部就酝酿着尖锐的斗争。1972 年，斗争首先在如何解决农民的土地这个重大问题上爆发出来。政府一手扶植起来的"农协"领导人阿吉雷主张"在法律范围内行事"，遭到"农协"内部包括哥共（马列）、马列主义联盟在内的反政府组织的代表人物的反对。他们提出，"农民群众必须依靠自己的力量和斗争来争取自己的经济利益"。通过这场斗争，阿吉雷一伙的面目暴露了，从"农协"中被开除出去。于是"农协"的领导权落入反政府派手里。1973 年"农协"中的一些农运领导人开会，总结农运斗争的经验，成立了"人民革命组织"，并组成了领导机构中央促进委员会，为进一步组织动员农民开展夺地斗争创造了条件。

在"农协"内部，马列主义政党和组织还开展了反对哥修、托派以及其他机会主义分子、分裂主义分子的斗争。1973 年初在"农协"第八次全国领导委员会上，托派分子提出超越革命阶段、否定农民土地要求的"土地不属于任何人"的错误口号，遭到农民代表的强烈反对。1974 年 9 月在波哥大举行的"农协"第三次全国代表大会上，以九千票对一千票的绝对多数通过"耕者有其田"的战斗口号，这一口号成为鼓舞农民开展夺地斗争的强大思想武器。1976年10月，"农协"执委谴责哥修对"农协"的攻击，指出这是地主对"农协"攻击的继续，是反对"农协"的宗派活动。

为了深入发动农民群众，交流夺地斗争的经验，"农协"在各省和各地区举行了各种类型的会晤（如村社农民会晤会、咖啡种植者会晤会、烟草种植者会晤会、垦殖农会晤会以及妇女会晤会等），通过这些会晤会增强了"农协"内部的团结，提高了农民的觉悟，大大地鼓舞了农民的斗志。"农协"领导人还深入发动群众，使农民觉悟不断提高。在马列主义联盟控制下的安提奥基亚和哥共（马列）控制下的苏克雷省"农协"，利用节日、婚丧、盖房、收割庄家等活动接触农民，开展工作。"农协"还派出"学习小组"和"教育工作队"深入基层，举办学习班，讨论农民共同关心的问题，揭露庄园主的罪行，及时总结和交流夺地斗争的经验，加以推广。

"农协"的教育和组织工作，以及"农协"所进行的斗争促进农民的日益觉醒，推动了哥伦比亚农民夺地斗争的深入开展。

三

哥伦比亚农民日益高涨的夺地斗争，显示了农民革命运动的巨大力量。1971年末暴发的大规模的农民运动，是50年代以来未曾有过的。通过斗争"农协"不断地在发展和壮大。据称"农协"目前拥有近百万会员，在全国建立了1.5万多个基层组织，并按自然村、县、市、省和地区建立了各级领导机构，全国建立了领导委员会。在"农协"的领导下，农民的夺地斗争如急风暴雨，给帝国主义和寡头统治以有力的冲击。然而必须指出，70年代初，哥伦比亚的农民运动发展虽然较快，但仍处于动员组织的初期阶段。它还存在一些问题：

首先，目前哥伦比亚的农民运动尚无明确的政治方向。农民的斗争只是为了得到土地，他们与其他革命阶级未能很好地团结在一起，未能把夺地同准备开展武装斗争和夺取政权这一最终目的紧密地结合起来。

其次，缺乏坚强统一的领导和一条正确的路线。尽管有一些马列主义组织在农村基层中进行了一些工作，并掌握了一些省和基层"农协"的领导权，但没有掌握"农协"最高领导权，也未能提出彻底的反帝反封建的土地革命纲领。"农协"实际上是各个政党、组织竞相插手的一个松散的组织,内部思潮和成分复杂,斗争激烈。这就亟须加强以马克思列宁主义为指导思想的无产阶级革命政党对农民运动的领导,继续同"农协"内部的各种机会主义和修正主义流派进行斗争。只有这样才能加强团结,才能沿着正确的航向把哥伦比亚农民运动不断推向前进。

(原载《拉美情况》1977年第1期)

哥伦比亚农业资本主义发展的特点

农业是哥伦比亚国民经济的基础。全国有可耕地3500多万公顷，约占领土面积的30%。人口2620多万（1979年）其中农业人口900多万，约占全国总人口的35%。1979年，农牧业产值占国内生产总值的22.7%，在国民经济中仍居首位，农产品出口占出口总收入的75%左右。1978年，24种主要农作物的播种面积为309.3万多公顷，产量为1300多万吨，其中咖啡产量仅次于巴西而占世界第二位，稻米、香蕉和土豆产量分别占拉丁美洲第二位，高粱居第三位，棉花、蔗糖、玉米和畜牧业居第四位。1978年，全国有牛2800万头。总的情况是，第二次世界大战以后，哥伦比亚的农业资本主义有了很大的发展，本文仅就其发展特点作一些分析。

农业资本主义发展的几个阶段

到目前为止，哥伦比亚仍是一个以农业为主的国家。它的农业生产受到气候、地形、技术、运输和大庄园土地所有制的种种限制，经历了漫长的发展过程。19世纪末20世纪初，咖啡生产和出口的增加，极大地推动了哥伦比亚农业生产的发展。从20世纪30年代起，各种农作物种植面积的扩大，使农业产量有很大提高。最近30年，农业机械化的逐步发展，又加快了农业生产的发展进程。

哥伦比亚的资本主义萌芽始于19世纪初期。由于大庄园制在农村长期占统治地位，农业资本主义发展缓慢。起源于西班牙殖民统治时期大授地制的大庄园制，严重地阻碍着国家的经济发展。19世纪独立以后，土地仍掌握在地主阶级手中。土生白人中的地主阶级一掌握政权，就竭力维持殖民地时期的落后生产方式，以巩固他们的政治地位。尽管以后的一百多年实行过多次改革，大庄园制并未发生根本性变化。

然而，作为新生产力代表的商人和手工业者，在反对殖民统治的民族解放战争中，已开始表现出他们的力量。他们强烈地要求消灭以大庄园制和繁重税收为特征的殖民地生产关系。在他们的推动下，1848年，政府颁布了《贸易自由法》，实行进出口自由的政策。1850年，议会颁布取消繁重的捐税和什一税；废除印第安人"保留地制"；规定从1850年起自由种植烟草。1851年又废除了奴隶制。1850年实行的改革给殖民地的生产关系和教会势力以沉重打击，在一定程度上解放了生产力。之后，农产品如烟草、金鸡纳、靛青和棉花等的生产迅速发展，先后成为哥伦比亚出口的主要商品。但是，这次改革并未能改变旧的土地关系，奴隶也未得到真正解放，他们重新沦为大庄园的农奴、佃农和雇工。再加上后来的政治动荡和外来干涉，国家经济生活长期处于停滞状态。

19世纪末、20世纪初，咖啡生产和出口的发展，以及外国资本的侵入，给哥伦比亚经济以巨大冲击，国家经济关系发生了显著变化。19世纪90年代，在西部安第斯山区出现了以小片土地种植咖啡的生产中心。由于国际市场的需要，咖啡开始成为哥伦比亚主要的出口产品；1915年出口超过100万袋（每袋60公斤）；1926年出口增加到245万袋，价值8400多万比索，约占当年出口总值的76%。咖啡在国际市场上出现，就把农民的小生产同出口贸易联系起来，把整个哥伦比亚经济同动荡不定的国际市场联系起来。这就有力地冲击了哥伦比亚封建经济基础，为民族工业的出现和发展创造了极为有利的条件。第一次世界大战加速了哥伦比亚民族工业、特别是纺织工业的发展。一小部分庄园主开始经营棉花等工业原料的生产。20年代起，美国垄断组织在哥伦比亚政府和庄园主的帮助下，取得了大量土地，建立起资本主义种植园。

1929年资本主义经济危机，加快了哥伦比亚工业的发展。工业发展又促进各种经济作物种植面积的扩大，一部分大庄园主也随之采用了新的农业生产技术。国家为支持农业资本家，1933年建立了农业银行，发放农业贷款；1944年议会颁布第一个农业五年计划的法令；1947年，政府建立农业部，制订了促进可可、烟草、棉花、小麦、甘蔗和非洲棕榈树等作物的种植计划。这就大大提高了农业生产水平，推动了农业资本主义的发展。

农业资本主义发展的特点

如上所述，哥伦比亚农业资本主义是在外国资本侵入的历史条件下，在没有破坏旧的生产关系的基础上发展起来的。从一开始，它就表现出通过农产品出口而同国际贸易紧密相连的特性。哥伦比亚农业资本主义按照普鲁士道路缓慢地发展，有以下四个特点：

一、一部分出口商和资本家，通过租种大庄园主的土地或投资，建立资本主义种植园，经营工业原料和出口产品的生产。农产品、特别是咖啡的出口，换来大量外汇收入；美国垄断资本在加勒比海沿岸的圣马尔塔地区经营的香蕉种植园，也诱使一部分出口商和资本家经营资本主义农业企业。他们租种大庄园主的土地，修建生产设施，采用雇佣劳动，进行集约耕作，生产出口农产品，攫取利润。例如，大西洋省的大出口商埃斯皮诺萨家庭，在苏克雷、博利瓦尔、马格达雷那等省份大量投资，经营出口烟草的生产。又如考卡山谷省的卡斯塞多家庭，投资种植甘蔗、棉花和稻谷，后来发展成为大糖业主。在安提奥基亚省和苏克雷省，种植棉花的土地大部是农业资本家从大庄园主那里租来的。到1960年，全国已有52300多个种植园主向庄园主租种59万多公顷的土地。

战后，随着哥伦比亚本国垄断资本的发展，垄断财团对农业的投资迅速增加，势力在不断扩大。据经济学家胡里奥·席尔瓦·科尔梅纳雷斯统计，到1976年，垄断资本已控制了农业生产的45%。农业资本主义发展的结果，使哥伦比亚从1950—1972年间，出口农业以年平均8.2%的速度增长，而粮食作物的年增长率仅为1%。

二、依靠国家的资助，一部分大庄园逐渐变成资本主义农业企业。第二次世界大战以后，哥伦比亚农业部制订可可、烟草、棉花、小麦、甘蔗等发展计划，建立了奶粉厂和肥料厂等第一批农村工业，并在全国建成五个进行农业调查的试验站。这时，随着工业的发展，已在一些地区出现了一批新式大庄园。到1948年，仅种植棉花、甘蔗、芝麻、香蕉、大豆、高粱、稻谷、大麦等八种商品作物的新式庄园，就拥有44.7万公顷土地，约占当时全国播种面积的19%。50年代，国家又资助修建一批灌溉工程和公路设施，进一步推动了平原地区的大庄园主发展经济作物。

为了促进农业生产多样化和提高农业集约化程度，哥伦比亚政府从

60年代起，通过农业银行、农牧业财政基金会等机构，对从事商品生产的经营单位大量贷款。1968年，国家和私人银行发放农牧业贷款48亿比索。1970年，国家农业银行的贷款相当于农业生产费用的30％。1976年，仅农牧业财政基金会提供的贷款即达31亿比索。1979年，政府给农牧业的贷款增加到460亿比索。但是，政府的贷款大部分落到了大土地所有者手中。例如，1977年，占82％急需贷款的小农只得到农牧业财政基金会贷款的32％，而占8.7％的大庄园主却得到了贷款的50.7％。由于政府的资助，在各大城市郊区、沿海平原，卡克塔地区和南部平原，以及新开垦的东部平原，逐渐采用先进耕作技术，形成了资本主义生产的耕作区。

三、垄断价格和市场，把咖啡生产逐步纳入资本主义轨道。海拔1000—2000米的西部安第斯山地，是哥伦比亚传统农产品咖啡的主要产区。目前，全国有30多万个主要是以家庭为单位的小咖啡园，耕种着108万公顷土地。1927年，全国咖啡业主联合会成立以来，一直控制着咖啡的收购、加工和出口。50年代，反动地主阶级对农民实行暴力，土地兼并加剧，占地不到10公顷的咖啡园有所减小，占地10—50公顷的咖啡园大大增加，大批农民破产。咖啡业主便趁机向破产农民出租土地，然后以分成办法收取地租，并由咖啡业主联合会规定价格和出口商人一起收购咖啡。这样，就把全国的咖啡生产同国际市场紧密联系起来了。

四、雇用破产农民为农业村社企业劳动。60年代以来，土改委员会曾举办一批合作社和村社企业，分配土地给无地农民垦殖。最近几年，政府颁布了《农村一体化发展计划》，改变了过去的办法，直接把破产农民组织在合作社或村社企业内劳动。政府将430多万公顷水土条件较好的土地定为垦殖区，派出顾问，提供贷款和住宅等，以便把农民稳定在这些土地上。据报道，美国政府曾给哥伦比亚农村一体化发展计划提供了160多亿比索的贷款。实际上，村社企业是资本主义农业的一种新形式，而村社农民靠劳动换来的微薄工资来维持生活。

当前农村的生产关系

根据哥伦比亚1971年的农牧业调查，全国有117.68万多个经营单位，拥有3100多万公顷土地。其中，73.1％是占地10公顷以下的小自耕农和租佃农，只经营全国可耕地的 7.2%；22.6% 是占地 10 到 100 公顷的中等地产者，经营可耕地的 25%；3.6% 是占地 100 到 500 公顷的中型资本主义农场主，占有可耕地的 26.6%；0.7% 是占地 500 公顷以上的大庄园主，他们却占有可耕地总面积的 40.8%。此外，还有 100 多万户无地农民。可见，土地高度集中在大土地所有者手里。1961 年开始的土地改革，不但没有解决农民要求土地的问题，反而加速了土地集中和农民的破产。

大庄园主是最大的土地所有者。据统计，占地 500 公顷以上的大庄园有 8400 多个，垄断了全国可耕地的 2/5。这些大庄园主都住在繁华的大城市，他们既是大地主、大牧场主，又是出口商和资本家；既经营工业，又经营农产品的收购和出口，与外国资本保持着千丝万缕的联系。他们是哥伦比亚农民的最主要的剥削者。他们所占土地的 80%，或者由于地势不平、交通不便而抛荒，或者由于缺乏资金而辟为牧场；其余土地或者出租，或者由代理人经营。在平原、山谷地区，以及考卡山谷省、昆迪纳马卡省和托利马省等农业较发达地区，一批新式大庄园，为获取巨额利润正在采用先进技术，雇用农业工人从事商品生产。到 1968 年，种植棉花、甘蔗、香蕉、芝麻、大豆、大麦等商品作物的新式庄园，已拥有 102 万公顷土地，占当时播种面积的 29%。

中型资本主义农场主有 42000 多户。他们的农场主要分布在平原和山间谷地，土壤肥沃，又可以得到较多的政府贷款和技术援助，因此专门种植经济作物，生产效率较高。他们除了雇用农业工人和季节工实行集约化经营外，还租给农民小块土地，把佃农作为固定劳动力长期束缚起来。这些中型资本主义农场主，一方面剥削农业工人和贫苦农民，另一方面又限于经营规模，还不能在产品上同资本主义大种植园相竞争，同时也易受中间商人垄断价格的盘剥。

中等地产者有 26 万多户。他们拥有较好的土地和较充足的生产工具，主要靠自己劳动，种植咖啡、芝麻、大麦、大豆等经济作物。但是，他们的情况也不一样。一般来说，占地在 20 公顷以下的农户，完全靠自己劳动；占地在 20 到 50 公顷的农户，自己耕种大部分土地，也雇短工；占地在 50 到 100 公顷的农户，自己耕种一部分土地，出租一部分土地或雇工耕作。第二次世界大战以后，他们虽然有些人采用资本主义集约经营方式变成了农场主，但是，也有一些人破产而沦为贫苦农民。

全国共有贫苦农民 85 万多户。他们是住在安第斯山区的小自耕农和各种形式的佃农。他们在小片贫瘠的土地上，使用落后的生产工具种植粮食作物，不能维持全家的生活。因此，他们不得不租种一部分土地或出卖部分劳动力，遭受残酷的剥削。据 1971 年统计，在 36.8 多户佃农中，有工役农 7.05 万多户，分成农 9.8 万户、垦殖农 4.7 万多户。他们分别向地主和农业资本家缴纳劳役地租、实物地租和货币地租，生活也很艰难。加上中间商人垄断市场，压低农产品收购价格，以及高利贷者的盘剥，贫苦农民纷纷破产，大批成为农业工人，或流入城市变成失业者。

此外，哥伦比亚大约还有 50 万印第安人，主要住在瓜希腊省、考卡省和纳里尼奥省，过着落后的部族村社生活。由于地少人多，不少印第安农民都在农闲季节到市镇打短工，或者租种庄园主的土地。他们也是受剥削最沉重的一部分农民。

农业工人的人数没有准确的统计数字。1975 年出版的《哥伦比亚农业问题史》一书估计：1964 年有 96.7 万农业工人，约占农村经济自立人口的 40%。据哥伦比亚国家统计局的材料，1970 年有农业工人 120 多万；1973 年农业工人占农村就业人口总数的 55%。农业工人的增加，正是近三十年来农业资本主义发展的显著标志之一。

总之，哥伦比亚农村生产关系发生了很大的变化，资本主义生产关系逐渐占据主要地位。目前，资本主义大种植园、中型资本主义农场和中等地产者掌握着哥伦比亚的农村经济，以家庭劳动为基础的小生产者同国际市场的关系日益密切。而农民则身受前资本主义和资本主义的双重剥削，一个新的农村无产者阶级已经形成，成为哥伦比亚一支重要的社会力量。

（原载《拉美丛刊》1981 年第 2 期）

哥伦比亚农业基础设施的建设

第一节 农业基础设施的内涵

农业是国民经济的基础，是人类从自然界摄取生活资料和某些生产资料的重要物质生产部门。随着国民经济的发展和人口的不断增加，人们向农业部门索取就越来越多，要求亦越来越高。然而，农业系统是自然环境、生物、人类社会三者交织在一起的一个复杂的矛盾统一体，农业生产的发展，不只是取决于农业生产者的活动，它还要受到自然规律和社会经济发展规律的制约，受到自然、气候、社会、文化、制度等诸多因素的影响。农业生产是能量转化的生物再生产过程，是人类通过动植物有机体同环境之间进行能量转化，物质交换和循环的过程。在现实的社会生活中，增加对农业部门的物质和技术的投入，是农业生产增长的决定性因素。在许多发展中国家，为适应工业现代化的需要，积极促进本国农业现代化，越来越重视农业基础设施的建设。在拉美一些国家。人们根据所需物资和技术的投入多寡，把农业基础设施分为资本集约型的基础设施和资本覆盖型的基础设施，有的国家还把法律、政治上的保障列入农业基础设施建设的内容。具体地说，农业基础设施包括如下三个方面的内容。

1. 资本集约型的基础设施，其中包括：（1）农业水利灌溉公共服务设施，即堤坝、运河和农用排灌系统；（2）农产品运输服务设施，即道路、铁路、桥梁、船舶、飞机、港口、码头：（3）仓库设施，即粮仓和货物仓库；（4）农业机器、设备和农用建筑：（5）农村能源和电力、饮用水和煤气等服务设施。

2. 资本覆盖型的基础设施。其中包括：（1）科学知识和统计情报服务；（2）农业调研和实验设施，如化验室和实验站；（3）农牧产品的分类和保管；（4）土地的保养；（5）财政和信贷制度；（6）农村教育、卫生服务系统。

3. 制度的基础设施。即为维护生产秩序，产权和人身安全等的法律、政治、社会和文化保障。

第二节 发展农业及其基础设施的主要措施

为了适应商品农业的发展，哥伦比亚政府逐渐重视农业基础设施的建设。战后，哥伦比亚农业走了一段弯路，农业基础设施建设经历了两个不同的发展阶段：战后初期到 70 年代中期为第一阶段；70 年代中期到 80 年代为第二阶段。

由于工业发展迟滞，到 1945 年，哥伦比亚仍是一个落后的农业国。据统计，在国内生产总值中，制造业只占 13.4%，农牧业占 47%。全国大约 2/的人口从事农、林、牧、渔和狩猎。农产品出口占外汇收入的 90% 以上，以家庭为经营单位的咖啡种植业成为国家的经济支柱，咖啡的生产和出口是国家财政和外汇收入的主要来源。

为克服咖啡单一经济的脆弱结构，改变国家的落后面貌，战后，政府实施了进口替代工业化方针，积极引进先进的设备和技术，发展本国的民族工业。为适应工业发展的需求，政府通过农业部，制订了商品经济作物的种植计划，十分重视农业多样化生产，提高农业的集约化程度。在战后初期到 70 年代中期，农业基础设施建设的特点是，增加对农业的物质和技术的投入，促进商品农业的迅速发展。为此，政府采取的主要措施是：

1. 建立支农机构，增加农业拨款，鼓励私人投资，加强农业基础设施的建设，以便合理利用和开发农业资源，促进农村资本主义的发展。

为了推动农业生产发展，政府决定增加农业生产的投入。50 年代，国家资助修建一批灌溉工程和公路设施，推动平原地区的大庄园发展商品作物生产。1951 年的财政改革，把促进农业部门的发展作为发展贷款政策的轴心之一。1959 年颁布的第 20 号法令规定，农业银行和银行储蓄所，必须把储蓄的 10% 用于农业生产。同年的第 26 号法令进一步规定，商业银行必须把储蓄的 15% 用于农村发展农牧渔业生产。1961 年颁布土改法，成立土地改革委员会，政府强调把分配土地、发放贷款、提供技术援助和建设灌溉区的工作结合起来。从 1962 年起，土地改革委员会除通过征购，剥夺和大庄园主转让等办法，把未开垦的荒地和庄园分配给无地农民外，还积极支持农村水利和道路等基础设施的建设，给小农户发放贷款，帮助恢复生产。为了鼓励农产品出口，1967年建立了促进出口基金会，定期向出口农业提供优惠贷款。1968年，政府通过农业银行、咖啡银行和一些金融机构，对从事经济作物生产的农户发放大量贷款，总额达48亿比索。1970年，政府组织全国农民贷款使用者协会，向农业生产者发放生产贷款，农业银行的贷款相当于当年农业生产费用的30%。1973年，政府通过第5号法令，改组农牧业财政基金会，使之成为对商品农业提供贷款的新机构，扩大对农村的生产贷款。其中对商品农业的贷款从1974年的39亿比索提高到1978年的173亿比索。

2. 加强农业科学研究和技术转让，改进耕作方法，增强社会基础设施的能力，努力提高农业劳动生产率。

1947年农业部成立后，制订了全国农业科学研究规划，努力向生产者推广稻谷、马铃薯、玉米和菜豆的选种、育苗的新技术和科学知识。与此同时，在平原地区推广机耕，使用疫苗、化肥、农药等技术，推动商品农业发展，1963年成立了农业研究室，专门从事农业技术研究和良种推广工作。1968年，建立了哥伦比亚农牧业委员会，在国际组织的支持下，从事农业生产资料的应用研究，特别研究适应于从温带到热带地区自然条件的优良晶种的栽培，探讨各种农作物病虫害的防治工作，以及从国外引进新的高产新品种，之后，又在全国生态条件不同地区建立试验站，推动多种商晶作物的生产。到1972年，年进口拖拉机2000台，全国使用拖拉机计25000台，机耕面积达90万公顷。

随着商品农业的发展，政府先后在全国建立棉花、烟草、燕麦、甘蔗、水稻、鲜花、香蕉等生产者联合会，并通过生产者联合会，给予生产者以技术指导。为了配合进行农村多样化生产，政府还对咖啡区的350万公顷土地进行可行性研究，对气候、土壤和水文等条件进行分析，推广研究成果，有利于咖啡农进行多样化生产。全国咖啡种植者联合会派出150多名技术专家，到农村去，负责对34种水果和蔬菜生产给予技术指导。全国咖啡区发展和多样化基金会，在全国推广可可和橡胶种植计划、水果生产计划、家庭养殖发展计划，造林计划、养鱼计划以及人才培训计划等，并具体帮助农民克服生产中遇到的各种难题。在政府的支持和推动下，50年代后期到60年代后期，生物工程技术、化肥、农药的应用，逐渐控制了农作物的病虫害和提高产量水平。在农业生产机械化方面，政府实行豁免关税，取消预先储蓄制，鼓励农业机器进口，以及积极提供长期低息贷款，鼓励农民购买农业机器，努力提高农业集约化程度。

3. 积极提供市场信息，改善农产品加工和运输等基础设施状况，加强对城乡物资和服务交流的干预，促进农产品出口。

1967年《兑换条例》颁布后，为扩大农产品出口，实现出口农产品多样化，改变外贸依赖咖啡单一品种的局面，促进出口基金会积极开展国际贸易行情的调研，组织商品到国外展销，制订出口行动计划，指导出口农产品生产。从1972年起，发展和多样化基金会每年2月发布系列农产品价格公报，对34种农产品价格及其变化趋势进行分析，提供国际国内市场供求关系的准确信息，以便生产者安排生产，保证国内市场和出口的需要。

随着商品农业的发展，农产品加工、运输保管和销售的中后期农业生产越来越受到重视。根据全国咖啡种植者联合会收购和出口咖啡的经验，国家通过农产品经销委员会对市场价格进行干预，由农产品国际贸易联合会负责收购农产品和出口工作。1971年，政府鼓励各种作物生产者联合会在各省建立农产品储存中心。1974年，又创办生产和消费合作总公司，在各省各大中城市建立一批超级市场和批发中心，形成农产品销售网络。生产者联合会把农民的各种农产品，依照质量的优劣进行分类、包装，及时运送到公路旁，再由农产品国际贸易联合会集中运到农产品储存中心，供应国内市场和出口。与此同时，政府积极支持农村加工工业的发展，政府拨款建立一批水果、植物油、制糖、蔬菜、肉类、奶类、皮革、服装、天然丝绸的加工企业。

第三节 兴建和发展农村落后地区的基础设施

从1975年起，哥伦比亚农业出现了困难。其原因主要是政府长期实行支持商品农业的政策，而生产粮食的传统农业得不到支持，资金缺乏，生产停顿，导致国内粮食供应不足，粮食进口增加，粮价上涨，考虑到购买粮食支出占菜篮的50%以上，迫使政府实行稳定政策。1975年，政府宣布实行农村一体化发展计划和全国粮食与营养计划，支持农民发展粮食生产。进入80年代以来，在国际市场农产品价格下跌的影响下，农业生产增长缓慢，农产品出口减少，农业现代化进程停顿。面对广大农村的落后贫困和不安定，政府决定把帮助农村落后地区恢复生产作为农村工作的重点。从1983年起，实施全国恢复计划，农业基础设施建设被放在突出地位。这一时期农业基础设施建设的特点是：政府尤其重视农村自然资源的开发和利用，通过增加投资，提供基础服务和技术转让，帮助农民改变落后的生产方式，提高农业劳动生产率，增加粮食生产，逐渐改善农民和劳动阶层的生活，促进农村社会经济全面发展。政府采取的主要措施有以下几条。

1. 组织农民垦荒，不断扩大耕地面积。由于哥伦比亚土地占有和使用极不合理，辽阔土地无人耕种和广大农民无地可种的矛盾尖锐。70年代初，全国爆发了轰轰烈烈的农民夺地斗争。1975年，政府改变过去分配土地给农民的做法，组织农民垦荒，决定把分散在333个市的水利条件较好的430万公顷土地划为垦殖区，派出顾问，提供贷款，帮助农民修桥筑路和建设水利工程，兴办农村教育和社会卫生福利等服务设施，鼓励8万多农户进行垦荒，发展农业生产。70年代后期，全国出现了垦殖高潮。

2. 改善农村基础服务设施，帮助农民整治土地，发展生产。哥伦比亚地处热带，雨量充沛，由于农业基础设施差，水土流失严重。据统计，仅马格达雷那河每年流失表土1亿立方米，不少土地雨季受涝，旱季干旱，严重影响农业生产的发展。为此政府先后在全国17个地区建立开发公司，在30万平方公里（约占国土总面积26.3%）的土地上，通过公共部门和私人部门的共同集资，从事水电站的建设，土地开发，技术转让，环境保护，自然资源的综合利用等活动，努力解决和改善这些地区的排灌系统和土地整治问题。1983—1986年，共投资261.5亿比索（这项工程得到国际技术合作公司的支持）。80年代，政府为改善哥伦比亚水文、气象和土地整治委员会管理的现有灌区的水利工程。从世界银行得到8400万美元的贷款，使乌伊拉、托利马山谷、桑坦德尔、北桑坦德尔、博亚卡等省和普图马约地区的灌区的排灌能力有所加强，有73400公顷土地受益。政府会同水文、气象和土地整治委员会、地区发展公司、国家资源委员会，实施水资源的保护和利用计划，投资140亿比索，在塞萨尔省的圣胡安地区和考卡河流域进行五个整治河流的抗洪工程，使99200公顷土地受益。为了提高整治水利工程的效益，水文、气象和土地整治委员会、哥伦比亚农牧业委员会、农牧业产品经销委员会、学徒工培训局、畜牧银行、农牧业财政基金会等共同实施包括农业调研、技术转让、贸易、信贷、饮用水和模范庄园的建设计划，推动农业生产发展。另外，政府还通过农牧业财政基金会、促进出口基金会提供贷款，支持私人部门兴建小型水利工程，发展生产。

3. 增加农业投入，提高农业生产率。这一时期，哥伦比亚政府对基本粮食产品和出口产品生产尤为关心。针对70年代以来，农业生产资料价格直线上升，生产成本上涨，生产收益下跌，农民生活日益贫困，政府大力支持生产资源生产部门，取消农业生产资料、农业机器进口附加性和预先储蓄，豁免5%的关税和减少港口的收费，降价生产资料的生产成本，提高产品质量，控制价格上涨。农业生产贷款逐年有所增加。1982—1985年，生产贷款年平均增长率达5.2%。为改善贸易基础设施，国家投资扩大农牧业产品经销委员会的仓库和储存点，国家对巴兰基利亚、布卡拉曼加的供应中心和储存中心的改建计划给予技术和财政支持，对佩雷拉、库库塔、阿尔梅尼亚、马尼萨莱斯等城市的农产品经销市场的建设给予大力支持。政府特别重视垦殖区和恢复区的商业基础设施建设，以便于安排那里人民的生活。政府得到世界银行25亿美元的农业生产贷款，目的是保证国内粮食和必需营养品的供应。

4. 在农村不安定地区实行恢复计划。自60年代中期起，有几处农村地区不安定，80年代以来，日趋严重。1982年起，政府开始推行国内和平进程，在这些地区实施全国恢复计划。其目的是提供社会和经济基础设施，供该地区的农民得到正常公民生活所必备的生活条件。恢复计划包括政府采取的一系列行动，增加人民的社会参与和人民的福利，增加就业和收入，扩大国内市场，推动地区的经济发展。1983—1986年，政府在全国17个省的15个市（占国土面积的1/4）投资680亿比索，为恢复正常公民的社会生活提供基本的生产资料和手段。1987—1989年，政府把根除农村绝对贫困作为国家经济社会发展的战略目标，全国恢复计划的投资预算大大增加，达2428亿比索，其中用于农村道路、电力等基础设施建设的投资达1289亿比索，用于恢复生产的投资为393.9亿比索，用于农村教育、卫生、饮用水等社会福利投资为353.5亿比索。

第四节 开发农业和兴办农业基础设施的主要经验

如同许多第三世界国家一样，在哥伦比亚农村，小农经济占优势，农业产量低，生产成本高。由于国家经济力量有限，物质的农业基础设施不完善，商品信息不灵通，文化教育不发达，科学技术落后，因此，哥伦比亚农业仍是以开发自然资源为基础的农业。战后以来，哥伦比亚在为开发农业资源、提供农业基础设施和社会服务设施方面，做了不少工作，他们的一些做法值得重视，可供我国借鉴。

1. 重视增加国家对农业和农业基础设施建设的物资投入。农业在哥伦比亚国民经济中占有重要地位，全国90%的人居住在西部安第斯山区，它的农业生产受到地形、气候、技术、运输和土地所有制的种种限制。无论是土地整治开发，还是农业基础设施建设，都需要国家的投资和支持。然而，哥伦比亚对农业的投资，走过一段弯路。在农业基础设施建设前一阶段，政府进行了大量的投资，并通过咖啡银行、农业银行、畜牧银行、农牧业财政基金会、促进出口基金会等金融机构，向农业发放长期低息贷款。如1970年，国家投资农业的费用占农业国内生产总值的16.8%，各种农牧业贷款占农业国内生产总值的27%，有力地支持农业基础设施建设，促进农业生产持续发展。据统计，1950—1975年，哥伦比亚农业年平均增长率为3.7%，同期的人均农业产值从248美元提高到462美元。

但是，从1975年起，在新自由主义经济思潮影响下，削弱了国家对经济的干预，国家资金向非生产部门转移，农业部门的生产资金严重缺乏。1980年，国家对农业投资从1970年的占国家总投资的7%下降到2.5%，同期的农业贷款从占国家预算的6.5%下降到2.4%。结果，80年代初，农业出现严重危机。经过几年的调整，加强国家对农业的投入，从1986年开始，农业生产得到恢复，增长率为3.3%。之后，国家实现三年经济持续增长，特别是1989年稻谷等粮食作物大丰收，农业产值增长6%以上，创造近十年的最高纪录。哥伦比亚的农业发展经验表明，国家对农业投入越多，农业增长率越高，收益越多；反之，投入越少，增长减缩，收益减少。1986年，贝坦库尔总统在总结经济发展的经验时指出："工业是国家发达的基础"，"农业是国家稳定的基础"，"基础设施是经济增长的基础"。可见，哥伦比亚已把农业基础设施建设提高到经济发展战略的高度加以考虑。1988年和1989年,议会通过法令,对农业基础设施建设和为农业服务部门的职能用法律形式确立下来,这就为农业基础设施建设提供了法律的依据和制度上的保证。

2. 积极发挥行会组织和私人经济的作用。为了加快农业基础设施建设的步伐,推动商品经济的发展,政府重视组织农民进行生产合作,鼓励从事种植各种经济作物的农民组织生产者联合会,类似哥伦比亚咖啡种植者联合会,发挥他们在农产品收购、储存和销货以及在生产过程中的技术推广等方面的组织作用。目前,全国有各种专业生产者联合会257个,他们得到政府和有关组织的帮助,建立起农产品加工中心和储存中心。在农牧业产品经济委员会的指导下,国内形成了畅通的销售网络,他们的产品能在大中城市的超级市场和销售中心出售。

另一方面,政府鼓励私人投资,进行农田水利基本建设,建立灌区,进行专业化经营,发展农工贸一体化企业。80年代,鲜花、水果等一系列非传统产品生产已成为国家的重要出口创汇产业,有力地推动了农产品出口。此外,政府积极吸引外资,争取国际组织对农业基础设施建设的贷款,保证国家计划的顺利实施。

3. 重视推广新的改良品种,提高劳动生产率,增加经济效益。如前所述,哥伦比亚小农经济占优势,农村劳动力相对充足,农业耕作技术比较落后,农业单位面积产量低。为改变这种状态,政府鼓励农民改进耕作技术,结合改良新品种,增施化肥,为此,政府发放长期低息农业贷款,使农民能购买良种,购买合适的生产工具。如哥伦比亚的水稻生产,由于推广杂交良种,增施化肥和改良栽培技术,单位面积产量明显提高,从1954年的每公顷1.1吨提高到1983年的4.5吨,产量提高了3倍。咖啡是哥伦比亚的传统种植作物,生产技术落后。60年代以来,全国咖啡种植者联合会向咖啡农推广新的种植技术,以增加密植,使用卡杜拉改良品种,给咖啡遮阴,系统施用化肥、杀虫剂,使单位面积产量迅速提高,1970—1974年,哥伦比亚咖啡产量保持在770万袋(每袋60公斤),到1980—1984年,咖啡种植面积略有减少,但产量却达1300万袋,增加了70%。目前,全国使用现代技术种植的咖啡面积约38.5万公顷,产量占全国总产量的60%以上。

第五节　农业基础设施建设成效

第二次世界大战大战后，哥伦比亚农业基础设施建设取得了巨大的成就。

1. 开拓了边疆农业，扩大了耕地面积。哥伦比亚国土面积114.2万平方公里，全国可耕地3700多万公顷。由于生产方式落后，1950年，农牧业用地面积只有1790万公顷，其中草原面积1210万公顷，休耕地面积340万公顷，作物种植面积只有240万公顷。到1978年，农牧业用地面积2900万公顷，其中草原面积2050万公顷，休耕地360万公顷，作物种植面积520万公顷，其中多年生作物270万公顷，比1950年的110万公顷增长1.5倍，季节性作物250万公顷，比1950年的130万公顷，增长将近一倍。

2. 增强了土地的排灌能力。自60年代土地改革委员会开始建设灌区以来，目前，全国有排灌设施的农田面积80万公顷，其中，由农业部管理的灌区20个，分布在11个省，受益面积23.5万公顷。其余56.5万公顷的灌区是私人经营，主要分散在农业生产比较发达的水稻生产地区。目前哥伦比亚正在进行较大规模的灌区建设，一旦工程完成，全国灌区面积可达181.6万公顷。

3. 农业集约化程度有明显提高。战后，政府积极进口农业机器和生产设备。1945—1955年农机进口占总进口货的2.84%，占全国资本货进口的14.1%。60年代以来，本国开始生产一部分农业机械，1977年，全国拥有拖拉机24787台，各种农用收割机和脱粒机1750台，到1984年，拖拉机达28341台，总马力达184.2万匹马力。据哥伦比亚农业主联合会的材料，1987年全国机耕面积110.2万公顷。鉴于3/4的拖拉机使用期超过10年以上，1988年政府实施农业机器更新计划，每年将进口1600台拖拉机，推动机耕业的发展。据统计，1950年，每台拖拉机需耕作210公顷，1960年每台耕地降为113公顷，1975年降为99公顷，说明拖拉机的数目在增加。另外，化肥和各种除草剂、除虫剂的使用，以及优良品种的推广，都有较快的发展。据不完全统计，1960年，全国使用合成化肥15万吨，到1981年增加到75.5万吨。单位面积施肥数量也有提高。1949—1953年，平均每公顷施用化肥5.6公斤，1971—1973年增加到

46.3公斤。1967年，使用杀虫剂、灭菌剂、除莠剂6619吨，1982年增加到12855吨，大量使用化肥、农药、农业新技术，有力地促进了商品农业的发展。

4. 形成了国内农产品销售网络。随着商品经济的发展，交通运输得到发展，国内已建立以公路为主，辅之以铁路、航空、河运和海运的交通运输体系。农产品的收购，经销和出口工作顺利进行，政府通过农产品经销委员会的干预，形成了农产品销售网络，目前，有经营全国性农产品储存和经销企业国家，其中包括国营、公私合营和私人股份公司三类，它们在主要大城市和出口港口设立大的销售中心，在生产中心和中等城市建立地区储存中心，在各个市镇建立地方收购中心。各种专业生产者联合会把农民收成的各种农产品，依照质量的优劣进行分类、包装、及时运到公路旁，再由农产品经销委员会和国际贸易联合会集中到农产品储存中心，供应国内市场和出口。

5. 农业科研和教育工作开始受到重视。自1968年，哥伦比亚农牧业委员会成立后，对本国自然资源进行调查，农业技术的研究和推广工作逐渐开展，农业基础教育和职业教育受到重视。目前，农村实行教育中心体制。到1983年，全国农村建立2502个教育中心，努力扩大农村初级教育的覆盖面。农村职业和技术教育发展很快，特别是最近几年农村职业学校发展很快，从1978年的27所增加到1984年的232所，增长率为859%，全国有各种试验中心和试验站23个，积极从事农业生产资料的应用和推广工作，推动多种商品作物的发展。

总之，战后以来，哥伦比亚政府重视农业生产发展，并通过贷款，技术援助，兴办农村基础设施建设，以及人才培训，减少风险的价格和市场情报服务，有力地推动农村生产力的恢复和发展，促进农业商品经济的繁荣。最近十几年，棉花、甘蔗、水稻、香蕉、鲜花、烟草、非洲棕榈、可可、水果等经济作物都有显著增加，出现一批资本主义经营的农村企业和生产中心。目前，全国商品作物种植面积约占耕地面积的80%，农产品出国占出口总收入的71%，在实现国内稳定和促进经济持续发展中起了重要作用。

但是，哥伦比亚农业的二元结构的特点很突出，传统农业仍以粗放式经营为主，生产力发展水平仍很低，农业劳动生产率不高，农业基础设施建设仍存在一些问题。首先，大部分农作物没有排灌系统，不少地区仍是靠天吃饭,抗拒自然灾害的能力很差。目前,现有的灌区主要为私人部门掌握。由于缺乏经验,灌区建设中毁坏了很多耕地,建成后,缺乏管理条例,给实际工作带来许多矛盾和纠纷。其次,农业科学缺乏资金。1970年,用于农牧业的研究投资占农牧业国内生产总值的0.5%,到1981年减为0.2%。据有关部门测算,要实现政府提出的农业产值年平均增长40%的目标,对农牧业的调研和技术转让的投资必须保持在占农牧业国内生产总值的2%。然而,尽管政府作了很大努力,1986年,用于农业科研的投资才恢复到1970年的水平。再次,本国缺乏健全的支农工业。众所周知,使用化肥增加土地的肥力,施用农药控制影响农作物生长的各种病虫害,以及优良品种的采用,是现代农业提高劳动生产率的重要手段。但是,哥伦比亚使用的农业机器主要从美国等西方国家进口。国内生产农业生产资料的企业17家,其中12家是跨国公司所经营,它们基本上垄断着农业生产资料的市场和价格。国内生产合成化肥的72%原料是靠进口,生产农药的89%的原料需从国外购进。70年代以来,农业生产资料价格直线上升,1970—1982年,化肥价格上涨2000%,农业机器价格上涨了1200%。生产成本的提高,严重影响了中小农业生产者采用现代农业生产资料和先进技术,阻碍着生产率的提高。总之,哥伦比亚农业仍是以开发自然资源为基础的农业,要实现向以科学技术为基础的农业转变,还有很长的路要走。

(原载陈厚基主编《农业基础设施建设》,中国科学技术出版社1991年版)

农业生产结构和农业科学技术

哥伦比亚共和国位于南美洲大陆顶端，扼南北美洲大陆往来之要道，北濒加勒比海，西临太平洋，出入大西洋和太平洋两大洋都很方便。它西北部与中美洲的巴拿马相连，东部与委内瑞拉和巴西接壤，西南部与厄瓜多尔和秘鲁为邻，领土面积大致为114.2万平方公里（比我国内蒙古自治区稍小），居南美洲第四位。全国人口4021万人，有32个省，首都圣菲波哥大，海拔2630米，是全国政治、经济、文化和交通中心，人口668万（1997年）。

哥伦比亚境内河流纵横，湖泊星罗棋布。最大的河是马格达莱那河，由南向北流经11个省，沿途汇集了500多条河流，最后注入加勒比海，全长1538公里，有1295公里可通航。它在国家的政治、经济、文化和出口贸易中起着重要的作用，有"哥伦比亚的生命河"之称。

哥伦比亚地处热带，赤道通过其南部，国土分属南北两个半球，同时受到太平洋和大西洋的季风影响。从地理位置来说，哥伦比亚日照时间长，属于赤道性气候。但全国各地气候受到纬度高低、海拔高度、季风和海洋等诸多因素的影响，而有所不同。实际上，哥伦比亚人根据地势海拔高度不同，把全国气候分成热带气候、亚热带气候、温带气候和寒带气候。海拔1000米以下、日平均气温超过24℃的地区为热带气候；海拔1000—2000米、日平均气温保持在17—24℃的地区为亚热带气候；海拔2000—3000米、日平均气温在12—17℃的地带为温带气候；海拔3000米以上、日平均气温低于12℃的地区为寒带气候。另外，根据雨量的多寡可分为雨季和旱季。每年4月到11月是雨季，从12月到第二年3月为旱季。全国雨量充沛，年平均降水量在1500毫米以上。

地形大致分为西部安第斯山区和东部亚诺斯平原两部分。安第斯山区是全国经济的中心，农业生产比较发达。在海拔1000米以下的地区以生产甘蔗、香蕉、棉花等经济作物为主；1000—2000米的坡地是咖啡的生产区；2000—3000米的地带是小麦、大麦、玉米和马铃薯等粮食作物的重要产区。加勒比海沿岸平原区的土地肥沃，气候宜人，是发展农牧业和旅游业的理想地带，除生产棉花、香蕉、粮食及油料作物外，还饲养大批牛羊。太平洋沿海平原丛林密布，气候炎热，盛产香蕉和椰子。东部辽阔的亚诺斯平原，占总面积的1/2以上；与高山毗连的地区是适宜于放牧的辽阔平原；再往东是奥里诺科冲积地，地形低洼，河流交错，气候炎热；南面是亚马孙盆地的一部分，树林密布，杂草丛生，热带病虫害蔓延，是一片尚未很好开发的处女地。

哥伦比亚土地肥沃，物产丰饶。地下矿物资源有煤、石油、天然气、绿宝石、镍、金、白金、银、铜、铁、铀等。目前探明煤储量240亿吨，居拉美首位，石油估计储量370亿桶，绿宝石储量和产量世界第一，镍矿核实储量2500万吨，铀矿储量4万吨，可供发电的水力资源9300万千瓦。

哥伦比亚素以经济管理谨慎严格著称于拉丁美洲。近30年来，经济持续稳定增长。据统计，1970—1994年经济增长183%，年平均增长率为4.4%，高于拉美地区平均增长率。1993—1995年经济平均增长率5.5%，是拉美地区经济增长较高的国家之一。据世界银行的资料，1998年哥伦比亚的国民生产总值为1061亿美元，居拉美第四位（排在巴西、墨西哥和阿根廷之后）；人均国内生产总值2600美元。2000年6月，美元与哥伦比亚比索的兑换率是1∶2122。

农业生产结构和对外贸易

哥伦比亚是南美洲的重要农业国。农业是哥伦比亚实现国内政治稳定和经济持续增长的决定性因素。全国可耕地3700万公顷，占国土面积的32%。随着国民经济持续稳定的发展，农牧业在国民经济中所占比重有所下降，从70年代初占国内生产总值的26%下降到1996年的19.2%。农村人口从1970年占总人口的70%减少到1993年的30%。全国的农作物播种面积有550万公顷，其中商品粮食、工业原料和出口农产品的播种面积占80%，农业提供全国粮食的90%，另外还需要进口一部分粮食。

二战后，在商品经济的刺激下，一部分资本家和出口商，把资金转移到农村购置土地，租种大庄园主的土地，建立起资本主义种植园；一部分在平原区和交通方便地区的大庄园，依靠国家提供的贷款和技术援助，采取资本主义经营方式，生产工业急需的原料和国际市场急需的产品，把古老的封建庄园变成资本主义的现代农业企业。与此同时，60年代以来，哥伦比亚国家实行支持小农经济发展的政策，通过技术援助，扩大补贴性贷款，改善农村基础设施，以促进农业劳动生产率的提高。到70年代，哥伦比亚农村出现了传统农业和资本主义现代商品农业并存的结构。

现代商品农业的特点是：①主要分布在平原、交通比较发达，利于机耕，比较肥沃的地区；②掌握较先进的生产技术，使用疫苗、化肥、农药，实行现代经营管理，经营规模较大；③根据经营需要雇用农业工人；④为工业和出口而生产，形成了专业化的生产中心。与此相反，传统农业的特点是：①主要分布在安第斯山区，为自我消费而生产，商品率低；②以个体小农户为经营单位，家庭成员依照年龄、性别和文化素质的不同进行劳动分工；③生产力水平低，经济脆弱，难以抗拒天灾人祸，容易破产。随着商品经济的发展，建立在土地、劳动的二元结构的传统家庭关系逐渐被土地、资本、劳动的三元结构的新型家庭关系所代替。

1. 种植业　哥伦比亚种植的作物包括商品作物和传统作物两大类。商品作物一般是以资本主义经营方式进行生产，产品主要供国内工业和出口贸易。这类产品有咖啡、稻谷、棉花、芝麻、高粱、大豆、甘蔗、燕麦、鲜花、可可、非洲棕榈、香蕉和水果等，主要分布在平原和山间谷地，形成专业化的种植区，其中最重要的有考卡山谷省的甘蔗区，加勒比海沿岸各省的棉花种植区，桑坦德尔烟草种植区，安提奥基亚省西北部的乌拉瓦香蕉种植区，托利马、东亚诺斯平原和大西洋沿岸的水稻种植区，波哥大平原的鲜花种植区等。

咖啡是哥伦比亚传统出口产品。在纵贯哥伦比亚的科迪勒拉山脉，海拔900—2000米的山坡上，到处都是郁郁葱葱的咖啡园。全国有32万多个咖啡种植园，以家庭种植园为主，面积约110万公顷，主要是手工操作管理，咖啡脱粒和分类使用半机械化操作。依赖咖啡为生的人口达250

万。哥伦比亚生产的是优质软咖啡,其产量和出口量仅次于巴西,居世界第二位。由于国际市场咖啡价格下跌,产量从1991年的87万吨,降到1996年的67万吨。

为了改变咖啡单一种植、农村经济畸形发展的局面,在政府、全国咖啡种植者联合会和广大农业生产者的共同努力下,按照安第斯山区不同的海拔高度,依次出现了热带作物区、温带作物区和寒温带作物区。近十几年,棉花、甘蔗、香蕉、鲜花、烟草、非洲棕榈、水稻、可可、水果等作物的种植面积和产量都有显著增加。特别是国内工业发展所需的棉花、可可、燕麦、油料作物、橡胶等作物发展更快,在替代原料进口、促进工业制成品出口中发挥了重要作用。目前,咖啡种植面积大致稳定在110万公顷,其他农作物种植面积430多万公顷。另外,在稳定发展种植业的基础上,推动牧、林、渔业的全面发展。

玉米是哥伦比亚人的传统食粮。种植面积仅次于咖啡,居第二位,主要分布在安第斯山区和加勒比海沿岸地区。由于生产成本高,玉米生产没有多大的发展,1996年产量为105.8万吨。

鲜花和水果是近十几年迅速发展的新产业,政府大力鼓励鲜花种植,近年来,鲜花出口已经跻身于世界第二。香蕉是最主要的出口水果,柠檬、菠萝、杧果、香木瓜等热带水果也是重点发展项目。国家努力提供信息服务,解决种植技术、保鲜和运输等问题,已成为国家出口创汇的重要产业。

随着纺织工业的发展,政府以优惠政策鼓励种植棉花,规定纺织厂使用国产棉花。种植棉花的主要是小农户,人数达50万。全国棉花种植者联合会不仅注意栽培技术,而且鼓励扩大种植面积,棉花是重要的出口产品。

传统农作物包括菜豆、香蕉、潘尼拉糖,木薯、玉米、小麦、水果以及洋葱、番茄、甘蓝、鳄梨和其他蔬菜等,主要是以家庭为经营单位的小农户生产,供应国内市场。潘尼拉糖是哥伦比亚人的基本食品之一,产区是安蒂奥基亚、昆迪纳马卡、卡尔达斯等省。

从1975年起,由于政府实行支持商品农业的政策,而生产粮食的传统农业缺乏资金,生产停滞不前,导致国内粮食供应不足,粮食进口增加,国内粮价上涨。尽管70年代后期实行全国粮食与营养计划和80年代实施全国恢复计划,支持发展粮食生产,但由于土地利用率低和土地使用不合理，以及农村以暴力手段驱赶农民，贫苦农民纷纷破产，流入城市。进入 90 年代，由于实行开放政策，减少了对农业的保护。气候的恶化（受到"厄尔尼诺"现象的影响）以及国际市场农产品价格的波动，直接影响到粮食作物的生产，粮食进口不断增加，1996 年已达到了 320 万吨。哥伦比亚小农和粮食作物生产面临着严峻的形势（见表 13）。

表 13　　　　　　　　哥伦比亚主要农产品的产量　　　　（单位：千吨）

	1990 年	1996 年	1997 年	1998 年
谷物	4 090	3 483	3 219	3 433
稻米	1 986	1 787	1 802	1 850
玉米	1 177	1 058	1 008	1 200
马铃薯	2 511	2 594	2 818	2 818
水果	4887	6 431	5 870	5 870
香蕉	1 677	2 150	2 200	2 200
甘蔗	27 357	32 500	32 000	32 000
糖	1 594	2 321	2 332	2 160
皮棉	130	71	36	40
生咖啡	827	671	642	732
可可豆	57	65	47	45

资料来源：联合国粮农组织。

2. 畜牧业　全国牧场面积 3100 多万公顷，占国土面积的 28%，经营单位 20 多万个，主要牧区在平原和热带地区，包括玻利瓦尔、苏克雷、科尔多瓦、马格达莱那、塞萨尔、考卡、卡克塔等省和东部亚诺斯平原。据估计，29% 的牲畜属于在 1—50 公顷的小经营单位，71% 的牲畜属于大畜牧庄园饲养。只有 9% 的牲畜是机械化饲养，15% 使用机械，大部分仍是粗放经营、天然放牧。机械化水平低，影响着畜牧业的发展。牛的存栏数 2500 万头左右；哥伦比亚每年人均消费肉类 16 公斤，消费奶类 100 公斤。主要畜产品产量如表 14 所示。

表 14　　　　　　　　哥伦比亚主要畜产品的产量　　　　　（单位：千吨）

	1990 年	1996 年	1997 年	1998 年
肉类	1 186	1 354	1 271	1 298
牛肉	713	730	680	690
猪肉	131	135	135	135
禽肉	321	465	433	450
牛奶	4 017	5 332	5 400	5 400
鸡蛋	237	296	316	316

资料来源：联合国粮农组织。

3. **林业和渔业**　哥伦比亚森林资源丰富，1983 年森林覆盖面积为 5400 万公顷，占国土面积的 49%，在南美洲仅次于巴西，居第二位；世界排名第十位。森林蓄积量 60 亿立方米，锯材 72 万立方米。由于无计划开采，滥伐林木，水土流失严重，引起了政府注意，国家制定法律保护森林，控制水土流失，保护植被和水力资源，对木材砍伐进行干预，开始重视造林，全国每年造林约 3.5 万公顷。1979 年在 10 个省建立了林业公司，负责天然林的开发和促进工业用材林的建设。目前，森林资源面积 5300 万公顷，占国土面积的 47%。

哥伦比亚面对两大海洋，有 98.8 万公顷的海域，2900 公里长的海岸线和 26 万公顷的河湖水面，渔业资源丰富。发展渔业的潜力很大，年捕鱼量为 27.5 万吨。

4. **农产品加工业**　哥伦比亚出口农产品中，深加工的并不多。随着商品农业的发展，农产品的加工越来越受到重视。从 70 年代中期起，政府一方面增加农产品加工业的投资，建立起一批从事水果、植物油、制糖、肉类、奶类、皮革、服装、天然丝绸的加工企业。1984—1989 年，政府投资 58.2 亿比索。建设 34 个大型农工业工程，其中有制糖厂、大型奶品加工厂、香蕉粉厂等。另外同咖啡种植者联合会达成协议，鼓励把咖啡出口所得收入，支持农村工业发展。90 年代初，全国已建成 122 个较大的农工企业，它们在出口创汇中起了越来越重要的作用。

5. 农业对外贸易　哥伦比亚是个热带农产品出口国。战后初期，农产品出口占总出口收入的 90%；咖啡出口占总出口的 70%，1963 年曾高达 87%。1967 年 3 月《外汇条例》颁布后，非传统产品出口得到鼓励，1985 年农产品出口值 24.9 亿美元，占总出口的 2/3。从 1975 年起，进口的农业生产资料、化肥和农业机械价格上涨。因此，1980—1983 年间，为农业进口的原料和机器的价格维持在进口额的 5% 和农产品出口值的 10% 的水平上。但是，国际农产品市场变幻莫测，自 1989 年世界咖啡出口协定失效后，咖啡出口受到国际市场价格下跌的影响，国内咖啡收购价格随之下降，生产急剧下滑，产量从 1991 年的 97.1 万吨减少到 1996 年的 67.1 万吨。出口收入从 1995 年的 19.7 亿美元降到 1996 年的 15.7 亿美元。另外，由于国家实行开放政策，国际市场农产品价格波动直接影响着其他农作物的生产，近年来出口结构已经发生了很大变化，咖啡出口只占总出口额的 14.8%。非传统产品出口占总出口的 44.3%，石油出口占总出口的 27.3%。

目前，在鲜花的国际市场上，哥伦比亚是仅次于荷兰的世界第二大出口国，出口的对象主要是美国。哥伦比亚出口的其他农产品主要还有棉花、蔗糖、香蕉、烟草和各种水果等（见表 15）。

表 15　　　　　　　哥伦比亚主要农产品的净出口额　　　（单位：万美元）

	1995 年	1996 年	1997 年
谷物	-45 063	-69 538	-58 832
小麦	-19 342	-23 097	-18 916
大米	-3 864	-5 509	-7 151
香蕉	42 242	45 247	49 494
生咖啡	184 071	157 993	226 229
糖	7 680	13 238	12 305
肉类	-1 693	-2 605	-3 050
牛奶	-15 752	-22 148	-48 097
鸡蛋	41	-243	49

资料来源：联合国粮农组织；-代表净进口。该统计不包括花卉。

农业科学技术

战后初期,哥伦比亚政府就开始重视农业科学研究工作,在农村的技术推广、农村教育及促进农村经济社会发展方面取得了显著的成绩。

1. 重视农业高产新品种的研究和推广

1949 年,哥伦比亚政府成立农业专门研究办公室,制订全国研究计划,积极向生产者推广水稻、马铃薯、玉米和菜豆的选种、育苗新技术。1968 年成立的农牧业委员会,承担农艺、农业生产、农业工程和农药的研究任务。多年来,该委员会主要从事常规农业技术的研究,如适于从温带到热带地区种植的优质、高产品种的试验,探索各种农作物病虫害的预防措施,引进抗杂草的新作物及其他品种等。目前,该委员会在全国生态条件和人力资源不同地区设有 23 个试验中心和试验站,从事技术试验和技术推广工作,已取得显著成绩。如在大豆和木薯的育种上,培育出一些抗病、高产、抗旱、固氮力强的优质品种。另外,农业部与设在卡利市的国际热带农业研究中心进行合作,加强本国农业技术研究,合理开发农业资源,促进出口农业的发展。在木薯、菜豆、水稻、玉米、咖啡的育种和栽培方面取得显著成果。如对水稻进行选种、育种工作和采用高产新品种,单产大大提高,1984 年,水稻每公顷单产 4523 公斤,成为拉美地区水稻产量最高的国家之一。又如 70 年代,咖啡研究中心推广新品种,使每公顷单产由 49 公斤提高到 1018 公斤,总产量由 46.8 万公斤提高到 78 万吨。

2. 合理推广和施用现代农业投入物

由于农村劳动力相对充裕,政府只在土地耕作和收割方面引进农用机械。1950 年,全国拥有拖拉机 6350 台;到 80 年代,拖拉机增至 28341 台,其他不同类型的农用机器 7 万多台。目前,全国机耕面积约 141 万公顷,约占农业用地面积的 1/5,其中棉花、水稻、甘蔗、高粱和大豆 5 种作物的机耕面积占 68%。全国可灌溉面积达 181.6 万公顷,但水浇地只有 49.6 万公顷。1950 年哥伦比亚使用化肥只有 2.1 万吨,1950—1953 年平均每公顷使用化肥仅 5.6 公斤,影响到作物产量。70 年代在加勒比海沿岸各省建立了肥料厂，利用当地丰富的天然气生产氮肥，增加了化肥供应。1987年施用化肥增加到50.4万吨，每公顷平均施用化肥94.8公斤。农药使用量从1967年的6619吨增加到1972年的22498吨，后来又减少到1980年的12855吨，主要施用杀虫剂、杀真菌剂和除莠剂3种农药。

3. 在不同时期有针对性地强化不同层次的农业教育

随着经济的发展，政府开始重视有步骤地加强农业教育事业。①1968年，创办地区教育基金会，加强对各级教育的领导，促进各地区基础教育的发展。政府尤其注重对农村建筑校舍、培养师资的投资，集中力量发展农村的初级教育。接着，在农村实行教育中心体制，到1983年，全国建立2500个教育中心，努力扩大农村初级教育的覆盖面。从1980年起，实行新教师必须在农村中心小学任教两年的制度。②积极加强农村职业培训。农村职业学校是专门培养农业技术人员的机构，修业3年，学习一般农业知识，学生主要来自农村。随着商品农业的发展，农业职业教育得到了较快发展。1971—1980年，入学的学生年均增长率为14.9%。高于其他中等职业学校的增长速度，但仍不能满足农业发展的需要。③近十几年，哥伦比亚高等教育有了较快的发展，许多高等学校设有农艺、兽医、自然资源、生态环境保护、生物化学、会计学等系和学科，培养了大批农业发展急需的技术人才和科研人才，有力地推动了农业生产的发展。④政府还重视发展非正规教育，对职工进行职业培训。如1980年，仅全国学徒工培训局采取文化补习、培训、函授和夜校等方式，培训农业职工13万人。1979年，政府还在卡尔达斯省办了一所农民大学，对农业工人进行短期培训，规定每期3个月，每年培训500人。

4. 注重农村经济和社会的现代化

90年代，面对世界经济国际化和激烈竞争的新形势，哥伦比亚政府提出了农业生产和农村社会现代化计划，通过增加投资，提供基础设施服务和技术援助，重视农村自然资源的开发和利用，帮助农民改变落后的生产方式，努力寻求促进社会公正、经济具有竞争力和持续发展的条件，提高农业劳动生产率，保证农业生产发展和农民生活水平得到改善。1994—1998年全国经济和社会发展计划决定，建立由农业部领导的农业技术研究和推广委员会，制定农、牧、渔业技术开发政策，并通过市级农业技术推广站，实施全国农业技术转让计划，鼓励农民改进耕作技术，挖掘农业潜力，结合改良品种，施用有机化肥、农药，提高单位面积产量，提高农业劳动生产率，促进农业生产的发展。

（原载唐正平主编《各国农业概况3》，中国农业出版社2000年版）

哥伦比亚农业商品经济的发展和问题

农业是国民经济的基础，是人类从自然界摄取生活资料和某些生产资的重要物资生产部门。农业在哥伦比亚国民经济中占有十分重要的地位。哥伦比亚全国有可耕地3700多万公顷，约占国土面积的32%。沿海平原和安第斯山区是主要农作物区，东科迪勒拉山以东是天然牧场，再往东是辽阔的亚诺斯平原，尚未开发，农牧业的发展潜力很大。1985年，农牧业占国内生产总值的21.9%，其就业人口占国内直接就业的29.4%，农产品出口占出口总值的2/3。农业是实现国内政治稳定和经济持续发展的宏观经济战略的决定性因素。

哥伦比亚的农业资本主义是沿着普鲁士道路缓慢发展的，农业商品生产经历了漫长曲折的发展进程。19世纪中叶到第二次世界大战，是哥伦比亚商品农业产生、咖啡生产和出口单一结构的形成时期。战后30年，哥伦比亚农业商品经济发展较快，但是20世纪80年代以来，农业停滞不前，出现危机。本文就哥伦比亚农业商品经济的发展及其面临的主要问题略作分析。

历史的回顾

在哥伦比亚，资本主义萌芽始于18世纪末期。在农村中占统治地位的大庄园制，严重阻碍着农业资本主义的发展。1819年哥伦比亚取得独立以后，在商人和手工业者的推动下，1848—1851年实行以取消繁重的捐税和宣布出口贸易自由为特征的"自由改革"。改革虽未改变旧的土地关系，但它对殖民地遗留下来的生产关系和教会势力是一个沉重打击，在一定程度上解放了生产力，为工农业的资本主义发展开辟了道路。与此同时，马格达雷那河上汽船通航，加快了内地与大西洋海岸的联系，给发展对外贸易以巨大的推动，为内地商品农业的出现创造了有利条件。由于废除烟草专卖和国际市场的需要，烟草、金鸡纳、靛青和棉花的种植得到发展，先后成为哥伦比亚的主要出口商品。但是，由于保守党和自由党为争夺政权不断进行争斗甚至战争，生产力的发展受到破坏。外国商品主要是英国工业制成品涌入哥伦比亚市场，扼杀了哥伦比亚工业的发展。哥伦比亚只能以出口黄金和一些初级农产品同外国工业制成品进行不等价交换。

从19世纪70年代起，在安第斯山区出现了以家庭小片土地种植咖啡的生产中心，哥伦比亚开始向美国出口咖啡。19世纪末和20世纪初，由于国际市场对咖啡的需求不断扩大，哥伦比亚的咖啡生产迅速发展起来，成为主要出口产品，美国成为哥伦比亚咖啡的最大买主。据统计，1880年，哥伦比亚咖啡出口只占出口总收入的20%。到1915年，上升到51.5%。咖啡在国际市场上大量销售，把哥伦比亚农民的小生产同国际贸易联系起来，有力地冲击着哥伦比亚落后的封建经济基础。出口收入的大量增加，为民族工业的产生和发展创造了有利条件。20世纪初，食品加工和纺织工业发展起来。第一次世界大战期间，外国商品进口减少，哥伦比亚民族工业，特别是纺织工业的发展迅速，一些庄园主开始经营棉花等工业原料的生产。同时，美国垄断资本在哥伦比亚获得大量土地，建立资本主义种植园。30年代，代表工业资产阶级利益的自由党上台后，采取发展民族工业的措施，并鼓励庄园主采取新的农业生产技术，发展商品生产。

到第二次世界大战时，哥伦比亚农业经济关系发生显著变化。自由贸易的开展，出口收入的增加，推动了运河和铁路基础设施的建设和民族工业的振兴，促进商品农业缓慢向前发展。随着咖啡生产的发展和在出口收入中所占比重的增加，咖啡成为哥伦比亚的经济支柱，是国家财政和外汇收入的主要来源，哥伦比亚逐渐变成咖啡单一生产和出口的国家。

发展商品农业的措施

由于工业发展迟滞，到1945年，哥伦比亚仍是一个落后的农业国。据统计，在国内生产总值中，制造业只占13.4%，农牧业占47%。全国大约2/3的人口从事农、牧、林、副、渔和狩猎，农产品出口占外汇收入的 90% 以上。为克服脆弱的单一经济结构，政府采取了"进口替代"工业化方针，实施以促进初级产品出口带动经济发展的战略。为降低国际市场咖啡价格波动对本国经济的影响，哥伦比亚采取了国家干预和市场调节相结合的方针，把"进口替代"和出口产品多样化结合起来。政府利用本国的有利条件和丰富资源，积极推动商品农业的发展，促进非传统产品的出口，通过扩大出口来积累资金，推动民族工业和国民经济的发展。

政府发展商品农业的主要措施有：

（一）加强国家干预，提供技术援助和贷款。1944 年，议会通过法令，宣布第一个农业发展计划。1947 年建立农业部，制订促进可可、烟草、棉花、小麦、甘蔗和非洲棕榈树的种植计划，在全国建立五个种植商品作物的试验站，以及进行奶粉加工和化肥生产的农村工业。50 年代，国家资助修建一批灌溉工程和公路设施，推动平原地区的大庄园发展商作物生产。为了促进农业生产多样化和提高农业集约化程度，40 年代，政府给生产出口产品的大庄园的补贴性贷款大大增加，据统计，1940 年这类贷款占农业产值的 2.1%，到 1950 年上升到 6.4%，同期给牧业的贷款从占牧业产值的 8.6%，上升到 16.7%[1]。从 60 年代中期起，对农业的投资和贷款不断增加。1965 年，国家对农业的投资 7.4 亿比索，到 1973 年增加到 28.9 亿比索[2]。除政府机构提供的贷款外，政府还通过农业银行、促进出口基金会等金融机构，对从事商品生产的经营单位发放大量贷款，1968 年，国家和私人银行发放的农牧业贷款达 48 亿比索。1975—1979 年，国家对农牧业的各种贷款从 117 亿比索增加到 341.5 亿比索[3]。这些贷款大部分落到大土地所有者手里。

（二）组织农民垦荒，不断扩大耕地面积。土地和就业问题是哥伦比亚面临的两个尖锐的社会问题。1948—1957 年十年暴乱期间，许多农民被迫离乡背井，流入城市或逃亡到委内瑞拉，农村土地荒芜。为了缓和社会矛盾，恢复农业生产力，把失地农民稳定在农村。1961 年，政府颁布土改法，通过征购、剥夺等办法，把未开垦的荒地和庄园分配给部分无地

---

[1] 萨洛蒙·卡尔马诺维茨：《哥伦比亚农村的资本主义发展》，载《今日哥伦比亚》，21 世纪出版社 1980 年版，第 294 页。

[2] 圣地亚哥·佩里：《1950—1980 年哥伦比亚农业危机》，海锚出版社 1983 年版，第 159 页。

[3] 国家统计局：《1982 年哥伦比亚统计》，第 184—185 页。

农民开垦耕种。1968年，土改委员会举办合作社，由政府提供生产设施，帮助缺乏生产手段的农民进行垦荒。1975年，政府宣布实施"农村一体化发展计划"，改变过去把土地分配给农民的办法，直接把破产农民组织在村社企业内劳动。政府将430万公顷水利条件较好的土地划为垦殖区，派出顾问，提供贷款，修筑道路、桥梁和水利工程，兴办教育和社会福利设施，鼓励农民垦荒，发展农业生产，再由收购合作社把产品运抵市场销售。实际上，这种合作社和村社企业是资本主义农业的一种新形式，村社农民是靠劳动换来的微薄工资以维持生活。

（三）进行多种经营，改变咖啡单一种植的经济结构。由于哥伦比亚是咖啡单一生产和出口国，国家的外汇收入和支付能力受到国际市场咖啡价格波动的影响。50年代中期，国际市场咖啡价格下跌，哥伦比亚外汇收入锐减。由于进口大量工业设备，哥伦比亚出现支付危机，为此，哥伦比亚提出多种经营。为避免再次遭受单一作物生产带来的损失，1963年，政府同全国咖啡业主联合会共同制订促进咖啡区生产多样化计划，通过贷款、投资和技术指导，增加香蕉、甘蔗、丝兰、可可、木材和牲畜的生产，同时鼓励垦荒，发展粮食生产，减少国家对咖啡区的粮食供应，提高咖啡农的生活水平。1976年出现了"咖啡繁荣"，1977年政府又同咖啡业主联合会达成协议，鼓励把从"咖啡繁荣"中所得的一部分收入用以支持农村工业和进口农业机器设备，促进农业生产。经过十几年的努力，到70年代末，咖啡区已种植80多万公顷的各种经济作物和粮食作物，已成为香蕉、可可和潘尼拉糖的重要产区。

（四）促进非传统产品出口，改变出口产品结构。为了扩大出口贸易，实现出口产品多样化，改变外贸依赖咖啡的局面，1967年3月，政府颁布第444号法令，积极鼓励非传统产品出口。政府设立促进出口基金会，制订出口信贷计划，定期向生产出口产品的农牧业主提供贷款。该基金会还制订了出口行动计划，指导出口产品的生产。

农村资本主义经济的发展

战后初期，世界经济处于恢复阶段；五六十年代世界经济进入稳定增长时期，西方资本主义国家出现了较快的经济增长。世界经济的恢复和发展为哥伦比亚农村资本主义经济的发展创造了有利条件。这种发展主要表现在：

第一，资本主义经济关系开始在农村中占据统治地位。战后，在商品经济的刺激下，一部分出口商和资本家，租种大庄园主的土地，或者投资，建立起资本主义种植园；一部分大庄园依靠国家提供的财政和技术资助，逐渐转化为资本主义农业企业。封建大庄园朝着资本主义种植园发展，是战后哥伦比亚农业生产发展的一个显著特点。据1971年农牧业调查，全国有117.68万个经营单位共拥有3100多万公顷土地。其中，73.1%的经营单位是占地10公顷以下的小自耕农和租佃农，经营全国可耕地7.2%；22.6%是占地10—100公顷的中等地产者，经营可耕地的25%；3.6%是占地100—500公顷的中型资本主义农场主，占有可耕地的26.6%；0.7%是占地500公顷以上的大庄园，占有可耕地的40.8%[①]。

占地500公顷以上的大庄园主有8400多个，是哥伦比亚最大的土地占有者。主要分布在平原和河谷地区，在考卡山谷省、昆迪纳马卡省和托利马省等农业较发达地区。这些大庄园主都住在大城市，既是大地主、大牧场主，又是出口商和资本家，既经营工业，又经营农产品的收购和出口，他们是哥伦比亚农民最主要的剥削者，与外国资本保持着千丝万缕的联系。为了获取巨额利润，他们利用一部分土地，采用先进技术，雇佣农业工人，成为从事商品生产的新式庄园和大种植园主。到1968年，新式庄园种植商品作物的面积有102万公顷，占当时种植面积的29.1%[②]。

中型资本主义农场有42000户，主要分布在平原和山间谷地，土地肥沃，又可以得到较多的贷款和技术援助，专门种植经济作物，雇用农业工人和季节工，实行集约化经营，生产效率较高。他们剥削农业工人和作为季节工的贫苦农民。但限于经济规模，不能同资本主义大种植园竞争。

中等地产者有26万户，拥有较充足的生产资料，主要靠自己劳动，种植咖啡、芝麻、大豆，大麦等商品作物。他们的地位不稳定，其中有极少数人经营有方而变成农场主，但也有不少人因经营不善或因自然灾害无法抗拒而破产，沦为贫苦农民。

---

① 圣地亚哥·佩里：《1950—1980年哥伦比亚农业危机》，海锚出版社1983年版，第83—93页。
② ［哥伦比亚］《政治文献》1974年第110期。

全国贫苦农民85万户,他们是居住在安第斯山区的小自耕农或各种形式的租佃农。他们占有十公顷以下的贫瘠坡地,使用落后的生产工具,主要种植粮食作物和咖啡,不能维持全家人的温饱,不得不租种一部分土地或外出做工。据报道,1971年,各种形式的佃农有36.8万户,他们既受地主、农业资本家的剥削。又受中间商人垄断市场和高利贷者的盘剥,生活极为困苦。

一百多万户无地农民主要靠出卖劳动力为生。根据官方统计,1970年全国农业工人有120万。1973年,农业工人占农村就业人数的55.6%。农业工人的增加,正是战后30年农业资本主义发展的显著标志之一。据国家统计局的研究报告,70年代,在种植业中70%—80%的产品来自雇佣劳动的经营单位。以家庭劳动为单位的小生产者同国际市场的联系也日益密切,贫苦农民身受前资本主义和资本主义的双重剥削,一个新的农村无产者阶级已经形成,成为哥伦比亚的一支重要的社会力量。

第二,农业生产力得到迅速发展。据统计,哥伦比亚农业年平均增长率50年代为3.3%,60年代为3.6%,70年代为5.1%。70年代哥伦比亚是农业增长率超过4%的四个拉美国家之一[①]。从1950年至1975年的25年间,哥伦比亚的人均农业产值从248美元提高到462美元,年平均增长率为2.7%;70年代前半期,拉美地区人均农业收入平均增长率为2.3%,而哥伦比亚则达5.9%,大大超过地区平均增长率。哥伦比亚人均农业收入在拉美国家中居第四位。

农作物种植面积增长较快。1951年,哥伦比亚农作物种植面积282.6万公顷,到1973年达466.7万千公顷,22年间增加了65%。

农业现代化程度有明显提高。从30年代起,哥伦比亚开始进口农业机器。战后,政府积极进口农业机器和生产设备。1955—1959年,农机进口占资本货进口的14.08%,60年代,本国开始生产一部分农业机械。到1977年,全国拥有拖拉机2500多台,各种收割机和脱粒机1750台。1975年,全国机耕地面积已达120万公顷,其中棉花、旱稻、甘蔗、高粱和大豆五种作物的种植面积机耕的占68%。另外,化肥、电力、各种除虫剂、除草剂以及优良品种的使用都有大量增加。如1949—1953年平

---

① 另三个拉美国家是玻利维亚、巴西和委内瑞拉。见赫苏斯·安托尼奥·贝哈拉诺《在危机中的哥伦比亚农业》,载《西班牙美洲思潮》1986年第8期,第219页。

均每公顷土地使用化肥 5.6 公斤, 1971—1973 年增加到 46.3 公斤[1]。由于大量使用农业机器、化肥、农药以及间或采用高级技术,生产逐步专业化。在一些肥沃的平原和谷地,在那些最易于实现机械化的经济作物区实现了现代化。

第三,农业生产内部结构发生了巨大变化。现代农业种植的主要作物水稻、棉花、高粱、大豆、燕麦、蔗糖、芝麻等种植面积增加。1951 年种植面积 28.1 万公顷,只占总种植面积的 10%,1977 年增加到 89.6 万公顷,占总种植面积的 19.2%,其产值从占农业总产值的 10% 上升到 24%[2]。如果把生产商品粮食、工业原料和出口产品的农作物种植面积加在一起,1977 年达 270 多万公顷,约占全国种植面积(不包括咖啡)的 80%。从 1955 年起,高粱、大豆、棉花生产增长迅速。据统计,1950—1979 年,高粱等平均增长率为 15.6%、大豆为 12.1%、棉花为 7.9%、稻谷为 6.1%、蔗糖为 5.1%。到 1972 年,棉花和稻谷除满足国内需要外,每年有大量可供出口。另外,蔬菜、热带水果、鲜花等少量种植作物使用的土地面积和所占的比例也在增加,说明农业内部出现生产多样化的趋势。

与此同时,包括供居民食用的菜豆、尤卡、香蕉和潘尼拉糖等传统作物的种植面积减少,1951 年占总种植面积的 23.7%,1973 年下降到 19.9%,产值比例从占农业产值的 22.2% 下降到 18.7%[3]。粮食不能自给。

农产品出口结构也发生了明显变化。据统计,1950—1953 年,非传统产品出口只占出口总值的 7.2%,1972—1975 年,上升到 51%。而咖啡出口值所占比重从 1965 年的 75% 下降到 1974 年的 40%。尽管 1976 年"咖啡繁荣"使咖啡出口比例回升,但是,哥伦比亚出口产品多样化的趋势已不可逆转。

---

[1] 另三个拉美国家是玻利维亚、巴西和委内瑞拉。见赫苏斯·安托尼奥·贝哈拉诺《在危机中的哥伦比亚农业》,载《西班牙美洲思潮》1986 年第 8 期,第 215、214 页。
[2] 同上。
[3] 同上书,第 216 页。

农业商品经济发展面临的主要问题

（一）当前农业商品经济发展面临危机。从70年代末起，特别是80年代以来，哥伦比亚农业生产增长迟缓，农产品出口减少，农业现代化进程停滞不前。1975—1980年，包括咖啡在内的农牧业增长4.1%，之后，生产出现衰退，1982年为－0.8%，1984年为1%，1985年为1.8%。油料作物（包括芝麻、大豆、棉花和非洲棕榈）生产急剧减少，1979年以后产量比1975年减少30%，种植面积减少50%。同期的传统作物的种植面积没有增加，1979年以后，产量逐渐下降。由于棉花、蔗糖、烟草、芝麻、大豆等商品作物生产衰退，出口也受到影响。农产品出口贸易条件恶化，1979—1983年间，哥伦比亚因出口产品价格下跌而损失68亿美元的外汇收入。

（二）大土地所有制严重存在。在哥伦比亚农村仍然存在着大庄园制和小土地所有制并存的土地结构，在资本主义农场周围存在着大量小土地占有者。据1971年农牧业调查，只占经营单位的26.9%的大中土地所有者拥有92.8%的可耕地，其中5.1万多个大庄园主垄断67.5%的可耕地，而占地10公顷以下的贫苦农民占经营单位的73.1%，仅占全国可耕地的7.2%。大庄园主把大部分土地作为牧场，粗放经营，只有一小部分土地出租给农业资本家，或者交由代理人经营。这些农业资本家租给农民小块土地，把农民变成为固定在土地上的廉价劳动力。因此，哥伦比亚农民除受大庄园主的前资本主义剥削外，还受农业资本家的雇工剥削和高利贷盘剥。

（三）农业缺乏生产资金。战后，哥伦比亚实行以出口初级农产品带动经济和工业发展的战略，鼓励向工业投资。而作为国民经济基础的农业，特别是粮食生产部门得不到援助而严重缺乏资金。据统计，1970—1982年，哥伦比亚投资收益年平均增长率：农业为1.8%、工业为3.6%、商业为4.4%、金融业为4.6%，金融业投资收益最高。因此，70年代以来，国内资金不断向非生产部门转移，大量资金转向金融业，农业部门缺乏资金尤为突出。据报道，1970年，国家对农牧业的投资占国家总投资的 7%，1980 年只占 2.5%①。农业贷款减少更为突出，1970 年农业贷款占国家预算的 6.5%，1979 年下降到 2.4%。1979—1982 年实施的《全国一体化发展计划》，整个计划共投资 10340 亿比索，但用于农业和农村发展的投资只有 520 亿比索，仅占计划总投资的 5%②。由于农业的生产缺乏资金，发展缓慢，其中粮食作物生产发展更是如此。

（四）农业生产力发展水平低。战后，哥伦比亚商品农业虽有较快发展，但是农业经济基础较差，整个农业生产水平还是比较低的。首先，土地利用率低和土地使用不合理。1973 年，全国经营土地面积 2850 万公顷，其中 1842 万公顷土地进行放牧，用于农业种植的土地只有 466.7 万公顷。其次，农业仍是劳动力密集型的生产部门，现代化程度低。根据国家统计局的统计，1968 年，哥伦比亚只有 3.6% 的经营单位使用农业机器，4.8% 的经营单位使用除草剂，11.3% 的经营单位使用杀虫剂。1968 年，哥伦比亚拥有拖拉机 2 万多台，同期阿根廷有 18 万台，为哥伦比亚的 9 倍，墨西哥有 7 万台，为哥伦比亚的 3.5 倍，智利有 2.5 万台，乌拉圭有 2.8 万台，这两个国家比哥伦比亚小，拥有的拖拉机比哥伦比亚还要多。与发达国家的差距就更大了。同年，美国每个农业经济自立人口平均使用的农业机器为哥伦比亚的 150 倍。1973 年，哥伦比亚从事农业生产的经济自立人口为 243 万人，占全国经济自立人口的 39.7%。可见，哥伦比亚农业仍是以劳动密集型为主，不少地区是靠天吃饭，抗拒自然灾害的能力很低。

（五）出口商品作物和粮食作物生产比例失调，粮食进口不断增加。70 年代，政府把提高农业生产率，发展非传统产品放在优先地位，出口商品农业得到发展；但却忽视了传统作物生产，造成农业内部生产发展比例失调。据拉美经委会统计，1950—1972 年，出口农作物生产的年平均增长率达 8.2%，而传统作物只增长 1%。战后，由于城市人口增加迅速，对商品粮食需求扩大，国内粮食生产供不应求，粮食进口不断增加。据统计，1950—1954 年年平均进口 11 万吨，1970—1974 年增加到 49.9 万吨，1983 年达 130 万吨。

上述问题的存在，严重影响哥伦比亚农业商品经济的进一步发展。近

---

① ［哥伦比亚］《时代报》1982 年 4 月 19 日。
② ［哥伦比亚］《拉丁美洲时代》周刊 1981 年 1 月号。

年来，不少专家学者提出改变哥伦比亚农业现状的宝贵意见。哥伦比亚政府也采取了一些措施，如强调恢复农业生产、整顿财政、增加农业低息贷款、鼓励粮食生产、提高农产品收购价格、支援农业生产，并对经济结构作了些调整。但目前看来，要彻底改变这种状况并非易事，仍需要时间，哥伦比亚农业商品经济的发展仍需要走艰难曲折的道路。

（原载《拉丁美洲研究》1987年第6期）

哥伦比亚实施农村经济发展多样化的经验教训

哥伦比亚是拉美地区一个中等发展程度的国家。农业在其国民经济中占据特殊地位，因此，农业的发展是实现国家政治稳定和经济持续增长的重要因素。哥伦比亚全国有可耕地 3700 万公顷，占国土面积的 32%。土地肥沃，雨量充足，气候温和湿润，适宜于各种农作物生长，农业生产的自然条件很好。沿海平原和安第斯山区是主要农作物种植区，东科迪勒拉山麓以东是天然牧场，再往东是辽阔的亚诺斯平原，至今尚未开发，发展农业生产的潜力很大。

哥伦比亚原是个单一的咖啡生产和出口国。自 20 世纪 60 年代起，政府积极调整农村产业结构，大力推行农村经济多样化经营。在政府、全国咖啡种植者联合会和广大农民的共同努力下，实现了预定目标，其成就为世人瞩目。

一 "二战"后哥伦比亚的国际国内政治经济形势

哥伦比亚是个热带农产品出口国，是较早参与国际分工，向国际市场出口初级产品的国家。由于受到地形、气候、技术、运输和大庄园土地所有制等因素的制约，哥伦比亚的农业生产经历了漫长的发展过程。1819年摆脱西班牙统治获得独立后，殖民时期遗留下来的社会经济结构没有改变。1850 年洛佩斯政府进行的自由改革，废除了奴隶制，取消了土地买卖限制和国家对烟草贸易的垄断，鼓励农产品出口，一定程度上解放了生产力。烟草、金鸡纳、靛青和棉花等先后成为哥伦比亚的主要出口产品。19 世纪末，随着西部安第斯山区的垦殖，咖啡种植在安第斯山区得到大力推广。之后，由于国际市场的需要，咖啡开始成为主要出口产品。据统计，1880年哥伦比亚咖啡出口仅占出口总收入的20%，1915年增加到占51.5%，1926年上升到76.9%。① 咖啡成为国家的经济支柱，是国家财政和外汇收入的主要来源。咖啡生产的迅速发展，给哥伦比亚的封建经济以猛烈的冲击，为民族工业的产生和发展创造了有利条件。

第二次世界大战后，哥伦比亚的国际国内经济政治形势发生了深刻的变化。

（一）国际市场咖啡价格急剧下降，严重地影响了哥伦比亚经济的发展

第二次世界大战后，哥伦比亚经济仍以咖啡单一生产和出口为主，工业发展迟滞。1945—1949年，咖啡出口占总出口收入的72.1%。"二战"后初期，由于国际市场咖啡价格上涨，哥伦比亚出现"咖啡繁荣"，政府利用成倍增加的外汇收入，积极向工业投资。然而，国际市场咖啡价格波动从两个方面影响着哥伦比亚经济。其一，影响国内需求。每当国际市场咖啡价格上涨，咖啡农的收入便会增加，其购买力便会提高，国内市场也随之繁荣；反之，国际市场咖啡价格下跌，国内的总需求随之减退。其二，影响国际收支。每当国际市场咖啡价格上升，国家的外汇收入就增加，国家的支付能力就得到加强；反之，国家的外汇收入就减少，进口能力就受到限制。由于国际咖啡市场受到美国等西方大国的控制，它们任意压低价格，人为制造供大于求的局面，使咖啡生产国蒙受巨大损失。通常纽约市场每磅咖啡价格下跌1美分，哥伦比亚就要损失700万—800万美元的外汇收入。② 从1957年起，国际市场咖啡价格猛烈下跌，每磅从1954年的80美分降到1961年的40美分。出口收入锐减，外贸逆差进一步扩大，迫使哥伦比亚政府压缩进口。1954—1955年度到1966—1967年度期间，哥伦比亚出口购买能力年均只增长0.3%，实际进口能力年均增

---

① 米格尔·乌鲁迪亚、马里奥·阿鲁布拉编：《哥伦比亚历史统计概要》，哥伦比亚国立大学，1970年，第208页。
② 何塞·安东尼奥·奥坎波主编：《哥伦比亚经济史》，21世纪出版社1987年版，第258页。

长率为0.6%。①咖啡价格下跌导致哥伦比亚出现国际收支危机，政府被迫进行货币贬值，建立新的外汇和进口管理制度，调整关税，实行限制进口和多种汇率制度，以解决进口与外汇短缺的矛盾。

（二）实施进口替代工业化发展战略，要求农业提供更多的工业原料和粮食

在20世纪30年代初的世界经济大萧条和"二战"期间，哥伦比亚有识之士开始意识到向国际市场出口初级产品发展模式的危险性，强调必须发展民族工业。"二战"后，在联合国拉美经委会的"发展主义"思想指导下，政府实施了进口替代工业化发展战略。其基本指导思想是：减少消费品进口，增加中间产品和资本货进口，发展本国的制造业，克服咖啡单一种植的脆弱性，逐渐改变国家的经济结构。采取的主要措施是：

1. 把大量的资金转向工业部门，加大对制造业的投入。共和国银行和金融公司成为信贷中心，负责给新工业、公共服务和基础设施的建设提供中、长期贷款。1959年政府颁布第29号法令确定，官方银行必须把活期和定期储蓄的15%用于工业发展。经济发展委员会和工业财政公司相继成立，负责研究经济发展和引进外资事宜。

2. 多次进行关税改革，对本国工业实行保护。1946年政府取消"二战"期间采取的进口预先许可证，实行新工业设备优先进口政策。1948年，废除了1922年同美国签订的双边贸易协定，限制美国消费品的进口。1950年实行关税改革，提高对日用品、耐用消费品和某些中间产品的进口关税。1959年颁布第1号法令，实行进口检查和价格监督，再次提高关税率。1964年政府宣布新的税收改革，对新兴的煤炭、化工、金属机械等产品豁免十年税收，鼓励老企业更新设备和技术，建立鼓励制成品出口的制度。

在这一阶段，哥伦比亚制造业有了较快的发展。"二战"前建立的食品工业和纺织工业，生产规模进一步扩大，设备有所更新，新产品不断增加；还建立了石油、化工、水泥、钢铁、汽车制造、金属机械等部门，其中较大的企业有哥伦比亚石油公司、帕斯德里奥钢铁厂、卡塔赫纳煤油厂

---

① 何塞·安东尼奥·奥坎波主编：《哥伦比亚经济史》，21世纪出版社1987年版，第259页。

和哥伦比亚汽车制造厂。工业的迅速发展要求农业提供更多的原料和粮食，以满足制造业和城市人口不断增加的需要；国家现代化要求农业出口更多新的农产品，以满足进口中间产品和资本货的需要。克服咖啡单一种植，大力发展其他商品作物生产的任务提到议事日程上来。

（三）国内政局动荡，十年暴力统治加速了农村旧的生产关系的瓦解

第二次世界大战反法西斯同盟的胜利，加快了哥伦比亚各种政治力量的分化，各派政治势力矛盾加深，彼此之间较量激烈。1946年，保守党人奥斯皮纳·佩雷斯总统上台执政，对内实行高压政策，向自由党人和一切民主派别实行暴力统治，对外实行追随美国的政策。国内矛盾进一步激化。1948年4月9日，自由党左翼领袖豪尔赫·埃利塞尔·盖坦在首都街头惨遭杀害，波哥大和许多城市爆发了人民起义。保守党政府对人民起义和自由党进行残酷镇压，自由党和保守党的武装冲突日益频繁。1953年，陆军司令古斯塔沃·罗哈斯·皮尼利亚将军发动政变上台，实行军事独裁统治。激起全国各阶层的极大愤怒，工人罢工，商人罢市，全国工商业完全陷于停顿状态。1957年，在国际强大的民族民主运动推动下，哥伦比亚人民推翻了罗哈斯军事独裁统治。在新形势下，在不可能实行一党专政和寡头统治的时候，自由党和保守党达成建立"民族阵线"协议，并经过全民投票，决定恢复代议制民主制度，于1958年建立起自由党和保守党参加的"民族阵线"政府。"民族阵线"政府的成立，标志着十年暴力恐怖统治的结束。在1948—1957年十年暴力统治期间，全国陷于战争状态，广大农民遭到残酷迫害，约有30万人被杀害，他们的土地和财产被掠夺，房屋被烧毁，农业生产遭受到严重的破坏，大批农民流入城市成为无业者。

二　哥伦比亚采取的发展农业的措施

20世纪50年代末60年代前期，国际支付危机、国内通货膨胀、农民破产和大量失业是哥伦比亚经济发展面临的三大障碍。当时农村的形势尤为严重。十年暴力统治，地主残酷屠杀农民，农村土地荒芜，许多小农流离失所；农村土地兼并现象十分严重，土地占有和使用情况极不合理。据1960年的农牧业调查，拥有5公顷以下土地的小农户占总农户的

67.7%，只占有全国 6% 的可耕地，而 100 公顷以上的大庄园主只占总农户的 3.2%，却占有可耕地的 59.3%。① 然而，大庄园主控制着全国最肥沃的土地，用于农业生产的只占极小部分，绝大部分肥沃土地却用作牧场。而小农户在贫瘠土地上进行家庭经营，生产力低下。此外，全国还有 40 万—50 万农户破产。农村阶级矛盾十分尖锐。

于是，在 1959 年古巴革命的推动下，哥伦比亚曾进行过一场激烈的辩论。一派极力主张发展商品作物，走通过建立资本主义农业企业加速农民分化的大农业道路，来解决工业原料和增加农产品出口问题。另一派则主张通过土地改革，解决失地农民的土地问题，把农民稳定在农村，通过建立农民小土地所有制，发展农业生产，提高农民社会购买力，缓和社会矛盾。鉴于哥伦比亚经济结构畸形严重影响着国家经济发展的情况，为适应工业化发展的需要，缓和农村阶级矛盾，恢复农业生产，政府决定调整农村土地关系和生产结构，实现更合理的资源配置，提出了农村经济发展多样化方针，制订了发展经济作物的种植计划，努力改变单一咖啡生产和出口结构，提高农业集约化程度，逐渐提高农民的生活水平。政府采取的主要战略措施有：

（一）颁布土改法，鼓励农民开垦荒地，力图把农民稳定在农村

1961 年，政府颁布《土改法》，宣布进行土地改革。为提高农业生产力、加速本国资本主义发展，政府强调把土地分配、发放贷款、开发土地资源、建设农村浇灌区、提供技术援助等工作结合起来。1962 年成立了哥伦比亚土地改革委员会，其任务是：①征用大块私有土地，将土地划分成小块分配给无地和少地的农民。②充分利用闲置土地，鼓励农民垦殖公共土地。③从事土壤平整、造林和修建水利排灌工程。④修筑乡村公路，通过技术援助和农业贷款等活动，鼓励农民组成合作社，发展农业生产。1962—1967 年间，只有 5.4 万农户分到土地，共分配了 88.9 万公顷土地，其中大部分是购买和转让的公共土地，只有 7.4% 是征收大庄园主的土地。② 1962 年—1970 年 6 月，土地改革委员会用于农业工程的资金 13.1

---

① 何塞·安东尼奥·奥坎波主编：《哥伦比亚经济史》，21 世纪出版社 1987 年版，第 289 页。

② 同上书，第 295—296 页。

亿比索，贷款 12.6 亿比索，分别占其总预算的 28.8% 和 27.5%。[①] 到 1970 年，全国无地农民仍有约 80 万户。

鉴于土改进展缓慢，1975 年政府实施《农村一体化发展计划》，改变过去分配土地给农民的做法，以贷款和实行协作的办法把农民组织在合作社或村社企业里。政府将 430 多万公顷水利条件较好的土地定为垦殖区，派出顾问，为缺乏资金的农民提供 2.89 亿美元资金，鼓励农民开垦荒地。在垦殖区实行三个专门计划：①兴建公路、水利工程、电力、饮用水等农村基础设施的工程建设计划。②提供技术援助、活跃市场和人才培训的生产计划。③发展卫生、教育、住宅和营养等方面的社会服务计划。[②]

自 70 年代后期起，游击队频繁进行绑架和暴力活动，严重阻碍了农业生产发展。为此，政府把实现国内和平和帮助落后地区恢复生产列为农村工作的重点。1982 年，政府提出国内和平，主张与游击队实现和解，在游击队活动地区实施全国恢复计划。与此同时，政府先后建立了 17 个地区开发公司，积极改善现有的农村交通和排灌设施，帮助落后地区利用当地自然资源，恢复农业生产。据报道，这些公司覆盖面积达 30 万平方公里，约占国土总面积的 26.3%，人口达 1550 万，占全国总人口的 58%。[③] 1987—1989 年，政府实施全国恢复计划的投资 2428 亿比索，其中用于农业生产投资 393.9 亿比索，用于道路和农村电力等基础设施的投资 1289 亿比索，用于农村教育、卫生、饮用水等社会福利投资 353.5 亿比索。90 年代以来，为了增强抵抗自然灾害的能力，政府加强土地整治工作，鼓励农民贷款使用者协会会员积极参与整治土地的工作。根据政府计划，1994—1998 年投资 5140 亿比索，用于整治 20 万公顷土地。[④] 目前，哥伦比亚农村基础设施有了很大的变化，城乡之间的交通有所改善，这对恢复生产和商品农业的发展起着积极作用。

---

① 圣地亚哥·佩里：《哥伦比亚农业危机》，海锚出版社 1983 年版，第 106 页。
② 何塞·安东尼奥·奥坎波主编：《哥伦比亚经济史》，21 世纪出版社 1987 年版，第 298 页。
③ 《拉丁美洲研究》1990 年第 2 期，第 55 页。
④ 《中国财经报》1997 年 8 月 6 日。

（二）进行多样化试验，增加农业的生产投入，推动农村多样化生产的发展

第一，在咖啡种植区建立发展多样化种植试验中心，推动商品作物和粮食的种植。1963年，在咖啡银行、农业贷款银行、土地改革委员会和卡尔达斯财政公司的支持下，全国咖啡种植者联合会在卡尔达斯省的首府马尼萨莱斯市，建立咖啡区发展和多样化基金会，作为资助和指导多样化活动的机构。该基金会与美洲开发银行签订700万美元的贷款合同，在外国专家的帮助下，制订了咖啡区发展和多样化的第一个五年计划，决定在卡尔达斯省建立试验中心，通过技术援助、贷款、组织农产品市场、农产品加工等计划，鼓励咖啡农进行多种经营，发展香蕉、甘蔗、水果、丝兰、木材和牲畜及粮食作物生产，推动咖啡区农村经济全面发展。五年计划规定，每年推行多样化生产面积2400公顷，政府给予优惠贷款。第一个五年计划收到了预期的效果。

第二，完善农村财政信贷机制，增加农村的生产投入。1966年建立土地财政基金，增加对商品农作物的投资。当年国家向农业投资9.02亿比索，1973年增加到28.9亿比索。1967年3月政府颁布的第444号法令（即《外汇条例》）是哥伦比亚第一个促进非传统产品出口的法令，它的实施为农村经济发展多样化以新的推动力。从1968年起，政府先后制定了两个农村经济发展多样化五年计划，把发展商品作物生产、提高农村劳动生产率放在优先地位。1968年，政府决定把咖啡区发展和多样化基金会作为农业部的下属机构，在全国大力推广卡尔达斯省发展和多样化的经验。为提供更多农产品以满足工业发展和出口的需要，政府通过农业银行、咖啡银行和一些金融公司，向从事商品农作物生产的农户发放大量贷款。1968年，国家和私人银行发放的农牧业贷款为48亿比索，1975年增加到162.8亿比索。为了鼓励出口，1967年建立促进出口基金会，定期向出口农业提供低息贷款。1973年颁布第5号法令，改组农牧业财政基金会，使之成为专门对商品农业提供贷款的机构，扩大对农村的生产贷款。其中，对商品农业的贷款从1974年的84.5亿比索增加到1978年的172.9亿比索。

20世纪80年代前期，哥伦比亚农业生产出现危机，为此，政府增加对农业的投入。90年代，面对世界经济激烈竞争的新形势，政府提出了农业生产和农村社会现代化计划，决定增加投资，重视农村自然资源的开发，提供基础设施服务和技术援助，帮助小农户改变落后的生产方式，寻求促进社会公正、经济具有竞争力和持续发展的条件，发展农业生产力。在1994—1998年的4年投资计划中，政府向农业银行提供1600亿比索资金，农业银行向小农户提供6000亿比索的生产性贷款。政府把贷款作为农业资本化的重要手段，接受国际多边银行的贷款，通过农牧业财政基金会向农民提供2.5亿美元的贷款。[①]

（三）积极提供技术援助，提高农村劳动生产率

为推动农业生产的发展，政府加强农业科学研究，通过改良品种、植物保护、改良土壤、消灭病虫害、采用现代机械技术等措施，积极推动商品作物的生产。从1967年起，政府把发展非传统产品出口放在优先地位，对咖啡种植区350万公顷土地的使用情况进行可行性研究，提供研究成果，指导咖啡农进行多样化生产。全国咖啡种植者联合会派出150多名技术专家，到各省具体指导34种水果和蔬菜的生产。1968年成立的农牧业委员会，承担农艺、选种、农业工程和农药的研究任务。多年来，该委员会主要从事常规农业技术的研究，探索对各种农作物病虫害的预防措施，引起抗杂草的新品种；在全国生态条件和人力资源不同的地区设有23个试验中心，专门从事技术试验和技术推广工作，已取得显著成绩。在多样化发展计划实施过程中，咖啡区发展和多样化基金会在全国推广造林计划、可可和橡胶种植计划、水果生产计划、家庭养殖业计划、养鱼计划和人才培训计划等，鼓励建立经济作物基地，并帮助农民克服生产中遇到的各种技术难题。

随着商品经济的发展，政府鼓励建立棉花、烟草、燕麦、甘蔗、水稻、香蕉和鲜花等专业生产联合会，通过它们加强对专业生产的技术指导。在各专业生产联合会指导下，香蕉、棉花、烟草、甘蔗、非洲棕榈、水稻、可可、鲜花等作物的生产都有显著增加。养蜂、家禽、养猪、奶牛、养兔、养鱼和养蚕等饲养业也都得到发展。[②] 90年代，面对激烈竞争的新形势，政府加强农业技术的开发、转让和推广工作，提高农业的竞争力，促进农业生产的可持续发展。1997—1998年决定建立由农业部领导

[①] 《中国财经报》1997年8月6日。
[②] 《新边疆特别文献》1988年第6期。

的农业技术推广委员会，制定农、牧、渔业技术开发政策，并通过市级农业技术推广站，实施全国农业技术转让计划，鼓励农民改进耕作技术，挖掘农业潜力，改良品种，施用有机肥料和农药，提高农业劳动生产率。政府还通过与设在卡利的国际热带农业中心合作，加强农业技术研究，合理开发本国农业资源，促进出口农业的发展。

（四）提供市场信息服务，发挥专业生产组织的协调作用，促进农产品出口

为推动非传统产品出口，促进出口基金会积极开展国际贸易行情调研，组织商品到国外展销，制订出口行动计划，对出口农产品生产给予指导。咖啡区发展和多样化基金会每年年初发布"系列农产品价格"公报，向生产者提供市场供求关系的准确信息。1974年创办的生产和消费总公司，在各省大中城市建立起一批超级市场和批发中心，形成畅通的农产品销售网络。与此同时，政府十分重视农产品的收购和出口工作，通过农产品经销委员会对市场进行干预，由农产品国际贸易联合会负责收购和组织出口。

为加强生产的宏观管理，做好生产、销售、出口各个环节的协调工作，根据全国咖啡种植者联合会的经验，在全国成立了各种专业生产者联合会，积极推动出口农业的发展。如哥伦比亚全国花卉生产者联合会就是一例。它的主要任务是：①收集世界各地的花卉生产、销售和科研等各方面的最新信息，通过会刊及时通报给所有会员。②保护花卉生产者和出口商的利益，负责帮助聘请律师，解决在花卉出口过程中出现的各种纠纷和矛盾。③聘请花卉栽培专家作技术顾问，开展科学研究和技术培训，不断提高花卉生产人员的技术素质和业务素质，改善花卉种植环境，提高产量和质量。④制定花卉生产规划，按照市场需求安排花卉生产，向花卉生产、经营者提供周到和细致的服务。正是各专业生产者联合会的周到系统的社会化服务，促进了哥伦比亚出口农业、种植业的迅速发展。

此外，为鼓励出口，从1967年起，政府不断调整汇率，实行本国货币低度贬值，以提高出口产品的竞争力；实行出口税收补贴，鼓励农产品的出口。政府还通过预防性措施，利用现有的反不正当竞争的法规和机制，对一些敏感的产品给予有选择的保护。

(五) 重视农产品加工,建立一批新的农工贸出口创汇产业

随着商品农业的发展,农产品加工越来越受到重视。农产品加工工业的发展,对农产品加工原料提出了具体要求,有利于农业生产的发展;加工剩下的废料又可返还给农业生产,从而促进了农业的合理循环和协调发展。1976 年哥伦比亚出现了咖啡繁荣,政府同咖啡种植者联合会达成协议,把咖啡繁荣所得收入转移到农业,支持农村工业的发展。从 1977 年起,政府又拨款 11.7 亿比索,建立一批从事水果、植物油、制糖、肉类、奶油、皮革、服装、天然丝绸的加工企业。在 1984—1989 年的第五个多样化生产五年计划中,政府投资 58.2 亿比索,建设 34 个大型农工业工程,其中有制糖厂、低热灭菌厂、大型乳品加工厂、香蕉粉厂等。20 世纪 90 年代初,全国已建成 122 个较大的农工企业,里萨拉尔达制糖厂就是其中规模最大的工程之一,1977 年投产,年产糖 60 万吨,在糖的替代进口和出口创汇中起到重要作用。从 1979 年起,该厂为国家创汇 7600 万美元。①

在多样化生产过程中,鲜花和水果生产得到较快发展。哥伦比亚有适宜种植水果和鲜花的优越条件,国际上有美国和西欧广大的销售市场。80 年代初,国际市场初级产品价格下跌,但鲜花、热带水果销路广,价格看涨,政府增加生产投资,扩大种植面积,积极发展鲜花、热带水果和蔬菜的出口。在第五个多样化生产的五年计划中,柠檬、菠萝、杧果、香木瓜等热带水果是重点发展项目,并成立经营鲜花和热带水果的农工贸企业,积极解决出口、运输等问题,使之成为国家的出口创汇新产业。

三 哥伦比亚农村经济发展的成效

近 40 年来,在政府、各专业生产联合会和广大农民的共同努力下,哥伦比亚农村经济发展多样化活动实现了预期的目标。

(一) 改变了农村不合理的生产结构,使农业生产向纵深发展

为适应现代化的需要,政府通过可行性研究,根据各地区实际情况,

---

① 《新边疆特别文献》1988 年第 6 期。

因地制宜发展农业生产，农村生产结构发生了可喜变化。在商品经济的刺激下，一部分资本家和出口商把资金转移到农村，购置土地或租种大庄园主的土地，建立起一批资本主义种植园；一些平原地区或交通方便地区的大庄园，依靠国家提供的贷款和技术援助，采取资本主义经营方式生产市场急需的产品，把古老的封建庄园变成了资本主义的现代农业企业。与此同时，国家实行支持小农户发展的政策，通过技术援助、扩大补贴性贷款和改善农村基础设施，促进农业劳动生产率的提高。到20世纪70年代，哥伦比亚农村出现了传统农业和现代农业并存的二元经济结构。随着商品经济的发展，建立在土地、劳动二元结构基础上的传统家庭关系逐渐被土地、资本、劳动三元结构的新型家庭关系所代替。目前，全国各种农作物面积为430万公顷，咖啡种植面积稳定在100万公顷。在咖啡种植区，实行多样化生产的土地面积增加到211.3公顷，年产值达2400亿比索。此外，农村多样化发展计划对土地和自然资源的保护，对水利资源的管理和使用也很重视。在稳定发展种植业的基础上，牧、林、渔业也得到发展。从1963年起，政府投资9.5亿比索在10个省建立林业公司，营造商业用材林。仅1984—1989年，在14个省造林1万公顷。目前在9个省进行的113个养鱼计划，投资9900万比索，营造57万平方公里的池塘。咖啡种植区的畜牧业和家庭养殖业也有较快发展。[1]

（二）建立了一批专业化生产基地，出口产品结构发生了明显的变化

政府通过贷款、技术援助、农村基础设施建设以及人才培训等方式对经济的干预，推动了农村生产力的恢复和发展，促进了农村商品经济的繁荣。在安第斯山区，按照海拔依次出现了热带作物、温带作物、寒温带作物的种植区。近三十年来，在哥伦比亚农村，棉花、甘蔗、香蕉、烟草、非洲棕榈、水稻、可可、鲜花、水果等作物的种植面积和产量都有显著增加。特别是国内工业发展所需要的棉花、可可、燕麦、油料作物、橡胶等发展更快，在替代进口、促进工业制成品出口中发挥了重要作用。此外，出现了一批进行资本主义经营的农村企业和新的生产中心，生产逐步走向专业化，如考卡山谷省甘蔗种植区，桑坦德尔烟草种植区，沿加勒比海各省的棉花种植区，乌拉瓦地区、圣马尔塔地区的香蕉种植区，托利马、东

---

[1] 《新边疆特别文献》1988年第6期。

亚诺斯平原和大西洋沿岸的水稻种植区，波哥大平原鲜花种植区等。目前，全国商品作物种植面积约占耕地面积的80％。①

近三十年来，哥伦比亚的出口产品结构发生了明显变化。1967年，传统产品咖啡出口占总出口的70％以上，非传统产品出口只占26.8％。随着非传统产品出口的不断增加，1974年非传统产品出口值第一次超过咖啡出口值。近20年，由于国际市场需求量增加，鲜花和水果种植面积迅速扩大，形成了一批鲜花和水果的种植—加工—出口的农工贸企业，成为国家新的创汇产业。咖啡生产急剧下降，产量从1991年的97.1万吨减少到1996年的67.1万吨；咖啡出口从20世纪80年代初占总出口的40％，降到1999年的11.4％。非传统产品出口占总出口的45.7％。② 目前，来自农业和农产品加工业的出口占有重要地位。1990—1997年农产品出口年均增长率为10.7％，出口值从25.04亿美元猛增到43.87亿美元。③

（三）形成了国内农产品销售网络，利于非传统农产品出口

政府通过农产品经销委员会对市场进行干预，由农产品国际贸易联合会负责收购和组织出口。促进出口基金会积极开展国际贸易行情调研，组织商品到国外展销，开拓国际市场。从1972年起，发展和多样化基金会每年发布《系列农产品价格公报》，对34种农产品价格及其发展趋势进行详细分析，提供市场供求关系的准确信息，便于生产者安排生产，以保证国内市场和出口的需要。政府创办的生产和消费总公司，在各省大中城市建立起一批超级市场和批发中心，形成了农产品的销售网络。各专业生产联合会把农民生产的各种产品，按质量进行分类和包装，供应国内市场和出口。到20世纪80年代末，全国有各种专业生产者联合会257个，④它们在政府的帮助下，建立起122个农产品加工企业和储存中心，产品能在全国各大中城市的超级市场和销售中心出售，有效地推动了商品经济的发展。

---

① 《今日哥伦比亚》，21世纪出版社1980年版，第317页。
② 哥伦比亚驻华使馆提供资料：《哥伦比亚：深藏拉丁美洲最好的宝藏》，2000年3月。
③ 哥伦比亚国家计划局：《建设和平的变化基础（1998~2002）》，第178页。
④ 唐正平主编：《各国农业概况（3）》，中国农业出版社2000年9月版，第131页。

(四) 开拓了农业边疆，一定程度上缓和了农村社会矛盾

面对农村土地占有和使用不合理的状况，政府通过土改委员会，进行土地的再分配，建立共有企业和组织农民垦荒，开拓农业边疆，以解决农村大量土地无人耕种和广大农民无地可耕的矛盾。由于采取了国家提供生产资料、住宅、学校等社会服务，农民参加劳动并根据他们的贡献大小分配劳动果实的办法，解决了一部分农民的生活问题，受到农民的欢迎。70年代中期，当实行农村一体化计划时，农民垦荒热情达到高潮。据估计，1960—1980 年间，全国垦荒 340 万公顷。1979 年，垦殖区人口达 110 万，其中一半是在东部和东南部垦殖区。随着农产品加工工业的发展和扩大，社会就业人数大大增加。据全国咖啡种植者联合会材料，在实行多样化发展计划的 25 年间，农村就业岗位增加了 62.8 万。另外，在多样化生产过程中，政府、发展和多样化基金会比较关心农村的社会问题，努力改善生产者的生活，使从事经济作物的农民比生产粮食的农民要富裕些，咖啡种植区农民的生活比普通农民的要好些。

但是，哥伦比亚农村经济发展多样化的进程，也还面临一些新的问题，其中最突出的是游击队和非法作物种植问题，这也是制约哥伦比亚经济发展的严重问题。

哥伦比亚农业资本主义发展走的是普鲁士式的道路，没有破坏旧的土地结构，大庄园所有制的存在，给农村经济和社会发展带来严重的后遗症。土地和财产占有不同，收入分配不公，城乡差距悬殊，贫困化问题日益严重。随着农村生产结构的调整，农村剩余劳动力大量流入城市，导致城市人口膨胀。城市人口从 1951 年占总人口的 42.6% 提高到 1995 年的 72%。城市人口剧增，给就业带来巨大的压力。流入城市的这部分人中，由于他们所受教育程度和技能较低，不得不流向就业和收入极不稳定的非正规部门；而另一部分农民则逃到边远地区或在穷乡僻壤从事非法作物的种植。由于政府对广大农村缺乏有效的管理，从 20 世纪 70 年代起，非法作物大麻的种植在哥伦比亚大西洋沿岸悄然兴起。此后，古柯、罂粟的种植和加工迅速发展，哥伦比亚成为国际毒品走私的主要供应地。而失业、就业不足、分配不公带来的一系列社会问题，又成为产生游击队的原因。20 世纪 60 年代中期以来，游击队在山区和边远地区频繁活动，或伏击政府军，或进行绑架，或从事破坏性暴力活动，广大群众深受其害。近几

年，游击队又参与贩毒走私活动，使哥伦比亚的扫毒斗争更加困难。目前，游击队和毒品问题成为影响哥伦比亚政治、经济和社会稳定的两大难题。

四　哥伦比亚发展农村经济的经验教训

哥伦比亚政府提出的农村经济发展多样化方针，是20世纪60年代中期进行经济战略调整的组成部分，是实行"促进出口"和"出口产品多样化"战略在农村中的具体运用，是农村资本主义发展的表现。实质上是一次产业结构的重大调整，其目的是要改变咖啡单一生产和出口结构，代之以多样化经营，推动出口，繁荣国民经济。哥伦比亚农村经济发展多样化运动为第三世界国家发展农村经济提供了经验教训。

（一）实施经济多样化方针，是发展农村经济，建设现代农业的正确战略选择

长期以来，哥伦比亚遭受殖民主义统治和西方发达国家的掠夺，经济发展落后，生产结构畸形，对外依附严重。第二次世界大战后，为巩固政治独立，政府积极发展民族经济，大力发展本国的制造业；而作为国民经济基础的农业，过去曾为工业积累了大量资金，为发展民族工业做出了贡献。农业生产的根本任务是向社会提供必需的生活资料和工业原料。随着工业化的发展和城市人口的不断增加，这种需求不仅数量上越来越多，而且品种也会更趋多样。为此，哥伦比亚政府总结了一个多世纪种植咖啡的经验教训，从本国的国情出发，根据战后国家经济发展的客观要求，提出农村经济发展多样化方针，合理开发丰富的农业资源，努力改变国家经济畸形的生产结构。实行农村多种经营，是发展现代农业、保持国民经济健康发展的正确选择。

哥伦比亚农村经济发展多样化运动，先后制订过五个五年计划，把发展非传统农作物生产放在突出地位。政府在发展非传统农作物生产过程中，不是采取砍掉咖啡而发展其他作物的简单化做法，而是进行可行性研究，经过试验再加以推广，根据各地区的不同情况，开发自然资源；政府通过农村经济发展多样化运动，大力促进商品农业的发展，促使自给自足的农民参与市场经济，使一家一户为单位的传统农业逐渐向农工商一体化

的现代农业过渡。哥伦比亚农村经济发展多样化运动为第三世界国家发展农村经济提供了有益的经验。

（二）因地制宜地建立多层次的农村经济结构，使农业生产向纵深发展

农业本来是包括农、林、牧、副、渔在内的广义农业；农村经济的含义更为广泛，它是包含土地资源、生态环境、人类社会在内的一个复杂矛盾统一体。农业生产的发展和农村经济结构的形成，受自然条件、社会环境和经济规律的制约；合理的农村生产结构应有利于开发自然资源、保护生态环境和实现可持续发展，有利于地区发展，满足工业发展和城乡人民生活提高等多方面的需要。当前，哥伦比亚的工业基础比较薄弱，农业生产力水平不高，农村经济发展仍然受到地形、气候、生产技术、运输、市场和大土地所有制等诸多因素限制。然而，哥伦比亚农业资源丰富，农村劳动力充足，农业发展的潜力很大。政府能充分利用这些有利条件，挖掘自然资源的潜力，把无地农民组织起来，调动他们的积极性开展生产合作，鼓励各方面力量参与农村基础设施建设，强调因地制宜发展多样化生产，逐步改善农民生产生活条件和生态环境；鼓励建立商品作物基础，推进农业产业化经营，把农业生产引向深度和广度方向发展。

（三）组织农民开展生产合作，发挥专业生产联合会的作用，为农业生产提供服务

为加强生产的宏观管理，做好生产、销售、出口各个环节的协调工作，政府借鉴全国咖啡种植者联合会的经验，先后在全国建立起各种产品专业生产者联合会，对专业化生产进行正确的技术指导和提供服务。政府非常重视各种类型专业生产者联合会，充分发挥它们在提供信息、组织生产、开展技术培训、提高人员业务素质和产品质量、维护生产者权益，以及在收购、储存和销售中的组织和协调作用。政府还鼓励各专业生产者联合会和民间组织，在国际贸易行情调研、组织国外展销、开拓国际市场等方面发挥作用。例如，政府对花卉行业给予大力扶持，发挥花卉生产者联合会的协调作用，使花卉种植业成为哥伦比亚的高效产业。全国具有一定规模的花卉生产农场有100多个，实行专业化生产，科学管理，注意研究市场动向。目前，哥伦比亚已成为世界第二大花卉出口国，出口的主要花卉 40 多种，年创汇 5 亿多美元。花卉生产已成为哥伦比亚人的致富之道。

（四）发挥国家经济职能，促进农村经济发展

农村经济发展多样化方面取得的成就，与政府的重视和宏观调节分不开。1967 年颁布的《外汇条例》，是鼓励非传统产品出口的第一个法令，它给农村经济发展多样化以新的推动力。一方面，政府通过农业部制定农业政策和农村发展政策，提出农村的生产计划、投资计划和农产品出口计划，指导农村经济发展；改革农村各项财政信贷制度，增加农村的生产投入；加强农村基础设施建设，在农业科研、技术推广、病虫害防治、信息咨询、农民培训等方面加强对农业的支持，采取现代机械和生物技术等措施促进农业生产。另一方面，政府通过农产品经销委员会，建立农产品经销市场，对农业生产资料供应、出口农产品质量和价格实行监督，并从兑换政策、金融政策和财政政策等方面，对农村经济多样化发展实行宏观指导和调节，推动农村经济的发展。在许多发展中国家，农村中小农经济占优势，商品经济不发达，基础设施不完善，文化教育科学技术落后。因此，要开发农业自然资源，没有国家的大力支持是不可能的。哥伦比亚的实践表明，在发展中国家，政府的积极支持和正确的政策是发展农村经济不可缺少的重要条件。

（五）发展农村经济，增加农民收入，经济改革必须给农民群众带来实惠

无论是农业问题，还是农村问题，归根结底是农民问题；发展农业生产，增加农民收入，是关系到国民经济持续发展和社会稳定的全局性战略问题。近几十年来，哥伦比亚经济实现持续稳定增长，农村经济结构发生了可喜变化。但是，经济增长给人民群众带来的实惠不多，贫困化趋势日益严重。与此同时，商品经济的发展和农村经济结构调整，加剧了农村旧的生产关系的瓦解，农村出现了大量富余劳动力，大批农民涌入城市，加入失业大军。尽管在过去的 30 年中，哥伦比亚政府在增加就业、控制通货膨胀、增加教育投资、兴建住宅、改善贫困阶层居住条件等方面作了一些努力，但是，由于目标不明确、政策不具体、措施不落实、收入分配不均，贫困化和失业等问题仍未真正解决，贫穷、毒品和内战这三大"毒瘤"长期困扰着哥伦比亚。世纪之交，哥伦比亚经济、社会遇到严重困

难。据统计，当前哥伦比亚 67% 的人口生活在贫困线以下，失业率高达 16%，在拉美居第二位；哥伦比亚是世界上最大的毒品生产国之一，仅可卡因的年产量就达 580 吨，占世界总产量的 90%；游击队活动频繁，长达 38 年的内战对哥伦比亚经济和人民生活造成极大灾难，每年有数以千计的人死于旷日持久的战火，有 70 万人为躲避战火而流离失所。

当前，中国也出现农村富余劳动力转移的问题。加快农业和农村经济发展，努力增加农民收入，是中国政府特别关注的问题，也是许多发展中国家所面临的共同问题。统筹城乡经济社会发展，建设现代农业，发展农村经济，增加农民收入，是中国全面建设小康社会的重大任务。对这个关系全局的问题，决不能掉以轻心。民不聊生，国无宁日。哥伦比亚这个教训值得发展中国家汲取。

（原载丁玉灵主编《世界发展调研：经济与社会》，经济管理出版社 2004 年版）